中华宰相村

中共闻喜县委宣传部 编

中国发展出版社
CHINA DEVELOPMENT PRESS

图书在版编目（CIP）数据

中华宰相村 / 中共闻喜县委宣传部编 . -- 北京 : 中国发展出版社 , 2018.10

ISBN 978-7-5177-0572-7

Ⅰ . ①中… Ⅱ . ①中… Ⅲ . ①村史—闻喜县—通俗读物 Ⅳ . ① K292.55-49

中国版本图书馆 CIP 数据核字（2018）第 230185 号

书　　名：中华宰相村
著作责任者：中共闻喜县委宣传部
出 版 发 行：中国发展出版社
（北京市西城区百万庄大街 16 号 8 层 100037）
标 准 书 号：ISBN 978-7-5177-0572-7
经　销　者：各地新华书店
印　刷　者：河北鑫兆源印刷有限公司
开　　本：787mm × 1092mm 1/16
印　　张：22
字　　数：245 千字
版　　次：2018 年 10 月第 1 版
印　　次：2018 年 10 月第 1 次印刷
定　　价：98.00 元

联 系 电 话：（010）88919581 68990692
购 书 热 线：（010）68990682 68990686
网 络 订 购：http ://zgfzcbs.tmall.com
网 购 电 话：（010）88333349 68990639
本 社 网 址：http ://www.develpress.com.cn
电 子 邮 件：370118561@qq.com

《中华宰相村》
编委会

序

家庭，是社会的细胞；家风，是家庭的道德准则和处世之道。良好家风是中华文明的重要组成部分，也是中华民族的优良传统。从历史上看，那些有影响的名门望族都离不开优良家风和严整家规。家风是一个家族代代相传沿袭下来的体现家族成员精神风貌、道德品质、审美格调和整体气质的家族文化风格。家风不仅仅是道德教化的口号，还是家族精神的体现，通过一代代家族成员具体的行为而践行和传承。

山西闻喜裴氏家族是中国历史上久负盛名的家族之一。1958 年 3 月，中共中央在成都召开政治局扩大会议期间，毛泽东主席率领与会代表游览武侯祠，观看唐朝宰相裴度撰写的《蜀丞相诸葛武侯祠堂碑》碑文时，对时任山西省委书记的陶鲁笳说：你在山西当父母官，可知道裴度是谁？裴度是你治下的闻喜县人。闻喜县是中国历史上出宰相最多的县，出自闻喜的宰相多是裴氏家族。裴氏家族千年荣显，是历史上最有名的家族。胡耀邦曾说：研究中国的人才学，不能不研究裴氏家族。

2015 年，中纪委官网推送文章《山西闻喜裴氏:〈家训〉润无声〈家戒〉醒后人》，对山西闻喜裴氏家风进行了介绍，让这个曾经千年荣显的家族重新受到人们的关注。裴氏家族“自秦汉魏晋，历六朝而盛，至隋唐而盛极，五代以后，余芳犹存。在上下二千年间，豪杰俊迈，名卿贤相，摩肩接踵，辉耀前史，茂郁如林，代有伟人，彪炳史册”。

据《裴氏世谱》记载，自汉魏至隋唐，裴氏家族在政治、经济、军事、外交等诸方面，均做出了突出贡献。尤其是隋唐二代，活跃于政治舞台上的名臣不下数十人。仅唐一代 289 年，裴家先后有 34 人入朝为相，32 人出则为将，一时有“无裴不成唐”的说法。而且，裴氏家族并不只出官僚，裴氏一门的文学家、史学家、历法学家、天文学家、地理学家、书法家、音乐家等，也都人才辈出，青史留名。

裴氏家族在其发展历程中逐步形成了“重教守训、崇文尚武、德业并举、廉洁自律”的家族文化，并创制了家训与家戒。裴氏家族以优秀传统文化作为家风之根，以崇德尚行作为家规之魂，以完整而活化的《裴氏家训》《裴氏家戒》等为依托，培育出了独特的家风文化。这是裴氏家族之所以家族兴盛、人才辈出的文化密码。

近年来，习近平总书记十分重视家庭建设，他用了三个“不可替代”来说明家庭的重要作用：对于一个社会来说，家庭的生活依托不可替代，家庭的社会功能不可替代，家庭的文明作用不可替代，强调要“注重家庭、注重家教、注重家风”。传承家风文化，加强家庭道德建设，成为当前加强思想道德建设、培育社会主义核心价值观的一个重要举措。

如何传承优秀家风文化？这既需要对传统家风进行深入研究和系统整理，又需要对传统家风文化进行创造性转换和创新性发展，更需要在家风的传承中见人、见事、见物，让抽象的家风变得更具体、更形象，让家风文化的传承易感、易知、易学、易行。闻喜县委宣传部编撰的这套家规家训丛书——《裴氏家风故事》《裴氏家训汇编》和《中华宰相村》，分别从故事、家训、祖居三个侧面介绍裴氏家风文化，家风故事让家风生活化，家规家训让家风具体化，祖居宗祠让家风形象化，这既是对以裴氏为代表的中国传统家风文化的系统整理，又是对裴氏家风文化的集中展示和传播弘扬，必将对当时乃至全社会思想道德建设与和谐社会构建起到积极的推动作用。

是为序。

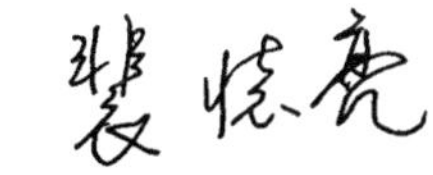

国防大学原政委、上将

2018 年 10 月

目 录

第一章　村史概略

第一节　地形概貌

山西省闻喜县裴柏村位于晋、陕、豫旅游“金三角”和晋北、晋中、晋南“历史文化长廊”的腹心位置。南距闻喜县城25公里，北到侯马市15公里。这里风光旖旎，环境优美，古有“嵋原如座，条峦如屏，香峰如笔，涑水如带”的描述。

裴柏村的东南方是中条山，层峦叠翠，林啸水吟；北方有紫金山，绵绵延延，层层叠叠；西方有峨嵋岭，蜿蜒起伏，沟壑纵横；村东不远处的涑水河千曲百转，奔流不息。村庄东面1公里处的礼元镇，古称兰德镇，相传为巾帼英雄花木兰抗击侵略的铁栅关，至今遗迹尚存。村东的阜底村是南宋名相赵鼎的故里；村南原有的“董泽湖”为《左传》记载的“董父豢龙”处；村北的龙头堡曾为绛州府治。昙泉的北魏造像碑和北魏释迦牟尼造像碑至今保存完好。而阜底一带的“水故事”，昙泉一带的“三仙姑求雨”为古代著名的乡村社火节目。南面4公里处的东镇，隋时名甘泉谷，曾为县治。镇内唐开元六年（718年）建的保宁寺塔和北魏造像碑、开元六年的

“临淄开国男唐兴寺碑”、开元十五年（727 年）的“大唐绛州闻喜县令苏君德政碑”依然经历着风风雨雨。北面 15 公里处的侯马，古称“新田”，是 2500 多年前春秋时期晋国的都城。这里出土的具有重大考古价值的“侯马盟书”“晋侯鼎”“空首布币”等晋国文物世人罕见，其中，“侯马盟书”震惊中外史学界。清代著名学者翟凤翥考察了这里的地理风貌后，有诗曰：

紫金发太行，峨嵋翔凤凰。
绛水来横岭，甘泉会周阳。
董泽蛟龙窟，奎壁三峻昂。
清源环屏嶂，中条列明堂。

裴氏家族选择在这样一个山川壮美、风景秀丽、人文荟萃、历史丰厚的地方发展壮大，纵横史册 2000 余年，绝不是偶然的。

裴柏村坐西朝东，背靠峨嵋岭，面眺凤凰原，九峰环抱，因

古裴柏村图

其松柏茂密，故称裴柏村。村前是南北走向的南同蒲铁路、太风公路和大运二级公路，古代的官道如今虽为乡村通道依然畅通无阻。2000年修建的大运高速公路在村后通过，2009年又修建的东济高速公路、新合高速公路和太原至西安的高速铁路从村旁穿越而过，从这里南到运城机场仅55公里。交通、地理位置十分优越。如今，裴柏村占有土地面积3平方公里，东西走向的两条主干道和南北走向的一条巷道把整个村庄分成了若干个区间。村北有小学校，村南有中学校，而村东则是闻名遐迩的裴晋公祠。

这里就是中国历史上的名门望族——河东裴氏家族的祖居地。从古至今，一代一代的裴氏后裔根植在这块肥美厚实的土地上繁衍生息，散枝发叶，从而走出裴柏，走向全国。

第二节　裴柏村由来

裴氏是中华民族古老的姓氏之一，也是从闻喜起源的四个姓氏之一。裴柏村的得名与裴氏家族的起源紧密相连。

裴氏出自有熊氏，风姓，以中华民族的人文始祖黄帝为远古始祖。据《史记·秦本纪》记载，帝颛顼的苗裔名叫女修，一天，她正在家中纺织，突然有一只黑鸟飞过，天空中掉下一枚卵，女修就拿起吃了。不料，她竟因此怀孕了。后来，她生了一个男孩，取名叫大业。大业即皋陶，就是秦的祖先。大业娶女华生大费，一名柏翳，《尚书》记载大费即是伯益。大费追随大禹治水，并为帝调训鸟兽，得到舜帝的称赞，赐皂游作领地，被赐为嬴氏。大费娶姚姓之

金鸡岭千年古柏

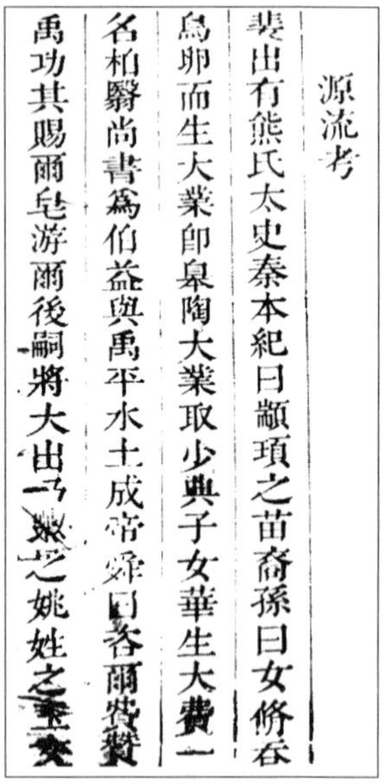

源流考

裴出有熊氏太史秦本紀曰顓頊之苗裔孫曰女脩吞
烏卵而生大業即皋陶大業取少典子女華生大費一
名柏翳尚書爲伯益與禹平水土成帝舜曰咨爾費贊
禹功其賜爾皂游爾後嗣將大出乃妻之姚姓之玉女

裴氏源流考

女为妻，生大廉和若木。大廉四世孙仲衍，为帝大戌的驭手。仲衍四世孙中潏，生活在西戎，保卫着殷朝的西部边陲。中潏生下日行千里的蜚廉。蜚廉生下力大无穷的恶来。父子俩事奉殷纣王，后恶来被周武王所杀。恶来生女防，女防生旁皋，旁皋生太几，太几生大骆，大骆生非子。周孝王使非子在汧河、渭水一带为其养马，因功受封于秦，号秦嬴。非子的支孙被封为城（今闻喜裴村一带），为乡侯，便以此为氏。到了非子的六世孙陵，在周僖王时封为解邑君，将下的“邑”字改为“衣”字，因此才有了“裴”姓。意为长衣貌，即美好的相貌。

裴氏起源另有一说：秦景公三十六年（前 541 年），秦公子嬴鍼为躲避秦景公的迫害，出奔晋国。晋平公将嬴鍼安置在同川（桐川）裴中，以上国大夫待遇赐予百名奴隶和百顷田地。公子嬴鍼因邑命为氏，人称其“裴公”。秦哀公元年（前 536 年），秦景公去世，其子哀公立，公子嬴鍼回到秦国。后代仍留在裴柏。

两说共存，而史有裴姓无异。

到了东汉，曾任水衡都尉、侍中的裴盖的九世孙裴遵，他曾从云中跟随汉光武帝平陇、蜀，后任敦煌太守。在敦煌太守任上，裴遵曾参与了处理汉和莎车国的关系。裴遵的孙子叫裴粲，其子裴岑在敦煌太守任上，曾于永和二年（137 年）八月，率领郡兵 3000 余人，诛杀呼衍王，令其全军覆没，大胜而归。裴遵的另一名曾孙裴晔为并州刺史、度辽将军。汉顺帝刘保永建初年（126 年），裴晔来到闻喜，他看到这里有一处依山傍水的空地，只见此地形：头依紫金山，杰峰突兀；足蹬董泽湖，烟波浩渺。整个地势坐西朝东，前低后高，前宽后窄；公鸡岭、南岭等九个山头呈现元宝形拱卫着两三千亩良田。九座岭上柏树参天、郁郁葱葱，犹如展翅欲飞的九个凤凰，有“九凤朝阳”之势；而董泽湖又是古“董父豢龙”之处，得“千载龙乡”之称。像这种龙凤呈祥、风云际会的地方，确为千载难逢的风水宝地！于是，裴晔将全家搬迁于此。他以裴姓为首，以柏树为名，“裴柏村”便由此诞生了。

第三节　裴柏村崛起

裴晔定居裴柏村以后，裴氏家族进入一个重要的发展时期。主要的标志就是裴晔次子裴茂平定李傕叛乱以后，被封为阳吉平侯，从而奠定了裴氏家族贵族的社会地位，推动了裴柏村的崛起。

始祖碑

裴茂生四个儿子裴潜、裴徽、裴绾、裴辑，自此，裴氏始分三眷。

裴潜，字文行。曹操平定荆州时，裴潜归附曹操并出任丞相府军参谋，历任三县县令，后入京任丞相府仓曹掾，代郡太守。后任沛国相、兖州刺史。曹丕继位之后，出任散骑侍郎、魏郡太守、颍川典农中郎将、荆州刺史，晋封关内侯。魏明帝时出任尚书、太尉军师、大司农、尚书令、光禄大夫，晋封清阳亭侯。死后追封太常，谥号贞侯。他的子孙多居河东故地，为裴氏中眷之祖。

裴绾，汉建安时为尚书令，与兄裴潜同为中眷之祖。

裴徽，字文季。后官居魏国冀州刺史，金紫光禄大夫，兰陵武公。其子孙多居于秦、西凉一带，为裴氏西眷之祖。

裴辑，汉献帝时任工部尚书，拜金紫光禄大夫。其子孙多仕居幽、燕、豫一带，为裴氏东眷之祖。

裴徽的儿子裴黎生三子，长子裴苹，次子裴苞，三子裴粹。裴粹的儿子裴诜及其侄裴瑾，从河西回归桑梓，移居到解县洗马川，为“洗马裴”。裴苞的五世孙裴邕迁居江襄一带；另一支七世孙裴寿孙移居寿春，他们的后人在荆皖、吴郡一带，号为“南来吴裴”。以上并称为“三眷五房”。而洗马裴和南来吴裴实则为西眷裴。然不论何方何地何处史上有名的裴氏后裔，考其源流谱系，皆出自三眷之后，发端于闻喜裴柏故里，故有“族人遍九州，天下无二裴”之说。又因裴氏家族的郡望是古河东，所以世人多称裴氏为“河东裴氏”。

崛起的裴氏家族带动了裴柏村的崛起。北魏时期的裴柏村属闻喜桐乡高阳里，魏太学博士裴敬宪在裴柏村修建的敬宪宅就是当时有名的建筑。翟贞仪有诗云：“此间多右族，曰为裴之乡。裴乡连涑水，世泽远流长。”从此，裴氏家族从裴柏村把更多的优秀裴氏子弟输送出去，从而促使裴氏家族逐渐走向了鼎盛。

第四节　裴柏村发展

渐渐壮大的裴氏家族已经无法把自己囿于裴柏村，他们一个个从裴柏村走出，在更加广阔的舞台上展示着家族的实力和自己的作为。

到了两晋时期，裴氏家族进入它自身发展的第一个高峰，成为海内首先发达起来的士族高门。其代表人物有裴秀、裴頠、裴楷。裴秀因立司马炎有功，西晋代魏后，晋武帝拜裴秀为司空、尚书令，封钜鹿公。裴秀还是历史上非常著名的地图学家。其子裴頠为尚书左仆射、侍中，世袭钜鹿公，同时还是著名的哲学家。裴徽之子裴楷为中书令、侍中、太子少师，封临海侯。裴楷的儿子裴宪为尚书、侍中，仕石勒朝为右光禄大夫、司徒、太傅，封安定郡公。史书上

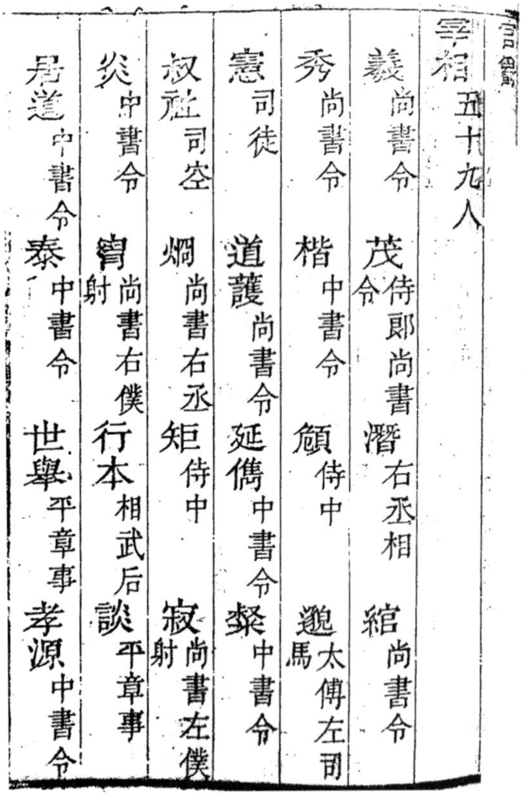
宰相五十九人
義 尚書令 茂 令侍郎尚書 潛 右丞相 綰 尚書令
秀 尚書令 楷 中書令 頠 侍中 邈 太傅左司馬
憲 司徒 道護 尚書令 延儁 中書令 粲 中書令
叔祉 司空 炯 尚書右丞 矩 侍中 寂 尚書左僕射
炎 中書令 胄 尚書右僕射 行本 相武后 談 平章事
居道 中書令 泰 中書令 世舉 平章事 孝源 中書令

宰相表

记载有“八裴方于八王”之说，当时的河东裴氏已经成为与两晋时期首屈一指的琅琊王氏相提并论的一大望族。

南北朝时期，裴氏家族还出了辉耀千古的“史学三裴”。裴松之撰《三国志注》、裴骃撰《史记集解》、裴子野撰《宋略》，他们把裴氏人物在史学方面的成就推上了顶峰。

在隋朝存在的三十多年间，裴氏家族出现了十数位有影响的人物。代表人物有裴政、裴蕴、裴矩、裴世清。裴政最大的贡献是帮助隋朝修订了《开皇律》；裴蕴最大的贡献是实行“貌阅法”以增加朝廷的财政收入；裴矩最大的贡献是加强内地与西北各族人民经济文化的联系；裴世清最大的贡献是带领第一个友好代表团访问日本。河东裴氏在隋朝统治时期能发挥如此重要的作用，为它在唐朝继续鼎盛奠定了基础。

裴柏村之所以称为“宰相村”，主要就是在唐朝形成的。据《裴氏世谱》记载，在李氏统治唐朝的二百多年间，裴氏家族先后出过宰相33人，大将军31人，中书侍郎4人，尚书38人，侍郎27人，常侍4

状元陆肯堂赠裴氏“河东世家”匾

人，御史 9 人，使 21 人，皇后、太子妃、王妃 7 人，驸马 18 人。

裴氏家族首先进入唐朝宰相行列的是裴寂和裴矩。裴寂鼎助李渊太原起兵，裴矩在窦建德失败后，奉国玺以山东之地归唐，奠定了他们在唐初的政治地位。其他著名的宰相还有为唐献身的裴炎、裴居道，平定突厥的裴行俭，御书褒奖的裴光庭，鼎新漕运的裴耀卿，慧眼识人的裴垍，中兴名相的裴度等。以唐朝宰相裴侨卿为例，就可以看出在盛唐裴氏的鼎盛。从纵向而言，其曾祖父裴正为隋散骑常使，祖父裴奋为隋淮南司户参军，父亲守真为唐宁州刺史，侨卿的儿子伯言为唐刑部尚书，孙子行立为唐桂州都督，其上下几代皆为官；从横向而言，侨卿兄弟七人，长兄子馀为冀州刺史，次兄耀卿为左丞相，三兄叔卿为济州司马，四兄季卿为湖州司士参军，五兄幼卿为洛阳尉，侨卿排行第六为中书令，七弟春卿为太子中允，其兄弟数人均出仕。裴氏家族的兴盛使得李唐王室不得不倚重它来巩固自己的统治。于是，联姻就成了最好的办法。早在唐初高祖时，宰相裴寂就把自己的女儿嫁与高祖的儿子赵王李元景为妃，他的儿子裴律师又娶高祖的女儿、太宗的妹妹临海公主为妻；宰相裴居道

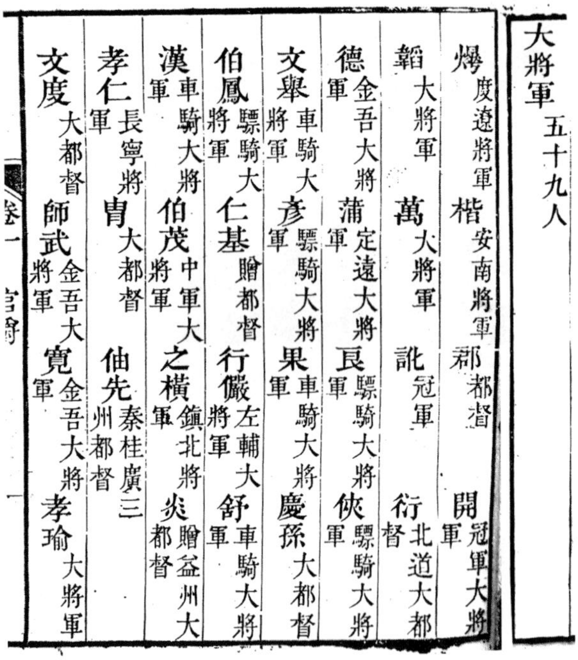

大將軍 五十九人

爗 度遼將軍 楷 安南將軍郝都督 開 冠軍大將軍

韜 大將軍 萬 大將軍 訛 冠軍 衍 北道大都督

德 金吾大將軍 蒲 定遠大將軍 艮 驃騎大將軍 俠 驃騎大將軍

文舉 車騎大將軍 彥 驃騎大將軍 果 車騎大將軍 慶孫 大都督

伯鳳 驃騎大將軍 仁基 贈都督 行儼 左輔大將軍 舒 車騎大將軍

漢 車騎大將軍 伯茂 中軍大將軍 之橫 鎮北將軍 炎 贈益州大都督

孝仁 長寧將軍 胄 大都督 仙先 秦桂廣三州都督

文度 大都督 師武 金吾大將軍 寬 金吾大將軍 孝瑜 大將軍

大将军表

的女儿嫁唐中宗，被封为孝敬皇后。在唐王室中，中宗女宜城公主、睿宗女霍国公主、肃宗女大宁公主、代宗女永清公主、宪宗女陈留公主，特别是玄宗把自己的六个女儿，即新平公主、齐国公主、永宁公主、蔡国公主、常芬公主、兴信公主都嫁入了裴门。而玄宗的宠妃杨玉环的姐姐虢国夫人也是裴门的媳妇。今天，依然耸立在裴柏村裴氏碑馆中的金代裴氏家谱碑，仍然在无声地述说着裴氏家族在唐王朝的辉煌。

唐代的裴氏家族在许多领域都做出了重要贡献，出现了一大批如政治家裴宽、裴伷先、裴敦复，文学家裴说、裴迪，书法家裴漼，音乐家裴知古、裴兴奴等著名人物。仅从自张九龄到李商隐等名师大家的100多首赠答诗中就可以看出当时裴氏的才干和辉煌。其中，“诗仙”李白就写有13首，“诗圣”杜甫也写有10首，就连皇帝也为裴氏赠诗，如唐玄宗给裴宽赠诗曰：“德比岱云布，心如晋水清。”唐文宗给裴度赠诗曰：“注想待元老，识君恨不早，我家柱石衰，忧来学孔祷。”柳宗元、韩愈等46人为裴氏撰写的碑文、墓志、记序等50篇，骆宾王、刘禹锡等为裴氏撰写的表启36篇，也从一个侧面反映了裴氏家族在唐代的鼎盛局面。

走出去的裴氏并没有忘记裴柏村，他们的走出去是为了更好地发展裴柏村。朱裴有诗："八眷十二房，肇封古裴乡。名臣隋唐盛，奕叶涑汾长。"翟凤翥也有诗："裴城始肇封，号曰清通乡。将相蝉联出，公侯奕叶长。"这些诗句都说明裴柏村作为裴氏的祖居地，已经成为一个将相辈出的"宰相村"。

唐贞观三年（629年），裴氏后裔在裴柏村修建了裴氏宗祠。一百多年后，宰相裴度又在裴柏村附近的董泽湖畔修建了湖园别墅，湖园也成为千余年间人们谈论的园林典范。裴度去世后，裴氏族人为了纪念他，在裴柏村修建了裴晋公祠。此时的裴柏村建筑林立，朱门高耸，深宅雄伟，宅内亭台楼阁，碧池绿苔，鸟语花香，成为河东名村。金代密州刺史高公振的《裴氏西园》写道："簿领沉迷倦不禁，偶从名胜此幽寻。竹荫疏处见潭影，人语定时闻鸟音。"曲径通幽、竹荫潭影、人语鸟音，裴柏村的优美可见一斑。

虽然生前一个个的裴氏后裔奋斗在大江南北，但是，死后他们多数又归葬故里。清初，在凤凰原上的裴氏墓群中，依然能看到裴松之、裴居道、裴行俭、裴炎、裴耀卿等名相能臣的200余座大冢，无言的记述着裴氏子弟对裴柏村故土的眷恋。

第五节　唐以后的裴柏村

裴氏家族在政治上的衰落是从唐朝末年开始的。特别是朱全忠在建立后梁政权的过程中，制造的骇人听闻的"白马之祸"惨案，

裴氏故里遗迹

他将左仆射裴枢、右仆射崔远、检校尚书左仆射独孤损、吏部尚书陆扆、工部尚书王溥等30余人聚集于白马驿，其中还有太府少卿裴鋮、卫尉少卿裴纾、秘书少监裴鉥、直史馆裴格、密县令裴练等人，将他们全部杀害，尸体抛入黄河的激流之中。在此次事变中，裴氏共有114名大小官吏或被杀，或被贬，使这个从裴柏村走出的世族名门遭受到沉重打击。裴氏家族的衰落使裴柏村也日渐衰微，屠隆的《冬日经裴丞相故宅》写道："千秋留取慈航在，三亩今为古寺邻。读罢丰碑荒草里，寒溪落日照荆榛。"喻时的《过晋公祠》也写道："苍苍城郭绕西川，旧日中书今尚传。绿野迢遥看度鹤，香山寂寞听啼鹃。"这些诗句分明就是裴柏村由盛而衰的写照。唐朝之后的五代战乱不断，逆境中的裴氏家族仍然走出了后梁宰相裴迪、后晋宰相裴皞。

经历了战乱的裴氏族人没有把自己蜷缩在裴柏村，他们受尽了颠沛流离之苦，把种子散布到了全国。像后梁的裴谦是唐宰相裴度的孙子，很有才学，但为躲避战祸，他隐姓埋名，绝意仕途，迁居潼州白水县，成为一名隐士。到了北宋，社会逐渐稳定，他的儿子

清闻喜知县言如泗赠裴氏匾额

裴普被北宋朝廷征为国子司业。裴普生有四个儿子：裴定，宋仁宗时的礼部侍郎、同平章事；裴宜，宋真宗时的大理卿、平章事，兼礼部侍郎；裴宗元，宋代监察御史，转运提学、朝散大夫；裴宗焕，把家迁回河东，定居在离裴柏村不远的垣曲县，成为垣曲裴氏支族的始祖。还有裴度的后裔宋代银光禄大夫裴见素，从老家河东迁至平遥阴庄（今金庄村）。明洪武四年（1371 年）裴成携其弟裴世英、次子裴信、三子裴三由闻喜去了河南新安芦院村，把长子裴嵩留在了老家。

裴氏家族后人们无论身居何处，都能凭借着千年风风雨雨所锻炼出来的强大生命力，凭借着自己自强不息的顽强斗志，以自己家族的杰出人物为代表宣告着自己的存在，用自己的方式书写着历史。

宋金以后，河东裴氏虽然没有魏晋隋唐时期的鼎盛，但世人仍然十分重视裴氏祠堂的修建和家谱的续修，仍然关注着裴柏村的发展。金世宗大定十一年（1171 年）八月，潞州知事裴再兴请来迁居本村的文人刘若虚撰写《裴氏家谱》序，把唐裴滔撰写的家谱正文

裴氏人物考中进士后所立石

及刘的序言刻在碑上。这通碑至今仍屹立在裴柏村的裴氏宗祠内。

明洪武三年（1370 年），闻喜设 4 坊 5 乡 62 里，裴柏村划归清通乡甘泉里。

明嘉靖元年（1523 年），闻喜知县张问行对裴柏村的裴晋公祠进行了重修。嘉靖四十年（1561 年），御史吴过在闻喜县城东门外的古金塔寺的遗址上修建了裴、赵二公祠，供奉着晋公裴度和丰公赵鼎，并请邑人、监察御史王宗舜作记。崇祯八年（1635），御史吴甡又重修。

清康熙五年（1740 年），邑人翟凤翥、朱裴根据裴之英续修的《裴氏世谱》，进行了重新修撰，订为四卷。康熙二十年（1681 年），著名思想家顾炎武到裴柏村拜谒晋公祠，写下了千古名篇《裴村记》。康熙四十九年（1710 年）二月十二日，裴氏后人在裴柏村立“裴氏兄弟积德流芳碑”。此碑为康熙皇帝诰授分守湖广湖南岳常道布政使司参议裴冲度、内阁撰文中书舍人裴衍度、朝议大夫户部浙江清吏司郎中裴（彳率）度兄弟三人的世德永垂碑。

早在康熙三十五年（1696 年），“裴氏兄弟积德流芳碑”中所记的裴（彳率）度任户部主事，他再次编修《裴氏世谱》，至雍正中期，竟达十二卷。雍正十年（1732 年），裴（彳率）度回到老家曲沃，把裴氏宗祠与裴晋公祠合二为一。由于曲沃与故里裴柏不远，他经常回裴氏宗祠祭拜。可是令人遗憾的是，直到裴（彳率）度去世，他的《裴氏世谱》手稿也没能刊印。后经裴（彳率）度之子裴宗锡、孙裴正文增修，直到嘉庆十年（1805 年），新谱刊印之后，裴正文将之装箱，运回裴柏村祖祠之中。

乾隆四十八年（1783 年）秋，曾任宁国府同知的裴志灏到裴柏村谒晋公祠时，发现祠内有“裴居道造像记”石佛一座。他认为把石佛放在宗祠旁极不适当，有亵佛或亵祖之嫌，于是在次年将石佛移至曲沃大里庄西的石佛寺内。两年后，裴志灏又把原置于闻喜县城东门外的半截“裴光庭碑”移至裴柏村晋公祠内；再二年，他又把永青墓地的“裴鸿碑”和“裴镜民碑”移至晋公祠内。

无论留在祖居地，还是走出裴柏村，裴氏宗祠和裴氏家谱就像一只无形的手，把裴氏族人的心拉回裴柏，留在裴柏，因为这里是天下裴姓人的“根”。

第六节　近代裴柏村

从鸦片战争开始后，裴柏村及其裴氏家族的后裔们在动荡岁月中蹀躞前行。

道光三十年（1850 年），光禄大夫、体仁阁大学士兼军机大臣祁寯藻与同僚户部员外郎钟秀、主事董醇、刑部主事冯栻从兰州出使回来，道经裴柏，拜谒了晋公祠。次年，也就是咸丰元年（1851 年），裴氏后裔裴骅从曲沃赴京城，请祁寯藻书《平淮西碑》，勒石

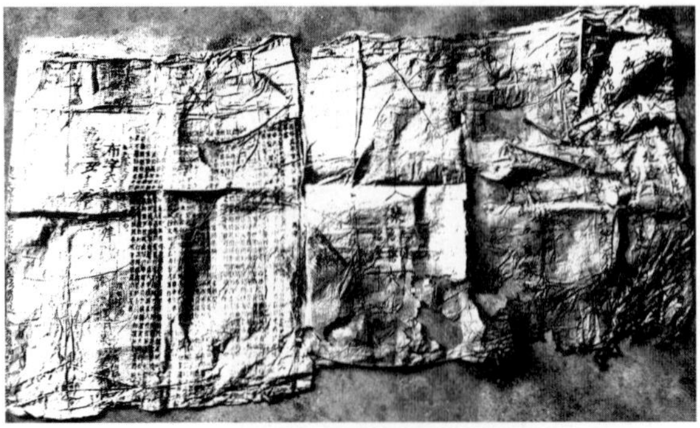
裴柏村乾隆年间地契

于晋公祠。清咸丰七年（1857年），裴氏后人刻《裴氏世系源流考碑》，由四石组成，立于晋公祠内。

清末以后，裴柏村历经天灾人祸，但毅然顽强发展。光绪三年（1877年），天大旱，次年又旱，粮食颗粒未收。野外树皮、野菜，狗、猫、鸡、鸭等全被吃光，甚至形成父子相食、母子相餐。荒后，裴柏村一家十余口，活命仅二三。

在天灾人祸不断中，闻喜结束了清王朝的统治。民国元年（1912年）十月，闻喜知县孙凤如被革命党人赶走。“戊戌六君子”之一杨深秀的长子杨韨田被推举为代理知事。他废除了里甲制，裴柏村被划入东北五区。民国7年（1918年），根据新的办法，裴柏村被划入第六区，属魏家院联合村。

民国15年（1926年），时任国民党陆军司令部上校参议的裴志玺从河南洛阳到闻喜裴柏村祖庙祭拜，得家谱一部，回洛阳后，历经二十年修成豫西十三县裴氏支谱。民国26年（1937年），忻口战役后，时任国民党上校团长的裴昌会率部在横岭关布防。其间，到裴柏村祖庙祭祖。

民国35年（1946年），裴柏村第一次获得解放。刚刚铺开土改工作，秋后胡宗南部队进攻，反攻倒算，村上又一片黑暗。民国36年（1947年），闻喜全县获得第二次解放，秋后解放区全面土地改革，群众称之为“大运动”。全村77户362口人，划分为贫农185

人，下中农28人，中农53人，上中农27人，富农15人，地主14人，农业劳动者40人。其间，由于时任县委书记张其光的“左”倾错误路线，“大运动”出现了乱打乱杀现象，裴柏村的地主裴松年、裴瑞壮，富农杨奇禄、杨三仁、冯黄元，贫农杨修全、杨振奇被打死。12月至次年2月，中共太岳区委对闻喜县委的“左”倾错误进行了批判，给张其光等人以撤职、记过、警告等处分。裴柏村的发展逐渐走上了正途。

裴崇纲烈士证书

第七节　当代裴柏村

1958年3月，中央工作会议在成都召开。会议前夕，毛泽东主席一行游览了武侯祠和杜甫草堂。当他看到唐代著名宰相裴度撰写的《蜀汉丞相诸葛武侯祠堂记》碑文时，便问随行的中共山西省委第一书记陶鲁笳，知道裴度是谁吗？知道中国历史上出过宰相最多的是哪个家族吗？没等陶鲁笳回答，毛泽东微笑着告诉他，中国出过宰相最多的就是你治下的闻喜县的裴氏家族。裴度是唐朝宰相，也是闻喜县人。裴氏家族千年荣显，是历史上有名的家族。后来，陶鲁笳来到了山西省闻喜县的裴氏故里——裴柏村，参观完裴氏遗址，深有感慨，赋诗一首：“裴氏宰相五十九，出生一村世罕见。九凤朝阳天赐美，千年奇柏游人恋。”

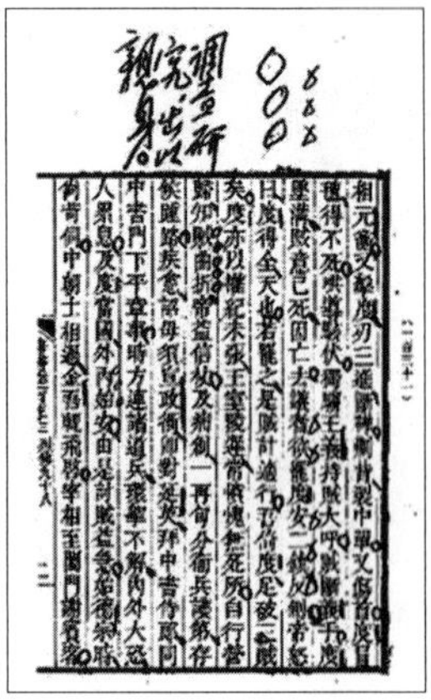

毛泽东批语《新唐书·裴度传》

还是在1958年，“大跃进”的开始，裴氏祠堂像许多祠堂一样，建筑被拆除，木头被用去建房，石刻被拉去修水库，无数精美的木雕被拆去烧毁，昔日的楼台殿阁荡然无存。

1958年11月合并大县，裴柏村划归东镇公社。到1961年5月分县，裴柏村划入礼元公社。

1965年9月，裴柏村开展“四清”运动。到1966年时，全村95户483口人，划分为贫农267人，下中农49人，中农65人，上中农37人，富农9人，地主8人，农业劳动者48人。

裴柏村历经千年，始终以开放包容的胸怀面对世界。1966年全村95户人家中，裴姓只有19户。圣效勤、李大山、石明先、徐广财、范信智、孔维信、李文奎等先后从山东菏泽、曹县迁来；冯发文、张富荣、李中英、狄振贵、吴春华等先后从河南浦阳县、宜阳县、滑县、商丘县迁来；刘守祯、朱青山等先后从河北永平县、邯郸县迁来；蔡作圣从闻喜县礼元湖村迁来；而韩银锁、晁殿英、牛家发分别从浙江、山西垣曲县、闻喜县胡村招亲到裴柏；河南济源的燕菊花1957年在铁路上当乘务员，1964年下放后迁至裴柏。当年只有裴氏一姓的裴柏村，到了1966年，已经是一个数姓融合、和睦相处的村庄。

1984年4月至5月，政社分设，裴柏村划归礼元镇。

1994年，裴氏文化和裴柏村的大开发提上了县委、县政府的议事日程。经县委、县政府研究决定，开发裴氏文化，重建裴氏故里，恢复裴晋公三月三庙会，构筑59级将相台级和始祖碑，成立了河东闻喜裴氏研究会、裴氏文化开发中心和裴氏后裔恳亲联谊会。

传统农耕

1999年，裴氏第74代后裔，原山西省省长、中科院党委副书记裴丽生邀请著名书画大师董寿平为裴柏村题写了“宰相村”村名。“中华宰相村”从此不胫而走，传遍中国和世界。

2000年9月29日，县十二届人大常委会第十六次会议听取和审议了关于裴氏文化旅游开发区建设情况的报告，通过了《关于加快以裴氏文化为重点的旅游业开发的决定》。2005年5月16日，县政府及县直有关单位负责人在县宾馆五楼会议室召开“中华宰相村景区规划招标暨研讨会”。2006年3月16日时任县委书记、县长、宣传部部长、县人大主任及县有关单位负责人在县宾馆五楼会议室召开“中华宰相村”旅游区控制性详细规划评审会；21日“中华宰相村”旅游区工程指挥部领导组成员在人大四楼会议室召开旅游区开发有关问题研究会；23日时任县人大主任与发展和改革局、国土局、环保局、旅游局负责人在人大办公室召开中华宰相村旅游区工程奠基筹备会；31日，中共闻喜县委、县政府、县人大、政协及有关单位主要领导，运城市有关领导，裴氏开发顾问以及来自全国18个省市的裴氏后人在裴柏村举行了盛大的“中华宰相村”旅游区开工奠基仪式。下午在县宾馆举行了裴氏开发座谈会，与会代表做了踊跃发言，提出了许多富有建设性的意见。7 月 23 日，县政府对中华宰相村旅游开发项目进行了批复。同时，县政府出资 1000 万元作为启动资金。2005 年 5 月，中华宰相村工程领导组及指挥部成立。2006 年 12 月 18 日，裴氏谱牒文化被列入山西省第一批省级非物质文化遗产名录。2007 年 4 月 19 日，第十三届裴氏后裔祭祖庙会在裴柏村举行，来自全国各地的裴氏后裔代表数百人，在庄严、肃穆的气氛中举行祭拜祖先仪式；9 月 14 日，本县举办中国首届当代易学名人峰会暨风水文化申报世界非物质文化遗产首站推动仪式，参加仪式的代表有美国、韩国、澳大利亚、巴西、中国香港、台湾地区等国家和地区的正式代表 385 人。大会期间，制作了宰相村、郭璞故里、汤王山等景点的宣传资料和版面，向国内外参会人员宣传本县人文旅游资源。10 月 16 日，县委召开了裴氏文化旅游开发工作会议。2008 年 11 月 11 日，裴柏村被省政府命名为“山西省旅游名村”。12 月 8 日，新华社山西分社、山西日报、山西电视台、黄河电视台等 20 多家新闻媒体采访团一行 30 余人到裴柏村裴氏文化旅游区晋公祠、裴氏历史人物馆、裴氏碑馆采访。2010 年 7 月，为了保护知识产权，申请了“裴氏宰相”“裴柏宰相村”注册商标。2011 年 3 月，裴氏宗祠基础工程（包括凌烟阁、走廊、角楼等工程）完工。2012 年 3 月，在举办“中国（闻喜）花馍文化节”上，与真人等高的 59 个宰相、59 个将军“花馍群”排列大路两旁，气势蓬勃，显示了宰相村的文化风采。2013 年 9 月，裴氏宗祠（包括凌烟阁、走廊、角楼等工程）彩绘及绿化工程完工。2016 年 12 月，建南北两座村门，使用白色大理石石材，蔚为壮观。2017 年，县政府又聘请清华大学古建筑设计院重新为裴柏村的文化旅游进行整体设计，寻找古今最大公约数，将以最高层次、最高规格予以全景呈现。

近年来，以“裴氏文化”为代表的裴柏村的发展遇到了前所未有的大好机遇。其一，党的十八大以来，习近平总书记多次发表对弘扬优秀传统文化和家风家教的重要论述，至少三次在讲话和常委中心组学习中提到裴氏文化，2017年6月份习总书记到山西考察时又提到要弘扬裴氏文化；其二，运城市纪委拍摄的专题片《家训润无声，家戒醒后人》在中纪委网站播放后，以廉政文化为主流的裴氏家风得到了中纪委、省纪委的高度关注。咱们河东的裴氏家训家戒紧跟着又出现在《中国家规》一书，并且在全国50个家族中排第三位。紧接着中纪委王岐山书记在省委书记骆惠宁等陪同下于2016年11月17日专程到裴柏村来考察，并对裴氏家族的家风家教和廉政文化予以高度评价；其三鉴于裴氏文化受到了全社会的广泛关注，以裴柏村为主体的闻喜全域旅游发展又提到县委县政府的议事日程，打造“中华宰相村”这一文化品牌成为全社会的共识。新一届县委、县政府审时度势，全面出击，全县开展了以“学宰相家训，用文化兴家”“家风家教文化节”等主题活动为重点，以培育弘扬社会主义核心价值观为根本，以创建全国文明县城为抓手，以打造“实力闻喜、活力闻喜、绿色闻喜、幸福闻喜”为主线，以建设“中华传统文化传承转化实验区”“中华宰相村”旅游文化品牌为目标，形成了“以良好家风正党风，促政风，带民风，树新风”的浓厚氛围，汇聚了向上向善的正能量，激发了文化自信的新常态，为全面建成小康社会提供了坚强的精神动力和道德支撑。2017年9月，“中国家风家教文化之乡”这块国字号金牌落户闻喜。

裴柏村从历史深处走来，裴氏家族2700年的发展植根于深厚的中华文化，具有强烈的道德感召力和吸引力。目前，裴柏村每年接待全国各地领导学者考察、观光游客、裴氏后裔回乡祭祖约10万人次，其深远的历史影响和时代意义正激励着全社会，尤其是一代又一代的裴氏后裔为振兴裴氏文化、实现中华民族伟大复兴的中国梦而群策群力，奋发图强。

第二章 名胜古迹

第一节 名 胜

董泽湖

董泽湖在裴柏村东 1.5 公里处，横跨东镇和礼元两镇，是一个周长 20 公里的狭长湖泊，早年产碱，故有“四十里白水滩”之称；“董泽白莲”是闻喜历史特产、名产，早年面积甚广，亦有“十里荷香”之誉。董泽湖盛产蒲苇，《左传》云：“董泽之蒲，可胜既乎？”

董泽湖据传为龙的故乡和董氏的源头。董父，虞时人，黄帝裔孙。《左传》晋太史蔡墨曰：“昔飂叔安有裔子曰董父，甚好龙，能求其嗜欲，饮食之，龙多归焉。乃扰蓄龙以服事帝舜。帝赐姓董氏，使豢龙，封诸鬷川。”传说龙非甘泉不饮，董父遍寻之，终在鬷川找到甘泉。鬷水东依凤凰原，西傍峨嵋岭，南通涑水河，北邻鬷川坡。水域宽旷，泽水浩荡，碧波万顷，一望无际，实属豢龙之佳池。董父便择鬷水之源，鬷坡高阜，结庐而居。从此，鬷水更名为董泽湖，董父居所命为董泽里，杜预注：“闻喜东北有鬷川，即董泽也，舜封

闻喜古八景之一“董泽荷香”

董父之国矣。”董泽湖是董氏家族的发祥地，自舜赐姓董氏，迄今已四千余年，世袭繁衍，源远流长。“董父豢龙”于此，故董氏家族的堂号有“豢龙”之说。

董泽湖景区现有董父庙遗址、过仙桥旧迹、并蒂莲石碑、十里荷香、赵丰公故里等景点，是一个以龙文化为主题，集自然、历史、人文为一体的生态景区。

九凤朝阳

裴柏村地处峨嵋岭以东、凤凰原以西，村庄坐西朝东，紧靠董泽湖，周围九岭环抱，呈“祖龙环顾”之势，独立而又自然延伸，美其名曰“九凤朝阳”。这种地势地貌就是古代相学家眼中的“风水宝地”，住在此处的裴氏家族发迹显达，2700余年纵横史册，并出了“一斗芝麻”多的官员。

凤凰原

裴氏族人以“九凤朝阳”的裴柏村为阳宅，而他的阴宅及祖茔墓地则放在裴柏村对面十华里之遥的凤凰原上。隋唐时名东凉原，北有紫金山，地形北高南低、东高西低，属丘陵地带，方圆40华里。翟贞仪有诗曰：

闻喜古曲沃，有原名凤凰。
原踞邑之左，凰集原之阳。
中有虬龙宅，仰首青云昂。
相传湖园地，会开绿野堂。

第二节 古 迹

裴晋公祠

裴晋公祠创建于唐代中后期，距今一千余年。晋公名度，是唐代中晚期一位非常有作为的政治家，因爵封晋国公，因有德于民，当地的老百姓亲切地称其为裴晋公，裴晋公祠就是纪念先贤裴度的祠堂。

裴晋公祠原有前殿、后殿、廊房、碑廊、状元坊及世系碑等建筑，规模宏伟，甚为壮观，可惜由于迭遭兵火，大都焚毁。据明嘉靖二年（1524年）御史朱实昌《裴晋公

祠堂记》碑文记载，嘉靖元年闻喜县令张问行修建有先门一间，仪门三间，东西廊各三间，有献殿、正殿，规模宏大。御史何赞捐奉置田30亩，以资祠堂所需。清雍正十年（1732年），裴氏后裔江西巡抚裴（彳率）度重修裴氏宗祠，将宗祠与晋公祠合二为一。乾隆五十六年（1791年）曲沃后裔裴志灏又重修祠堂，并在原有的基础上，又重新置地60亩，除祠堂所需外，其余归裴柏村裴氏子弟读书所用。到了咸丰年间，裴氏后裔又大修祠堂。虽历代重修，后经战乱，这些建筑群屡遭拆除。

裴柏碑馆

裴柏碑馆位于裴柏村东北面的高冈之上的裴晋公祠内西侧，占地2500余平方米。裴晋公祠始建于唐末，历代修缮，规模宏大，后毁于兵燹。但原祠中的部分碑刻尚散倒院内。1958年“大跃进”时，裴家祠堂里的大多数珍贵碑刻又被运去修水库。为保护这些重要的历史遗存，从20世纪70年代中期开始，省、市、县、村陆续投资，圈墙、盖馆、建厅，将所遗碑刻全部移存到馆内妥善保管。1985年，裴柏碑馆被定为“山西省重点文物保护单位”。馆内保存的重要石刻有:《大唐故光禄大夫行侍中兼吏部尚书裴光庭碑》《周故开府高邑候裴使君之碑》《益州总管司马裴君碑》《裴氏相公家谱之碑》《唐平淮西碑》（三绝碑）。此外，还珍藏有明代的《重修唐晋公祠堂记》、清乾隆年间碑刻《重修唐晋国文忠公祠堂记》、清咸丰年间碑刻《闻喜裴氏家谱序并源流世系碑》以及若干后出土的裴氏家族墓志铭等重要碑记。这十余通巨幅珍贵碑刻，至今依然向后人昭示着晋公裴度的辉煌业绩与裴氏家族不同凡响的往古岁月。

道光年间民居

距裴氏宗祠遗址西200米处尚存有清道光年间四合院一座，现保留有东西南三座房屋，各三间，木雕窗棂、门棂，整体结构基本完好。门窗上的木雕、墙壁的砖雕风格古朴，细腻精巧，装饰性极强，有着鲜明、浓厚的民族特色和地方色彩。一幅木雕往往由三四层图案构成，重重叠叠，里呼外应，浑然一体，有极强的立体感。高明的构思、精湛的雕工，把生动的画面和传神的意趣淋漓尽致地再现在门窗之上，令人叫绝。

咸丰年间巷门

距裴氏宗祠遗址西百余米尚存有清咸丰十年（1860年）重修的砖木结构巷门一座，门楣上嵌着“气凝绿野”石牌匾，落款是“清咸丰十年重修”，基本完好。

据《旧唐书·裴度传》载：裴度“东都立第于集贤里，筑山穿池，竹木丛萃，有风亭水榭，梯桥架阁，岛屿回环，极都城之胜概。又于午桥创别墅，花木万株；中起凉台暑馆，名曰‘绿野堂’。引甘水贯其中，酾引脉分，映带左右。度视事之隙，与诗人白居易、刘禹锡酣宴终日，高歌放言，以诗酒琴书自乐，当时名士，皆从之游”。明蒋一葵的《尧山堂外纪》卷三十也记：裴度“有别墅于集贤里，具凉台燠馆，号绿野堂”。东都集贤里在今洛阳狮子桥村东部。后人就把“绿野堂”作为裴氏家族的堂号。咸丰十年，裴柏村修巷道，建巷门，门楣上嵌“绿野堂”三字，意为此村为裴度故里、裴氏源头。

裴氏墓群

裴氏墓群位于裴柏村东10华里的凤凰原上，方圆40华里，北自紫金山，南至涑水，东至牛坞，西至鸡鸣山，包括永青、仓底、

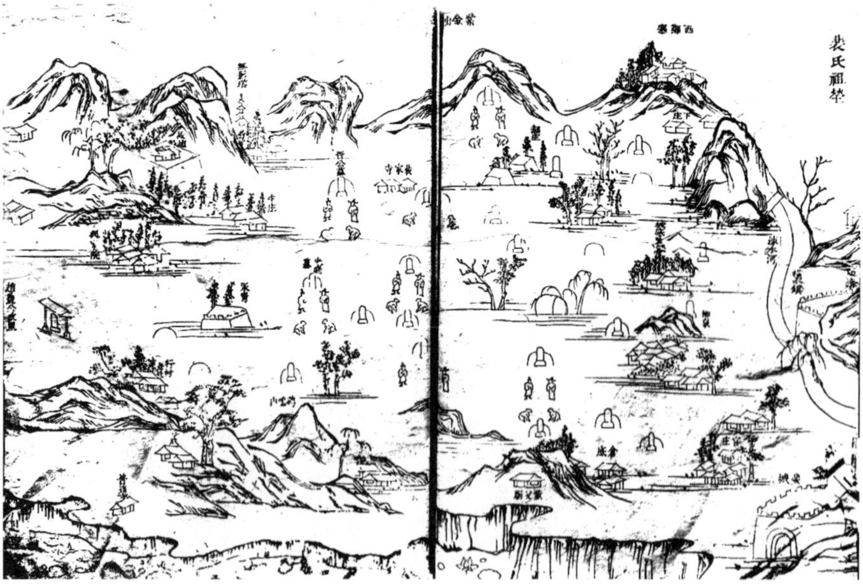

裴氏祖茔

赵村、坡底、柳泉、居台庄、裴家寺、爱里诸村，为隋、唐时期裴氏家族墓群。农业合作化以前，这里依旧是高冢累累，碣石林林，计有大坟200余冢，碑记60座，石人石虎数十对。永青东，有享亭一所，在爱里和裴家寺各有守坟寺院一座。如今，由唐代中书令张说撰文的裴行俭神道碑，依然耸立在凤凰原上，裴氏墓群与其中的裴行俭墓均被列为“山西省重点文物保护单位”。

第三节　遗　址

城遗址

《唐宰相世系表》记载：“非子之支孙封城，因以为氏，今闻喜城是也。”六世孙陵去“邑”从“衣”为裴。又杨炯《庭菊赋》为庶子裴公作也，中云：“乃有乡贵族。”注云：“城，步回切。河东闻喜城。”多为今东镇裴村。

裴柏遗址

2009年全国文物大普查，在裴柏村北50米处发现了仰韶、龙山时期文化遗址。东西2000米，南北500米，出土大量陶片、石器等。

清通乡

自县治以东至裴柏村为清通乡。晋裴楷言论清通，所以称其故地为清通乡。

英贤故里

唐裴晋公故里裴柏村及村东2公里的宋赵丰公故里阜底村，合称“英贤故里”。明代文翔凤诗:“裴乡连赵里，相望树交枝。”

裴氏宗祠遗址

位于村中心，建于唐贞观三年（629年），占地约4000平方米，现存大殿基石和高约7米的唐代夯土城墙。

湖园遗址

原址在裴柏村前，董泽湖畔。据史料记载，裴晋公午桥庄、绿野堂，俱在东都。湖园则在故里。《说类》载：“园林之盛不能相兼，务宏大者少幽邃，胜人力者少苍古，多水泉，远眺望，兼此六者惟湖园而已。在唐为裴晋公宅，园中有湖，湖中有堂，曰白花洲四并堂。其四达而当东西之径者，桂堂也；截然出于湖之右者，迎晖亭也；过横池披林莽循曲径而后得者，梅台知止菴也；自竹径望之超然登之修然者，环翠亭也；渺渺重邃，擅花卉之盛，而前据池亭之胜者，翠越轩也。若夫百花酣而白画眩，青蘋动而林阴合，水静而跳鱼，鸣木落而群峰出，虽四时不同，而景物皆幽，则又不可殚者也。”记载了园中有湖，湖中有堂，林动峰出，鸟语花香，园中有白花洲、四并堂、桂堂、迎晖亭、梅台、知止菴、环翠亭、翠越轩等建筑，集各园林之大成，是古代园林的典范。

“忠孚华夏”坊遗址

在裴柏村前古官道旁。该坊为木质，为纪念唐相裴度所立。现存清顺治年间闻喜县令李若兰书“唐晋公裴度故里”碑一通。

“气壮山河”坊遗址

在裴柏村前古官道旁。该坊为木质，为纪念宋相赵鼎所立。现存清顺治年间闻喜县令李若兰书“宋丰公赵鼎故里”碑一通。

第三章　风流人物

裴氏家族源于周秦，显于汉魏，盛于隋唐，沿及宋元明清，以迄于今，绵延达2700年之久。其间将相接武，仕宦如林，名人辈出，各领风骚，在正史立传者600余人，名垂后世者千余人，先后出宰相59人，大将军59人，中书侍郎14人，尚书55人，侍郎44人，常侍11人，刺史211人，太守77人，七品以上官员不计其数，俗有“一斗芝麻官”之称。

一脉相承的裴氏名人在政治、经济、军事、外交、文化、历史、艺术、科学等领域做出过突出贡献。历代出过思想家裴頠，政治家裴楷、裴炎、裴度、裴光庭、裴耀卿，军事家裴岑、裴骏、裴邃、裴果、裴行俭、裴仁基，法学家裴政、裴宏猷、裴寂，外交家裴矩、裴世清、裴嶷、裴璆，史学家裴松之、裴骃、裴子野、裴庭裕，地图学家裴秀，小说家裴启、裴铏，诗文作家裴让之、裴迪、裴说、裴敬宪、裴伯茂，天文历法学家裴伯寿，医药学家裴宗元，文字音韵学家裴务齐、裴瑜，书法家裴行俭、裴休，画家裴宽、裴谞、裴文睆，中国画鉴赏家裴孝源，音乐家裴神符，琵琶演奏家裴兴奴，歌唱家裴大娘等，他们在广阔的领域，以卓越的成就证明着裴柏村是中国历史上著名的“人才之村”。

第一节　名相能臣，政绩不凡

“曹魏能臣”裴潜

裴潜（？—244），字文行，裴氏第28世，裴氏中眷之祖。从魏太祖曹操至魏明帝曹叡，他历仕三朝，先后任丞相府参知军事、郡守、刺史、大司农、尚书令等职，两次封侯，是曹魏政权中颇具谋略的朝臣和治绩显著的地方高官。

汉末，中原战乱，而地处长江中上游的荆州却比较安宁，许多中原士人为躲避战争，游集于此，以观时变。青年时期的裴潜，也随中原士人一起避乱于荆州，同在那里的王粲、司马芝等人经常谈论学问，议论政事，很受荆州刺史刘表的器重和优待。然而，裴潜对刘表的政治才干却颇不以为然。他认为刘表虽据荆州有利之地，并常以周文王自许，准备收拾天下残局，继承汉统，但他柔弱寡断，不具霸王之才。因此，他很快离开荆州，远适长沙。建安十三年（208年）赤壁之战前，刘琮举荆州全境降曹，避乱此地的中原士人多被曹操录用。裴潜也归了曹营，始为丞相府参知军事，继为县令及政府主管粮仓的属吏。

裴潜

建安二十一年（216年），代郡乌桓部族首领自称单于，反对统领他们的汉族官吏，在地方作乱，郡守不能治理。于是，曹操派裴潜出领代郡太守。其时，代郡乌桓有万骑精兵，势力相当强大，但裴潜深信，只要处理合理，就可使一触即发的民族矛盾平息下来。因此，他拒绝曹操要他率重兵前去镇压的主张，只身至代郡。乌桓众族看到新郡守不带一兵一卒，对他们依旧信任，表示欢迎。由于裴潜的安抚，乌桓族人将掳掠的财产、妇女、兵器等交给汉族百姓。对于那些刻薄、搜刮少数民族的汉族官吏，裴潜给以严厉打击，一郡为之震动，一场混乱得到平息。

代郡是曹魏的北边要塞，也是汉族和其他少数民族杂居的地方。发展与巩固这里的民族团结，尊重少数民族的利益，就成为治理这一地区的核心。裴潜正是认识到这一点，并能正确处理民族矛盾，使境内汉族与少数民族和睦相处，社会安定，人民安居乐业。他在郡三年，治绩显著，受到曹操的称赞。

魏明帝时，裴潜由河南府尹转升太尉、大司农、尚书令，位至光禄大夫。此时，他已是曹魏政权中的老臣，颇有威信。以其在政

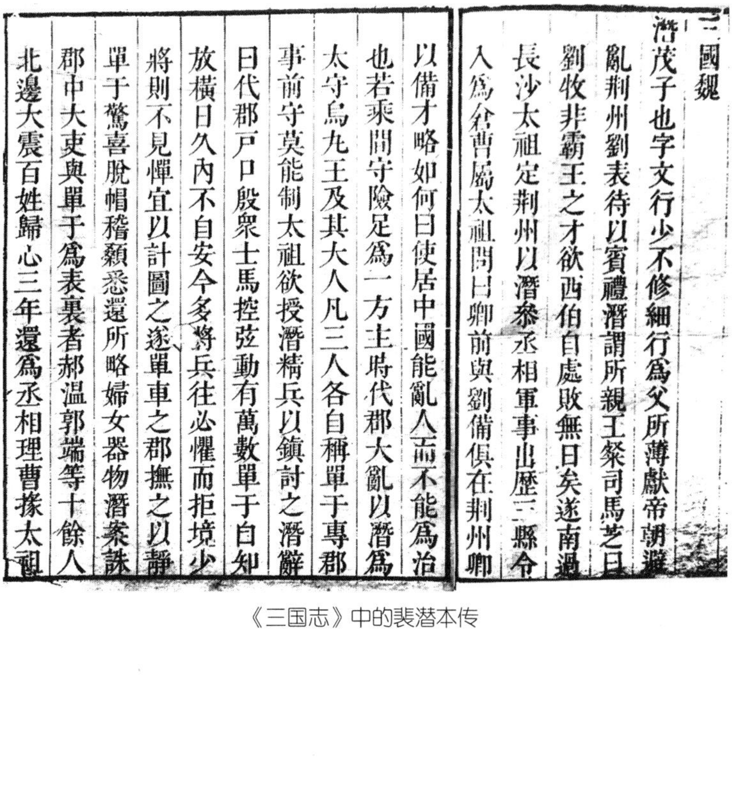
三國魏
潛茂子也字文行少不修細行爲父所薄獻帝朝避
亂荊州劉表待以賓禮潛謂所親王粲司馬芝曰
劉牧非霸王之才欲西伯自處敗無日矣遂南適
長沙太祖定荊州以潛叅丞相軍事出歷三縣令
入爲倉曹屬太祖問曰卿前與劉備俱在荊州卿
以備才略如何曰使居中國能亂人而不能爲治
也若乘間守險足爲一方主時代郡大亂以潛爲
太守烏丸王及其大人凡三人各自稱單于專郡
事前守莫能制太祖欲授潛精兵以鎮討之潛辭
曰代郡戶口殷衆士馬控弦動有萬數單于自知
放橫日久內不自安今多將兵往必懼而拒境少
將則不見憚宜以計圖之遂單車之郡撫之以靜
單于驚喜脫帽稽顙悉還所略婦女器物潛案誅
郡中大吏與單于爲表裏者郝温郭端等十餘人
北邊大震百姓歸心三年還爲丞相理曹掾太祖

《三国志》中的裴潜本传

府中的威望，魏明帝为了整肃吏治，让他制定了各级官吏的考核制度。这个制度仿照两汉州刺史纠察官吏的六条原则，提出各级官吏的考核标准，简便易行，颇见成效。

裴潜历仕三朝，始终清廉自洁，不以高官显位谋取特权。他多次调迁，从未带过妻室。他的妻子生活贫困，以编织藜芘为生，他自己的生活也十分简朴。他在兖州任上，自制胡床一张，在他离任时，却把胡床挂在墙柱上，留给下任官员使用，从此留下了“胡床挂柱”的美谈。他出入京师，从不乘坐华丽的官车，而只坐仅能挡风雨之“车”。他的兄弟居家务农，亦都十分节俭。他的清廉自洁，在当时就受到人们的赞美。刘备的荆州守将关羽北上包围了曹操的江北重镇樊城和襄阳，为了解救襄、樊之围，曹操调集地方军，并亲临前线指挥。时裴潜任兖州刺史，也率军前往增援。各地大军集结于汝水北岸之糜陂（今河南郏县北），兖州的军队部伍齐整，威严肃静，曹操检阅部队，深为叹服，夸赞裴潜治军有方，并给予赏赐。

魏文帝曹丕即位后，裴潜任散骑常侍，负责规劝他人和皇帝进谏。不久，出任魏郡典农中郎将。曹魏的屯田包括军屯和民屯，民屯占主要地位，它是以招募组织流民施行的，其组织形式是军事制度。因此，无论屯田军民还是下级官吏，基本没有进身之路。当大规模的战争基本结束，军民也逐渐在屯田地区内定居下来。这种军事性的组织形式已不能调动军民的生产积极性，管理屯田的下级官吏也因无进身之门而逐渐怠惰。根据这种情况，裴潜上奏魏文帝，建议仿照郡国九品中正制，在屯田区内实行自下而上推荐选拔官吏的贡举制度。文帝采纳了他的建议，使贡举制在各个屯田区内推行开来。贡举制的实行，使军民逐渐从长期的兵营生活中解脱出来，获得了人身自由，为国家扩大了选拔人才的范围。

“清通乡主”裴楷

裴楷（237—291），字叔则，裴氏第29世。

裴楷

裴楷明悟有识，弱冠即与当时的王戎齐名。他的学识渊博，对《老子》《易经》等经典研读得尤为精通。被黄门侍郎钟会举荐给文帝，辟为相国椽，再为尚书郎。

晋王司马炎称帝之后深感前代的刑律“烦杂严酷，未可承用”，因而命贾充负责修撰律令，以裴楷为定科郎，完成以后，诏裴楷主御前执读，讲释新律的内容及其意义。而裴楷在宣讲中，由于其言词流利，善于谈吐，使大家听得入了迷，忘记了疲倦。裴楷等新撰《晋律》的实行，对当时减轻农民负担，缓和阶级矛盾，提高和发展社会生产力，曾起到积极的作用。

武帝为抚远大将军时，以裴楷为参军事。吏部郎人缺，文帝问钟会：“谁能担此重任？”钟会答：“裴楷清通，王戎简要。”意思是：裴楷清雅博学通达事理，王戎处理问题简明扼要。于是裴楷又擢升为吏部郎。

裴楷风神高迈，容仪俊爽，博涉群书，尤精理义，时人称他为“玉人”。

西晋刚建立时，武帝司马炎曾在朝中占卦，想预测晋朝世数如何。孰料所得卦象竟然是“一”。武帝怫然不悦，唯有博闻强识的裴楷，从容上前，奏道：“臣闻得，天得了一就澄澈清明；地得了一，就宁静安详；王侯得了一，就会天下太平。”他的解释出自《老子》及其注文，“一”是“数之始，物之极”，是万物的本源和归宿。虽然卦象中的“一”不同于玄学中的“一”，但裴楷急中生智，偷换了概念。晋武帝终于释然，群臣亦叹服他的机敏和博学。后来又被擢升为中书郎、散骑侍郎、右军将军等职。

司马衷即位后，贾后诛杀大都督杨骏。无辜的裴楷只因是杨骏的姻亲，竟被收捕下狱。在侍中傅祗的极力救护下，裴楷最终只是免去官职。然而他的次子裴瓒，竟被乱兵所杀。汝南王司马亮和太保卫瓘共同辅政时，认为裴楷刚正不阿，应该加封侯爵，于是封裴楷为临海侯，并代楚王司马玮为北军中侯，加散骑常侍。由于裴楷与他们俩是姻亲，加上楚王玮野心勃勃，为避祸事，裴楷请求离朝外镇，故除安南将军，都督荆州诸军事。后来，楚王司马玮诛杀司马亮和卫瓘，裴楷也被列入了必杀的黑名单。不久，在张华的策划下，贾后以假借皇上的诏命将楚王司马玮诛杀。裴楷擢升中书令，加侍中，与张华、王戎、贾模等人共掌朝政。后终因积劳成疾，不能上朝。妻父多次为楷请退，但帝不允，加光禄大夫，开府仪同三司，并派黄门郎王衍前往看望。不久病卒，终年55岁，谥号曰“元”。

“政绩之最”裴延儁

裴延儁（？—528），字平子，裴氏第36世。裴延儁一生清正，为民办实事，官至北魏吏部尚书。

少年时代的裴延儁酷爱经史，有文学才华。被推举为秀后才，任著作佐郎，开始其官宦生涯。不久，裴延儁从著作佐郎升任尚书议曹郎，后又转任殿中郎，太子洗马，同时担任本邑中正，负责推举人才。北魏高祖废太子恂后，裴延儁因任职东宫，受到牵连，亦被免官。不久，被起用担任太尉掾，兼任太子中舍人。北魏世宗宣武帝（500—515）即位之初，裴延儁转任散骑侍郎。后又被派任雍州平西府长史，但很快又被调回朝中任中书侍郎。

矢窮遂於陣歿時年四十一贈司空公謚曰忠壯
子鳳寶嗣 梁
延儁字平子嵩子也少偏孤事後母以孝聞博學有
才舉秀才射策高第除著作佐郎遷尚書儀曹郎
轉殿中郎太子洗馬又領本邑中正及太子恂廢
以宮官例免未幾除太尉掾兼太子中舍人世宗
初爲散騎侍郎除雍州平西府長史加建威將軍
入爲中書侍郎世宗好釋典不事墳籍延儁疏諫
之除司州別駕加鎮遠將軍詔立明堂群官博議
延儁獨著一堂之論太傅清河王懌時典衆議讀
卷三 列傳

《魏书》中的裴延儁本传

在任中书侍郎期间，裴延儁提出过一些对改善北魏统治有利的建议。他认为历代贤君之所以能成就大业，都得益于其熟悉经史，从中总结治乱成败的经验。尧舜二帝，东汉光武等一代明君平时都手不释卷，这种美德应为后来者遵从。作为儒家经典的《五经》是历代统治者治理国家的经典，作为帝王都应熟悉。只有深谙经史，才能更好地治理国家。北魏一代佛教盛行，历任帝王都在佛事上不惜财力，故北魏国内寺庙极尽华丽，僧侣队伍庞大，给社会造成危害。面对日益严重的社会危机，裴延儁上疏世宗，建议他疏远佛典，致力研究经史。此项建议有些偏颇，但可促使世宗清醒，从对佛典的沉迷中摆脱出来，致力解决北魏社会由于佛教盛行引起的各种矛盾。

北魏肃宗即位初年，裴延儁被调任散骑常侍，兼起居注。又加封前将军、平西将军，拜为廷尉卿，后转任平北将军、幽州刺史。在幽州刺史任内，针对当地社会状况，裴延儁做过一些有益的工作。当时范阳郡（治所在今河北涿县）有水利设施督亢渠，长 50 里；渔阳燕郡（治所在今天津市武清西北）有戾陵等坝堰。这些设施是当地的水利命脉，由于年久失修，已不能发挥调节水利的作用。裴延儁认为疏通这些工程必定能使农业生产顺利进行，百姓生活由此可得安定，因此上表要求予以营修。在他的表章议被批复后，裴延儁身体力行，亲自带人修复。他根据水势流向，分派劳工，很快就完成修复工程。修复后的水利设施可灌溉良田 100 多万亩，收利 10 倍。当地百姓种植、收获全赖于此，社会得到安定，生产力也得到了发展。

在兴修水利、发展农业生产的同时，裴延儁还注重文化教育。他认为儒家文化是规范人民行为的最好工具，故在刺史任内，命州主簿郦恽修建学校，教化百姓，使管辖州内礼教大行，百姓以民谣称颂他。由于政绩突出，在北魏中央考绩官吏时，裴延儁被列为天下之最。

“开国元勋”裴寂

裴寂（572—632），字玄贞，裴氏第 40 世。唐初“佐命功臣”。武德九年（626 年），唐太宗定 43 名功臣的实封等第，裴寂第一。

隋大业十三年（617 年），反隋斗争的狼烟四起，隋炀帝远避江都，任命李渊为太原留守，主持北方军事。李渊兼领晋阳宫监，后被隋恭帝封为唐王、大丞相。时裴寂任晋阳宫副监，他极力劝说李渊举旗起兵，并筹集了9万斛粮米、5万段杂彩、40万领铠甲以供军用。裴寂向李渊陈诉道：“裴寂我的官爵，都是唐王所赐，陛下您不当唐朝的皇帝，我也不再担当这个官职！”他还用“天命”向李渊劝进。当李渊应允之后，他立即命令太常寺准备礼仪，选择吉日，积极筹办禅让大典。李渊即皇帝位后，对裴寂说：“我能有今天，全是裴公的功劳啊。”拜他为尚书右仆射，上朝时，必引与同坐，进入内阁时则被领入内室，对他言无不从。史称“当朝贵戚，亲礼莫与为比”。

裴寂

唐高祖每次外出巡视，总是把裴寂留在京师居守。有人控告裴寂谋反，经过审讯并无实迹。唐高祖安慰他说：“朕能登基拥有天下，你是运筹帷幄的主要人物，怎么会有二心呢？我之所以让官吏审讯你，只是要向天下人澄清，你不会造反！”武德四年（621年），朝廷决定改铸铸币，特赐裴寂一炉自铸，并聘娶他的女儿作赵王李元景的妃子。六年（623年），裴寂升左仆射。九年（626年），又拜为司空，封魏国公。为了表示优礼，朝廷还每天派尚书员外郎一人，到裴寂的官邸轮值。

唐高祖晚年，统治集团内部的权力斗争日趋激烈，裴寂向李渊请求说：“陛下，自太原起兵，我随陛下一起平定天下，您也赐给我高官厚禄。现在四海升平，我想让您赐我归隐田园。”李渊依依不舍地说："别这样呀！我一定要和你一同偕老。到时候，你是朝廷的重臣，我当太上皇，我们一起相依为伴逍遥自在，不也很好嘛！"

贞观初年，唐太宗到南郊外祀天，命裴寂和长孙无忌同乘金辂。裴寂推辞，太宗说："你有佐命功勋，无忌也极力辅佐王室，除你二人，谁还有资格参乘？"遂同无忌参乘。贞观六年（632年），裴寂去世，享年60岁。

"一代忠烈"裴炎

裴炎（？—684），字子隆，裴氏第41世，是位以身殉唐的著名宰相。

裴炎由举明经及第入仕，历仕御史、起居舍人，后又拜黄门侍郎、侍中等职。永淳元年（682年），唐高宗游幸洛阳，裴炎受命与刘元轨、薛元超等人留京辅佐太子理政，次年为东宫平章事。这年十二月，高宗驾崩，遗诏封裴炎为中书令。光宅元年（684年），唐中宗李显欲以皇后韦氏之父为侍中。裴炎身为宰相，极力谏阻。中宗不悦，对左右说："我把社稷让给岳父都可以，一个侍中算什么！"裴炎与太后武则天商定后，带兵进入宫内，宣布武则天的命令，废黜了中宗，立李旦为帝，为唐睿宗。不久，武则天又降李旦为太子，临朝执政，裴炎深感不安。武则天的侄子武承嗣请求建立武氏七庙，并追封武氏父祖为王。武则天正想批准，因裴炎极

裴炎

力进谏而中止，内心对裴炎十分不满。时隔不久，仍追尊五代父祖为王，并建五代祠堂于文水。后来，武承嗣又向武则天暗示，杀掉皇室近亲韩王李元嘉、鲁王李灵夔，满朝文武噤若寒蝉，只有裴炎犯颜直谏，阻止了事情的发生。

文明元年（684 年），徐敬业在扬州起兵讨伐武氏，武则天向裴炎问策。裴炎直言相劝道："若太后还政于天子，徐敬业不攻自破。"武则天听了十分恼怒。监察御史崔詧攻击裴炎有"异谋"，朝内诸大臣胡元范、程务挺、刘齐贤等都为裴炎奏请辩护，太后皆不纳，遂将裴炎下狱，十月，斩于洛阳都亭驿之前街。裴炎被捕后，有人劝他向御史说情，以免一死。裴炎慨叹道："欲加之罪，何患无辞？宰相下狱，还有活命的道理吗？"他视死如归，大义凛然，宁死不屈。直到武则天死后，唐睿宗复位，裴炎一案才得到昭雪，并专门下制曰："文明之际，王室多虞，保义朕躬，实著诚节。"以此来赞扬裴炎在唐王朝的多事之际的忠心铁骨。同时赠太尉，益州大都督，谥号"忠"。

"御书褒美"裴光庭

裴光庭

裴光庭（675—733），字连城，裴氏第 41 世，唐玄宗开元年间一代名相。

裴光庭为人沉默寡言，不善交游，初被提拔时，一般人往往认为他不能够胜任。但是，他很快地就由于勤于职守，成绩显著，受到大家的推崇。

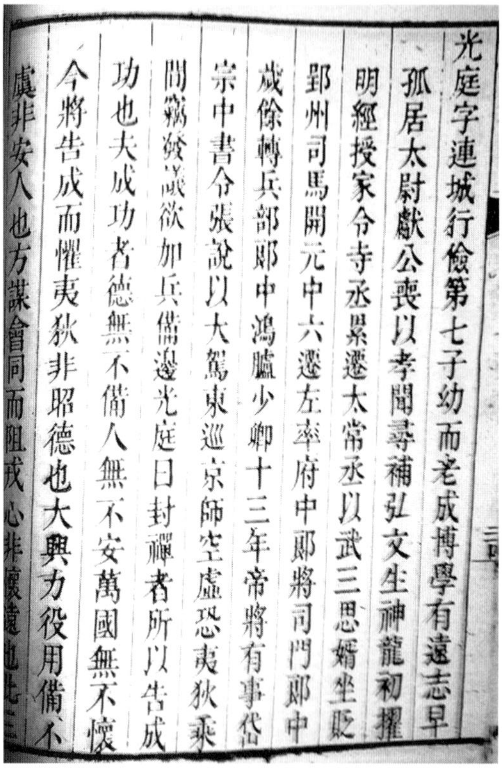
光庭字連城行儉第七子幼而老成博學有遠志早
孤居太尉獻公喪以孝聞壽補弘文生神龍初擢
明經授家令寺丞累遷太常丞以武三思婿坐貶
郢州司馬開元中六遷左率府中郎將司門郎中
歲餘轉兵部郎中鴻臚少卿十三年帝將有事岱
宗中書令張說以大駕東巡京師空虛恐夷狄乘
間竊發議欲加兵備邊光庭曰封禪者所以告成
功也夫成功者德無不備人無不安萬國無不懷
今將告成而懼夷狄非昭德也大興力役用備不
虞非安人也方謀會同而阻戎心非懷遠也此三

《新唐书》裴光庭本传

开元十三年（725 年），唐玄宗准备去泰山举行封禅大典。中书令张说认为天子东巡，京师空虚，担心西北境外各族趁机入侵，要求加强边防军备，于是召来裴光庭商议。裴光庭认为，这样做名与封禅实相悖，大为不妥，不如召他们来一起参加大典。张说听罢，十分赞同，于是向唐玄宗奏明，采纳了裴光庭的意见。泰山封禅归来，裴光庭被提升为兵部侍郎。

开元十七年（729 年），裴光庭升任中书侍郎，同中书门下平章事，不久，又兼任御史大夫。开元十八年（730 年），裴光庭任侍中，兼吏部尚书，弘文馆学士，依旧同中书门下平章事。这个时期，他曾撰写了《瑶山往则》和《维城前轨》各一卷献给唐玄宗，得到唐玄宗的赞同和褒奖。

开元十九年（731 年），唐朝应金城公主的请求，书写了《毛诗》《礼记》《左传》《文献》各一部，准备赠送吐蕃。朝官于休烈却上表反对，他认为这些经典都是治理国家的利器，用兵的权谋韬略，不可以轻易给人看，即便万不得已，《左传》也坚决要留下来，如果流传出去将是国家的隐患啊。对于这种愚顽的文化封锁主张，唐玄宗一时也无法定夺，只好诏命中书门下裁议。对于休烈的主张，裴光庭严词批驳说："吐蕃人顽略，对中原文明无知的就像个盲人、聋人一样。他们长久叛逆，新近才归顺。他们既然求上门来，我们就赐给他《毛诗》《尚书》等，这样他们平素就受到礼制、文明的熏陶，经过感化，会和我们没有两样。休烈不同意赐书，是他只看到书里有权谋韬略，能教人诡诈机变，却不知忠信礼仪也都是从书里出来的。"由于裴光庭之议，唐朝终于决定向吐蕃输出诗书典籍，促进了汉、藏两个兄弟民族间的文化交流。这个事实，不仅证明裴光庭的政治眼光高于他的同僚一筹，甚至可以看作是这位开元宰相对中华民族历史发展的杰出贡献。

开元二十一年（733年），裴光庭去世。唐玄宗破格赐谥号"忠献"，并命中书令张九龄撰神道碑文，玄宗亲笔御书。宣布停朝三日，以示哀悼。

"漕运能臣"裴耀卿

裴耀卿（680—744），字焕之，裴氏第42世，官至平章事。裴耀卿自幼善读，能写文章，并中童子举。历任长安县令、济州刺史、宣州刺史等。每治一处，他都兢兢业业，恪于职守，且政绩卓著。

裴耀卿

开元二十年（732年），裴耀卿任京兆尹。第二年秋，关中大灾，京城谷贵。为了减轻京城负担，唐玄宗准备迁往东都洛阳，并特召见裴耀卿询问赈灾办法。裴耀卿分析天下经济大势，从长计议，奏请唐玄宗通漕运，调运江淮粮赋进京。唐玄宗非常赞同，不久，拜裴耀卿为黄门侍郎、同中书门下平章事，充转运使。

裴耀卿受命后，沿黄河建置河阴、集津、三门三个大粮仓，开通河道，征集江淮租米，由孟津泝河西上，三年时间运往关中长安的粮米达 700 万石，省运费 30 万缗。这时，有人劝他将节省下的钱上交朝廷以表明功劳，但他也推却了这种做法，而是奏请唐玄宗将这笔钱充作政府向百姓购买财物和粮谷的和市、和粜之费。转运使任满后，裴耀卿迁任侍中，拜尚书左丞相，封赵城侯。

天宝元年（742 年），裴耀卿迁尚书右仆射，不久，又迁左仆射，而右仆射由李林甫接替。他俩同时上任，李林甫朝服佩剑，博士导行，郎官唱案，非常排场。但裴耀卿却穿着常服，礼仪简约，这使李林甫甚感羞愧。两年后，裴耀卿去世，终年 64 岁。朝廷赠太子太傅，谥曰“文献”。

“元和名相”裴垍

裴垍（？—811），字弘中，裴氏第 44 世，为唐元和年间一代名相。

裴垍为武则天垂拱年间宰相裴居道的七代孙，20 岁中进士。唐德宗贞元年间，朝廷制举贤良极谏科，裴垍对策第一，授为美原县尉。他任期满后，各藩镇、州府，交相征辟，但是都没有赴任。不久，朝廷拜他为监察御史。此后，还相继任殿中侍御史、尚书礼部考功员外郎等职。这期间，吏部侍郎郑珣瑜曾委托裴垍主持考试词判。裴垍秉公办事，严肃认真，不受请托贿赂，皆以实才取人。唐宪宗元和初年，召裴垍入翰林为学士。此后，他还相继任考功郎中、知制诰、中书舍人等职。

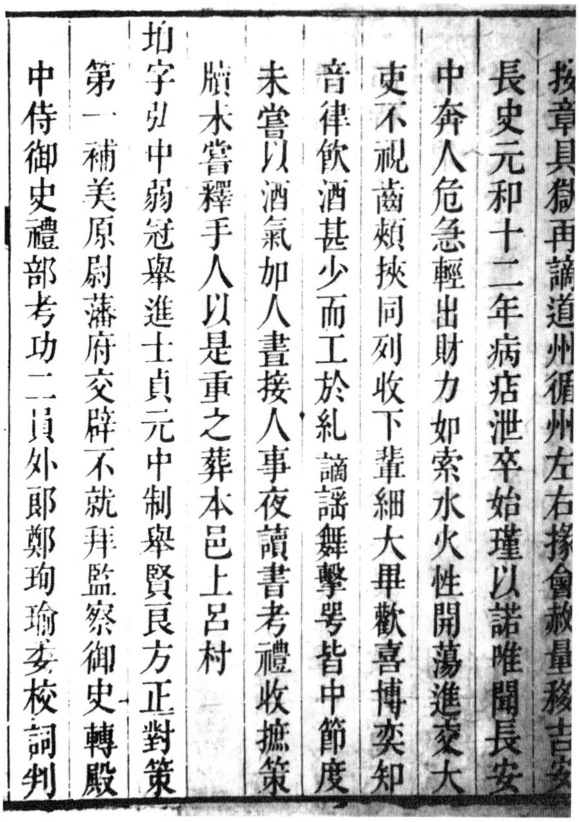
按章具獄再謫道州循州左右掾會赦量移吉安
長史元和十二年病痁泄卒始瑾以諾唯聞長安
中奔人危急輕出財力如索水火性開蕩進交大
吏不視齒類挾同列收下輩細大畢歡喜博奕知
音律飲酒甚少而工於糾謫謠舞擊斝皆中節度
未嘗以酒氣加人晝接人事夜讀書考禮收摭策
牘未嘗釋手人以是重之葬本邑上呂村
垍字弘中弱冠舉進士貞元中制舉賢良方正對策
第一補美原尉藩府交辟不就拜監察御史轉殿
中侍御史禮部考功二員外郎鄭珣瑜委校詞判

《新唐书》裴垍本传

元和三年（808年），朝廷诏举贤良。当时应试的皇甫湜、牛僧孺、李宗闵等人在对策中指陈时弊、言辞激切，考官杨于陵、韦贯之将他们三人招为上第录取。裴垍复查考试结果也无异议。为此事，李吉甫却向唐宪宗哭诉，认为裴垍等录用非人。唐宪宗于是贬黜杨于陵、韦贯之外任，又罢免裴垍翰林学士，降为户部侍郎。不过，唐宪宗事非情愿，也知裴垍正直，从此反而对裴垍更加信任。就在这年秋天，李吉甫出任淮南节度使，唐宪宗遂拜裴垍为中书侍郎、同中书门下平章事，代李吉甫主持朝政，第二年又加任裴垍为集贤院大学士监修国史。

裴垍任职翰林期间，唐宪宗新平吴、蜀之乱，正励精图治，一切机要事务都要和裴垍商量后才施行，而裴垍也小心谨慎，认真按唐宪宗的旨意办事。裴垍任宰相以后，严明法治，考课吏绩，分清善恶，种种作法，正大光明，使唐宪宗也折服。当时，吐突承璀很受唐宪宗的恩宠，常寻机向唐宪宗请求办私事。但唐宪宗碍于裴垍，不敢如吐突承璀所愿，并诫其收敛一些。唐宪宗由于对裴垍信重，在朝廷常称其官号，而不直呼其名。

裴垍当宰相时还很年轻，但他严肃为政，依法办事，颇有一番作为。他一心为国家朝廷办事，也触犯了勋贵旧臣的利益，引起他们的不满，但因裴垍事事在理，又得到唐宪宗的支持，他们也奈何不得。此外，裴垍还注意听从不同意见，以补自己的不足。

裴垍为翰林学士时，曾举荐李绛、崔群同掌机要政务；为宰相以后，又用韦贯之、裴度为知制诰，擢拔李夷简为御史中丞，这些人后来都相继担任宰相，成为一代名臣。他选用的其他人也都很精明，不负众望。裴垍才能兼备，风范凛然，知人善任，在他前后担任宰相的人中，是无人可比的，时论认为：他执政时期朝无奸佞，百业渐兴，出现唐后期少有的清明局面。

裴度

“中兴贤相”裴度

裴度，生于唐代宗永泰元年（765—839），字中立，河东闻喜人，唐代后期杰出的政治家。裴度出生于一个封建官僚家庭，25岁时考中进士，后又“应举贤良方正，能言极谏科，对策高等，授河阴县尉”，从此开始了他的政治生涯。裴度居官勤于职守，尤其在“慨然发奋，志平僭逆”的宪宗继位以后，任事多称宪宗旨意，所以不断加官进职，由监察御史，累迁起居舍人、中书舍人、御史中丞、刑部侍郎、门下侍郎、同中书门下平章事，做了执政宰相。20余年间，裴度在宪宗、穆宗、敬宗、文宗四朝历任显职。27岁时，裴度满怀激情写下了《铸剑戟为农器赋》，希望天下太平，农民归田，将兵器改铸为农具。由于他“执生不回，忠于事业，时政或有所阙，靡不极言之”，因而屡遭皇帝的冷落和权臣的嫉恨、排挤。他虽三次为相，却五次被排挤出朝廷，到太原、兴元、襄阳和东都洛阳去做节度使或留守等地方官。尽管如此，裴度的“威望德业”，一直为世所重，时人论将相，皆“推度为首”。就连“四夷君长”，“见唐使，辄问度老少用舍”。可见当时他威望之高和影响之大。唐朝以后的许多史学家、思想家、政治家，如司马光、欧阳修、李贽等人，都称赞裴度“以身系国家轻重如郭子仪者二十余年”。

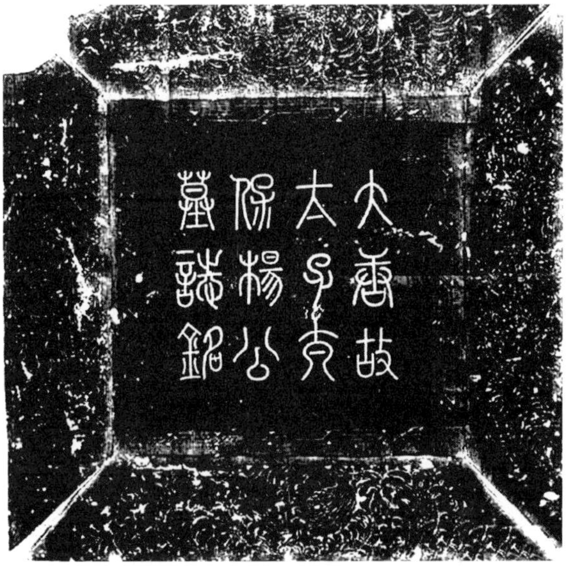

裴度撰《杨元卿墓志》

裴度早在任宰相之前，就为削藩做出过贡献。元和七年（812年）八月，魏博节度使田季安死，魏博将士拥立步射都知兵马使田兴（田兴归顺后，朝廷赐名弘正）为留后。为了稳定魏博军民的情绪，十一月，裴度受命去魏州宣谕。裴度在魏州，对田兴极陈“君臣之义”，使田兴“奉上益谨”。同时，奉命“以钱百五十万缗赏军士”，宣布魏博“六州百姓给复一年”。他又遍至魏博所辖州县，“赦见囚，存问高年、茕独、废疾不能自存者”。以致魏博的军士和各阶层人民都非常感悦。一直到长庆元年（821 年），田兴遇害身死，始终忠于朝廷，并在唐朝进行的平叛战争中，屡立奇功。魏博六州，自田兴归顺朝廷至长庆二年，也一直是唐朝中央的直接统治区。这一成就的取得，裴度魏州之行对田兴和魏博军民的处置，无疑是重要因素之一。

裴度辅佐宪宗平定淮西叛乱，是他一生中最辉煌的一项业绩。元和九年（814 年）八月，淮西节度使吴少阳死，其子吴元济自领军务，并“发兵四出，屠午阳，焚叶，掠鲁山、襄阳”，“及于东畿”，“关东震骇”。在如何对待反叛的吴元济问题上，当时大多数朝臣是主和派，主张赦免吴元济之罪，并加委他作淮西节度使。而裴度等主战派则认为，淮西是“不得不除”的“心腹之患”。且淮西“军中上下携离”，又处于“残弊困剧之余，而当天下之全力，其破败可立待”。由于宪宗支持主战派的意见，十月，开始了讨伐淮西的行动。恒州的王承宗、郓州的李师道等割据势力，为了援助淮面，派亡命之徒刺杀主战派大臣，于是武元衡、裴度就成为王承宗、李师道等暗杀的主要对象。六月三日拂晓，武元衡、裴度早朝途中，分别遇刺，武元衡遇刺身亡，裴度身负重伤。

藩镇割据势力向主战派宰执大臣下毒手，朝廷内主和派的大臣们，以“人情恐惧”为借口，纷纷要求宪宗罢淮西之兵，甚至要求宪宗“罢（裴）度官，以安恒、郓之心”。裴度面对王承宗、李师道等的暗杀威胁，和主和派“罢兵”的压力，向宪宗极陈：“淮西腹心之疾，不得不除，且朝廷业已讨之，两河藩镇跋扈者，将视此为高下，不可中止。”宪宗支持裴度的意见，没有动摇，并立即提拔裴度为宰相，“悉以用兵事付度”。裴度执政后，以“平贼为己任”。人们也认为，裴度主政，“必能殄寇。自是诛贱之计，日闻献替，军用益急”。这对藩镇割据势力，和朝内的主和派都是一次沉重的打击。

元和十二年七月，讨伐淮西的战争进入第四个年头。前方战争屡屡失利，兵饷运输又出现了严重困难。朝中主和派官员，乘机“竞言师老财竭”，劝宪宗从速“罢兵”。唯有裴度一人坚持把讨伐战争打到底。他认为吴元济“势实窘迫”，必败无疑；讨伐军屡次失利，不是敌人强大，而是因为“诸将心不一”，不能齐心协力。为加强前线的领导，裴度自请去前方“督战”。他表示:“臣誓不与此贼俱生”，“若贼灭，则朝天有期；贼在，则归阙无日”。宪宗遂任命他以宰相衔，兼彰义军节度使、淮西宣谕处置使，做了讨伐淮西的前线总指挥。八月下旬，裴度亲赴前线，驻郾城。他取消中使监军，使“兵柄专制于将”，调动了将士们的积极性，“军法严肃，号令划一，以是出战皆捷”，扭转了战局。十月初，裴度赞同唐邓节度使李愬的作战计划。于是，李愬乘一个大风雪之夜，急行军120里，袭破蔡州城，活捉罪魁吴元济，取得了讨伐淮西的胜利。裴度到蔡州，宣布废除吴元济时“禁人偶语于途，夜不燃烛，有以酒食馈遗者”处以死罪等酷法。对叛乱者，裴度坚持只杀魁首、胁从不问的政策，招降了数万蔡州士兵，因其中十之九“不乐为兵，愿归为农”，裴度“悉纵之”。这些措施，有利于蔡州地区社会秩序的稳定，和社会生产的恢复发展。

讨伐谁西的胜利，大大震慑了河北、山东的割据者。有自动归附的，如元和十三年正月，横海节度使程权，“内不自安，遣使上表，请举族人朝”。幽州节度使刘总也以“卢龙八州归于有司”。有内心恐惧，犹豫观望的，如恒州的王承宗。裴度遂派遣布衣柏耆往恒州游说，王承宗被迫“以二子为质，及献德、棣二州，输租税，请官吏”。对反复无常的郓州李师道，裴度力劝宪宗出兵讨伐。从元和十三年七月，至十四年二月，用兵七个月，终于诛杀李师道，收复淄青十二州。“当此之时，唐之威令，几于复振”，史称宪宗“中兴”。裴度不愧为“中兴”的功臣。

宦官专权，是唐后期政治腐败的重要内容。由于宦官跋扈太甚，唐后期的一些皇帝、朝官，曾谋图铲除这一毒瘤。裴度不曾参与和组织集团势力，也未曾制定和采取过周密打击宦官的计划和措施。但因为他秉公执政，不避权贵，因而常在一些具体问题上，反对和打击宦官势力。如元和九年（814 年）十月，五坊小使至下圭县，县令裴寰“嫉其凶暴，公馆之外，一无曲奉”。小使怒，诬告裴寰。宪宗偏袒宦官，要以大不敬罪重处裴寰。宰相武元衡谏，宪宗不听。当时担任御史中丞的裴度，极论“忧措陛下百姓”的县今，岂能加罪。在裴度的坚持下，裴寰才得无罪获释。元和十三年九月，“五坊使杨朝汶妄捕系人，迫以拷捶，责其息钱，遂转相诬引，所系近千人”。裴度等追劾此事。当时，朝廷正用兵山东，讨伐李师道。宪宗想袒护杨朝汶，竟对裴度说：“姑与卿论用兵事，此小事朕自处之。”裴度曰：“兵事不理，止乱山东，中人横暴，将乱都下。”认为“用兵小事也，五坊退给平人大事也”。在裴度的坚持下，宪条不得不赐杨朝汶死，并释放所有被拘系的人。长庆元年（821 年）十月，裴度屡上表抨击、揭露知枢密魏弘简、翰林学士元稹阻挠、破坏讨伐幽州军事的罪行，魏弘简左迁弓箭库使，元稹为工部侍郎。长庆二年初，裴度要求穆宗严惩恃宠骄恣、欺凌主将的昭义监军刘承偕，穆宗不得不公布刘承偕罪恶，并宣布要将其流放远州。正因为裴度敢于打击骄横的宦官，所以他每次被提拔重用与宦官无涉，而每次受排挤、打击，都直接、间接与宦官有关。

裴度坚持治理国家要任用贤才。宪宗元和十三年，他极力反对任用“掊克取媚”的皇甫铸为宰相。穆宗长庆年初，他无情揭露翰林学士稹镇与宦官魏弘简勾结“挠军败政”的罪行。裴度为将相20余年，荐引过李德裕、李宗闵、韩愈等名士，重用过李光颜、李愬等名将，还保护过刘禹锡等，但从不荐引无才的亲友为官。在唐朝后期，朝官结为朋党、相互援济的情况下，他不拉帮结派，反对权奸，坚持唯才是荐，是他的“正直”之处。

裴度一生“累为奸邪所排，几致颠沛”，到其晚年，为“自安之计”，“稍沉浮以避祸”。这是他晚年存在的问题。但综观裴度一生，他为了维护和巩固李唐的封建统治，坚持与权奸、宦官、割据势力进行斗争，这种斗争精神是可贵的。尤其是从他反对藩镇割据势力所取得的巨大功绩来看，他不愧为唐朝后期一位杰出的政治家。

一代英烈裴济

裴济（938—1002），字仲溥，裴氏第49世。他是唐代开元名相裴耀卿的第八世孙。

裴济年轻时曾在晋王赵光义府第内供职。宋开宝九年（976年），宋太祖赵匡胤驾崩，赵光义即位，改名赵炅，改元太平兴国元年，就是宋太宗。他将裴济补为殿直，并且担任天威军兵马监押。

等到平定了北汉的京城太原，宋太宗又御驾亲征，发兵征讨幽州和蓟州。裴济亲自迎接圣驾，并随皇帝出征。太宗命令他任易州（易河北易县）监军，镇守北部边防。契丹人屡次攻打易州，都被裴济击退。因为战功，裴济升为内廷西头供奉官，成为皇帝的近臣参谋。

太平兴国末年（984年），东南出现了盗匪，裴济奉朝廷之命，到威虏军去监督边防军务。途中，他驻扎在镇州（河北正定）。夜间，有伪装成宋军的敌人骑兵扣打城门，大模大样地说："官军到了，快开城门！"镇州镇守将领信以为真，督促守门兵卒开门，裴济马上制止道："这伙人肯定有诈，天不亮，千万不能开门。"等到天亮，那伙敌兵果然遁去。太宗嘉许裴济机警善断，提拔裴济为西上閤门使、定州都监，并加行营钤辖。不久，裴济被任命为定州都知兵马使。契丹三万骑兵前来攻打，裴济率军到徐水迎击，斩杀入侵之敌好几千人，缴获车仗牛马无数。

淳化初年（990年），裴济和李继隆在唐河（河北唐县）迎击入侵之敌，裴济手执短剑，冲锋陷阵，打得敌人落荒而逃。对此次大捷，朝廷特地颁诏，予以褒奖。当初，李继隆因为裴济性情刚烈，很不喜欢他；等到这次战役结束后，他拉着裴济的手，深愧相知恨晚。不久，裴济又改任为四方馆使，又出为定州知州。至道二年（996年），裴济又改任为内客省使，并守镇州知州。立春这一天，官府取出土牛，进行祭祀，来劝人农桑。祭奠仪式刚完备，突然有一伙兵卒把土牛拿走。裴济观察他们的言谈举止，料定可能要发生事变，立即下令带兵搜捕，抓获他们。经过审讯，果然有近百人要密谋叛乱，而且已经劫持控制了好些村镇的百姓。于是，裴济将这些作乱的首恶分子统统腰斩。当地军民为之肃然。裴济在镇州、定州

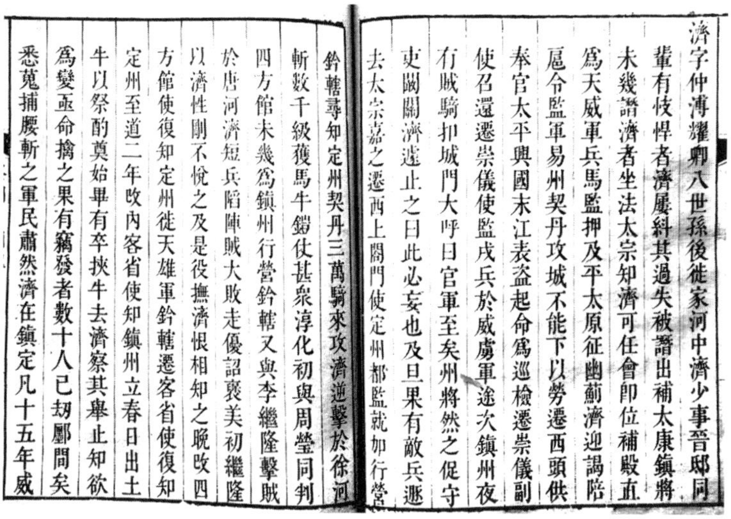
濟字仲溥耀卿八世孫後徙家河中濟少事晉邸同
輩有忮悍者濟屢糾其過失被譖出補太康鎮將
未幾譖濟者坐法太宗知濟可任會卽位補殿直
爲天威軍兵馬監押及平太原征幽薊濟迎謁陪
扈令監軍易州契丹攻城不能下以勞遷西頭供
奉官太平興國末江表盜起命爲巡檢遷崇儀副
使召還遷崇儀使監戍兵於威虜軍遂次鎮州夜
有賊騎扣城門大呼曰官軍至矣州將然之促守
吏闢關濟遽止之曰此必妄也及旦果有敵兵遯
去太宗嘉之遷西上閤門使定州都監就加行營
鈐轄尋知定州契丹三萬騎來攻濟逆擊於徐河
斬數千級獲馬牛鎧仗甚衆淳化初與周瑩同判
四方館未幾爲鎮州行營鈐轄又與李繼隆擊賊
於唐河濟短兵陷陣賊大敗走優詔褒美初繼隆
以濟性剛不悅之及是役撫濟恨相知之晚改四
方館使復知定州徙天雄軍鈐轄遷客省使復知
定州至道二年改內客省使知鎮州立春日出土
牛以祭酌奠始畢有卒挾牛去濟察其舉止知欲
爲變亟命擒之果有竊發者數十人已刼鄽閒矣
悉蒐捕腰斬之軍民肅然濟在鎮定凡十五年威

为官长达十五年，威信和政绩卓著。后来，裴济又遵旨回朝，奉命出任天雄军都知兵马使。

咸平初年（998 年），宁夏李继迁叛乱，朝廷以裴济兼领顺州团练使，任灵州（宁夏灵武）知州，兼都部署。他到灵州二年，精心处理周边八镇的民族事务，大力推行屯田制度，灵武生民才有了依赖。该年，西夏大举发兵，围攻灵武，截断了灵武的粮道。清远军战败，裴济孤军奋战，断绝外援。他刺破食指，写了一份求救血书，向朝廷告急。但是，救兵迟迟未到，城池终于陷落，裴济为国捐躯，战死城头。宋真宗赵恒闻讯，痛惜不已。宋朝廷特地颁诏，追赠裴济为镇江军节度、尚书令。

第二节　将才辈出，军功赫赫

“令敌丧胆”裴叔业

裴度撰《杨元卿墓志》

裴叔业（438—500），裴氏第35世，南北朝时期南齐大将。裴叔业年轻时便善于弓马，有气干，常以将略自许。

齐永明四年（486年），裴叔业官至右军将军，东中郎咨议参军。随后的几年，裴叔业基本是任司马之职、负佐将军之责。齐恭王延兴元年（494年），加为宁朔将军。

建武二年（495年），北魏孝文帝派兵围攻徐州，裴叔业以军主身份隶属右卫将军萧坦之，领兵救援徐州。裴叔业领兵在淮河边上设军营，大败北魏军，北魏军赴水淹死者甚多。南齐明帝萧鸾因裴叔业有功，拜其为黄门侍郎，封为武昌县伯，食邑500户。此外，仍为持节，都督徐州军事、冠军将军、徐州刺史。建武四年（497年），孝文帝亲自领兵进攻河北（今汉水上游），南齐明帝令裴叔业领兵援助雍州，获北魏人口四千多，因功升为辅国将军、豫州刺史。南齐明帝永泰元年（498年），裴叔业带领东海太守孙令终、新昌太守刘思效、马头太守李僧护等5万人，进围北魏涡阳（今安徽蒙城），北魏兖州刺史孟表固守拒战，裴叔业围攻，将所斩获俘虏的首级堆高到5丈，以威吓城内守军。同时派军主萧璝、成宝真领兵围攻北魏的马头郡（治所在马头城），北魏兵闭城拒守，派徐州刺史广陵正元诩领2万军、骑兵五千救援马头郡，南齐萧璝拒战不利，裴叔业又领兵增援，分几路进攻广陵王军。北魏军因新到一地，军营还未扎稳，就被南齐军打败，广陵王只带领数十骑逃走。广陵王败后，北魏重新派刘藻、高忽领兵增援，裴叔业又领兵迎击，再次大败北魏军，斩首一万级，获俘虏三千人，器杖、驴马、绢布等以万计。

南齐东昏侯萧宝卷即位后，因中央与方镇间的斗争十分激烈，大肆诛杀大臣，京城内乱不已。裴叔业时任南兖州刺史，都督南兖、兖、徐、青、冀五州军事。他因朝政大乱，怕受制于人而不愿进京城为官，引起萧宝卷的怀疑。永元二年（500年）正月，裴叔业见朝政大乱，大臣动辄惨遭杀害，权衡再三，遂举寿阳投降北魏。二月，因病而卒，时年63岁，魏宣武帝追赠裴叔业开府仪同三司，谥忠武。

“南梁名将”裴邃

裴邃（？—525），字渊明，裴氏第36世。

裴邃出身官宦人家。受家庭熏陶，裴邃10岁时就能做文章，并精通《左氏春秋》。南朝齐建武年间（494—498年），因有文才被刺史萧遥昌辟为府内主簿。

梁武帝天监五年（506年），时任右军将军的裴邃领军进攻北魏邵阳州（安徽凤阳县东北），南北两军首先在淮水上展开激战。北魏先在淮河上架桥运送军队过河。裴邃则领军建堡垒，又秘密建造没突舰以便靠近北魏运军桥。此时，正逢大雨，淮河暴涨，裴邃乘势乘没突舰攻至北魏运兵桥下，北魏军队惊慌失措，纷纷溃逃。裴邃领军乘胜追击，大破北魏军，并攻克羊石城（安徽霍邱县南），斩北魏城主元康，又攻破霍邱城，斩城主宁永仁，后攻克小岘（安徽

以淵爲司徒顗上表數道成惡徑挂冠去之遂遇
害宋
邃字淵明仲穆二子伯髦中散大夫仲邃十歲能屬
文善左氏春秋舉秀才高第齊東昏踐阼始安王
蕭遥光刺揚州引爲參軍遥光敗邃還壽陽會刺
史叔業以壽陽降魏邃不得已隨衆北徙魏武帝
雅重之拜魏郡太守然心實在南也魏遣王肅鎮
壽陽邃固求隨肅密圖南歸梁天監初自拔南還
除後軍諮議參軍求邊境自效遷廬江太守魏將
呂頗率五萬衆來攻郡邃率麾下拒破之加右軍

《梁书》中的裴邃本传

合肥东七十里），回师后，裴邃因功被封为夷陵县（今宜昌市西北）子，食邑 300 户，并开为冠军长史，广陵（今扬州）太守。

裴邃任竟陵太守（治所在湖北石头城）期间，设立屯田，开垦土地。屯田的设立，使官府有收入，百姓有粮吃，公私有利。在任北梁秦二州刺史时，裴邃继续执行屯田政策，开垦屯田数千顷，使得仓廪丰实，又省去大量劳动力往边境运粮，使百姓免去劳役之苦，而获得大量时间从事生产耕作。裴邃推行的屯田政策，是三国以来屯田政策的继续，它为南朝边境的巩固起到了一定作用。

梁武帝普通二年（521 年），义州刺史文僧明率军叛梁入北魏。梁武帝即任裴邃为信武将军率军进攻北魏，追讨文僧明叛军，以便收复失地义州。裴邃带军深入魏境，出魏军不意将北魏义州刺史封寿包围于檀公岘，封寿请求投降，义州复归梁。战后，裴邃被升迁为豫州刺史，坐镇合肥，再次效力边境，与北魏军对峙。

普通四年（523 年），裴邃进号宣毅将军。是年，梁军将大举北伐，梁武帝以裴邃总督征讨诸军事，并率军 3 千先行袭击北魏的寿阳，因援军迷路无援而被迫退还。裴邃重新整顿军队，要求将领以战服颜色相区别，便于一致行动。裴邃自己身穿黄色战袍，率军再次进攻北魏，先后攻占北魏许多城镇。普通五年（524 年），又攻破北魏北蔡郡（河南固阳县东），将梁的北境开拓到郑城。裴邃的连续进攻掀起南朝北进的高潮，这对腐朽的南朝士族政权无疑注入了一定活力。普通六年（525 年），裴邃卒于军中，被追赠侍中、左卫将军，晋爵为侯，增邑 700 户，谥号烈。

“赫赫战功”裴良

裴良（475—535），字元宾，裴氏第 36 世，北魏名将。

裴良从小志向宏大。北魏孝文帝元宏太和十五年（491 年），他受朝廷征召，任北中郎府功曹参军。后任南绛县（今侯马市）宰，因政绩卓著，被仆射游肇考核为第一。遂调任龙门宰，转任为正平府丞、羽林监、并州安北府长史、尚书考功郎中，加中散大夫。

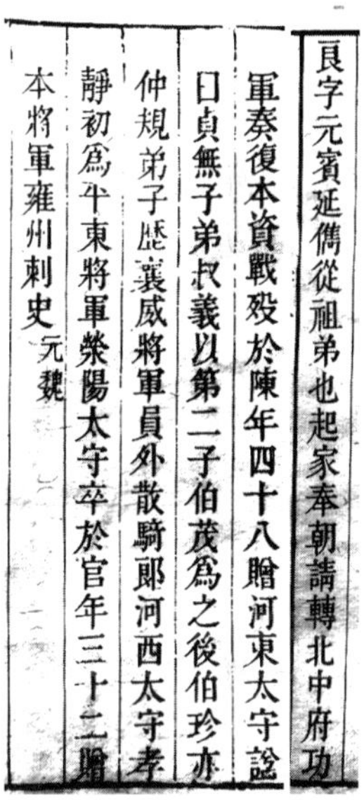
良字元賓延儁從祖弟也起家奉朝請轉北中府功
軍奏復本資戰歿於陳年四十八贈河東太守謚
曰貞無子弟叔義以第二子伯茂爲之後伯珍亦
仲規弟子歷襄威將軍員外散騎郎河西太守孝
靜初爲平東將軍滎陽太守卒於官年三十二贈
本將軍雍州刺史 元魏

《魏书》中的裴良本传

北部边塞烽火四起，西南部的胡人也蠢蠢欲动，京师骚动，裴良充当慰劳使，奉旨至动荡不安的地方宣谕朝廷诏命。他西到玉门关，东到海滨，南到长江边，克服重重困难，不辱使命。因其才干十分出众，不久，朝廷又命他以本职为行台，代行汾州政事。

汾州的薛羽等胡匪作乱，汾州守将李德龙想弃城而逃，裴良坚决不许。他同刺史汝阴王元景，三年固守城池，魏世守派裴廷儁前来驰援，他们协同作战，把乱兵打得落花流水，在阵前杀死了冯宜都、贺悦两个胡酋。元景去世，朝廷很快正式任命裴良为汾州刺史、辅国将军，兼尚书左丞，行台一职如故。等到北魏国都迁到邺城，长安以北，甘泉一带，烽火再起，谍报频传。刘蠡升来势凶猛，都督高防的援兵也被其击败，汾州又被围困。时当金秋，庄稼满野，无法收割，裴良便打开官仓，供给兵民。但是，不久，粮草殆尽，裴良在山穷水尽之际，带领人马冲出重围，奔赴西河，并以此为基地，重整旗鼓，终于击败了胡人，保全了二郡。因功，裴良封为前将军、太中大夫。朝廷特诏让他担任正平邑中正。

永安年间，由于连年征战，国库空虚，朝廷下诏，让裴良以本职兼散骑常侍，和尚书辛雄一同充当大使，巡行天下，征发粮草。由于常侍的职位太轻，朝廷就把裴良任命为兼尚书衔。不久国库便充盈起来，朝廷又把裴良改任为平东将军、银青光禄大夫。

孝庄帝永安末年（530 年），尔朱天光拥兵关西，与北魏朝廷对峙，朝廷让裴良以本职代理安西将军、潼关都督，终于挫败了尔朱氏觊觎中原的企图。由于战功赫赫，裴良后历拜征东将军、金紫光禄大夫、御史中丞、卫大将军、太府卿等职。孝静帝天平二年（535 年），裴良病卒，时年 61 岁。死后，朝廷追赠他为使持节、骑常侍、都督雍华陕三州诸军事、卫大将军、雍州刺史、吏部尚书，谥号宪。

“南陈大将”裴忌

裴忌（521—594），字无畏，裴氏第 38 世。南北朝时军事将领。

裴忌出身在一个官宦世家，充裕而优越的生活条件和社会地位，使他在少年时受到了很好的教育。他广泛涉猎经史书籍，博闻强记。但他又不像一般人那样循规蹈矩，死啃书本，每每对阅过的书籍发表与众不同的见解。

裴忌入仕之初为梁武帝第二子豫章王萧综的法曹参军。梁武帝太清二年（548），梁朝河南王侯景举兵叛梁，酿成战乱。时裴忌即招募兵勇，跟随陈霸先（即后来的陈武帝）征讨侯景。此间屡立军功，被封为宁远将军。“侯景之乱”平息后，原侯景部将王僧辩之弟王僧智又举兵反叛，并占据了吴郡（今江苏苏州市）。陈霸先便派遣部将黄他率兵攻打。但由于王僧智率兵力拒，使得两军相持，久攻不下。在平定“侯景之乱”中初显军事才能的裴忌，已在陈霸先的心目中留下了较深的印象。于是陈霸先便召见裴忌，对裴忌说道：“三吴沃壤之地，即使在水旱灾年也非常盈实。今天叛将蛊惑民众占据它，对我们无疑是一个威胁。看来要想尽快拿下吴郡，非你带兵不可，请你赶快制定破敌之策。”裴忌在陈霸先一席话的激励之下，率领部下精兵，轻装进发，日夜兼程，直抵吴郡城下。他吸取了黄他硬攻不下的教训，巧妙地命令部下在城外虚张声势，以迷惑城内守军。此时据守在城内的王僧智以为梁朝大军逼临城下，唯恐难以再守，便乘小船弃城而逃。这样，裴忌便非

裴忌

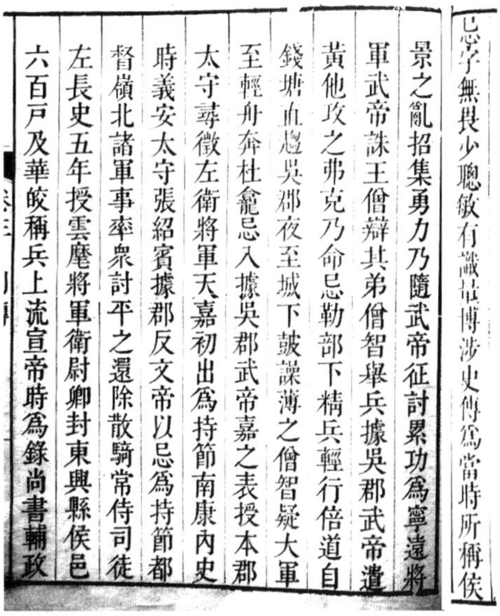
忌字無畏少聰敏有識量博涉史傳爲當時所稱侯
景之亂招集勇力乃隨武帝征討累功爲寧遠將
軍武帝誅王僧辯其弟僧智舉兵據吳郡武帝遣
黄他攻之弗克乃命忌勒部下精兵輕行倍道自
錢塘直趨吳郡夜至城下鼓譟薄之僧智疑大軍
至輕舟奔杜龕忌入據吳郡武帝嘉之表授本郡
太守尋徵左衛將軍天嘉初出爲持節南康內史
時義安太守張紹賓據郡反文帝以忌爲持節都
督嶺北諸軍事率衆討平之還除散騎常侍司徒
左長史五年授雲麾將軍衛尉卿封東興縣侯邑
六百戶及華皎稱兵上流宣帝時爲錄尚書輔政

《陈书》中的裴忌本传

常轻松地收复了吴郡城池。因裴忌夺城有功，陈霸先表授其为吴郡太守。

陈永定二年（558 年），陈霸先受禅登基，建立了陈朝，裴忌又被征为左卫将军。陈文帝天嘉初年（560 年），裴忌离开京城，被外放为南康内史。当时又有义安太守张绍宾拥兵据城反叛。裴忌被任命为持节，都督岭北诸军事，率兵加以征讨，很快就将叛乱平息了。天嘉五年（564 年），裴忌因政绩卓异、军功赫赫而被授为云麾将军、卫尉卿，并受封为东兴县侯，食邑六百户。光大初年（567 年），湘州刺史华皎煽动湖南、四川等地的宰守反叛陈朝，裴忌又被委以重任，参与平乱的军事行动。及至华皎等人的叛乱平息以后，陈宣帝继帝位，改年号为太建。太建元年（569 年），裴忌又因军功而授为东阳太守，改封为乐安县侯，食邑为一千户，太建四年（572 年），裴忌又被改任为太府卿，次年又转任都官尚书，由此开始了京官生涯。

“骁勇善战”裴仁基

裴仁基（？—619），字德本，裴氏第 39 世。是隋末的一名战将。

裴仁基出身于官宦世家，少好弓马，精通武艺。隋文帝开皇九年（589 年），他参加了平陈战争，后来还多次统兵平定周边的少数民族吐谷浑、靺鞨等叛乱，屡立战功。后又从征高丽，进位光禄大夫。后又转任河南道讨捕大使，据守虎牢关。

隋朝末年，各地农民起义风起云涌，李密率领的起义军占据洛口。裴仁基目睹隋朝政权腐败没落，人民生活困苦，遂率部投靠义军。义军首领李密十分器重裴仁基，封为上柱国、河东公。之后，参与了李密在洛阳周围的大小数十次战争，屡立战功，成了李密的亲信将领。王世充率众趋偃师，欲与李密决战时，李密向裴仁基问计，裴仁基说："王世充带着全部精锐人马前来，洛下必定空虚，我们可分兵把守要塞关口，挡住他们东进的去路。然后挑选精兵三万，沿着黄河向西出兵，危逼东都。王世充顾虑老巢，一定会被迫返回，我们就暂时按兵不动；他再出来时，我们就又向东都逼近。这样做，我们以逸待劳，而敌人却疲于奔命。等他们疲惫懈怠，攻破王世充就没问题了。"但遗憾的是，当时单雄信等瓦岗军旧将轻视王世充，屡屡要求出兵直接与王世充对阵，李密难违众将之意，出兵与王世充对阵，结果大败。

裴仁基的儿子裴行俨武艺高强、勇猛善战、所向披靡，人称"万人敌"。洛阳王世充为笼络其父子，封裴仁基为礼部尚书，裴行俨为左辅大将军，并把自己的侄女嫁与行俨为妻，而裴仁基却不以为然。他认为王世充心胸狭窄、难成大业，所以不想再为其效力。裴氏父子受到王世充的猜防，后被杀害。唐贞观四年（630年）太宗李世民怀其英烈，下诏追封裴仁基为原州都督，赐谥号为"忠"。

"儒将之雄"裴行俭

裴行俭（619—682），字守约，裴氏第40世，文武兼备，是初唐时期一位杰出的政治家、军事家。

裴行俭幼年以门荫补弘文生，贞观年间明经及第，授左屯卫仓曹参军。左屯卫大将军苏定方对他极为器重，把自己多年行军打仗的经验及用兵之道传授给裴行俭。以后，裴行俭历任长安县令，安西大都护，吏部侍郎。

裴行俭

裴行俭在安西大都护任内，政声卓著，西域各国的少数民族感慕他的名声，纷纷前来归顺。调回吏部以后，与李敬玄先后典掌铨选10余年，李敬玄和他在吏部都才干出众，被当时的人们称为“裴李”。这期间，裴行俭对唐朝积弊已深的铨选之法进行了改革。他的办法，就是把入选人员的姓名按选期先后张榜于上，根据铨注的有关规则，并按照州县级别，官资高下，依次递补放任。这虽然并非从根本上解决人才的甄别，但却把当时纷乱无章的现象调理得井然有序，使各类人员如何选官授职有矩可循，从而使唐朝

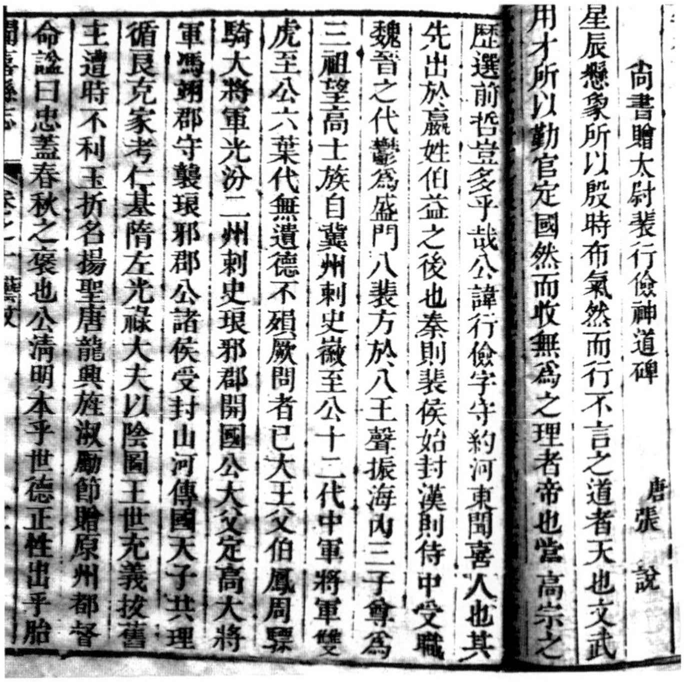

尚書贈太尉裴行儉神道碑　唐　張説

星辰懸象所以殷時布氣然而行不言之道者天也文武用才所以勤官定國然而收無爲之理者帝也當　高宗之歷選前哲豈多乎哉公諱行儉字守約河東聞喜人也其先出於嬴姓伯益之後也秦則裴侯始封漢則侍中受職魏晉之代鬱爲盛門八裴方於八王聲振海內三子尊爲三祖望高士族自冀州刺史徽至公十二代中軍將軍雙虎至公六葉代無遺德不殞厥問者已大王父伯鳳周驃騎大將軍光汾二州刺史琅邪郡開國公大父定高大將軍馮翊郡守襲琅邪郡公諸侯受封山河傳國天子共理循良克家考仁基隋左光祿大夫以陰圖王世充義披舊主遺時不利玉折名揚聖唐龍興旌淑勵節贈原州都督命諡曰忠蓋春秋之褒也公清明本乎世德正性出乎胎

《闻喜县志》裴行俭神道碑文

裴行俭雕像

的铨选之法形成一套完整系统的法规。历史上对这套办法的评价很高，在唐朝后期的制度中它成为百年的定律，没有人敢对它进行革新，可知它对唐代所产生的影响。

仪凤四年（679 年）六月，西突厥十姓可汗阿史那都支及其别部帅李遮匐勾结吐蕃，在安西地区煽动叛乱。唐朝廷商议发兵征讨，裴行俭建议以护送波斯王子泥涅师回国册立为由，途经西突厥境地，相机行事，智取为上。唐高宗采纳了他的建议，命他为安抚大食使，册送波斯王子。在路经西州时，裴行俭以天气炎热不便远行为由住了下来。吐蕃都支得到情报，知道裴行俭一行寥寥数人，毫不介意。裴行俭曾做过西州长史，与诸藩酋长相熟，他召集四镇酋长打猎，很快便召集到近万人。他将这些人组织成军队，略经训练，便连夜进军，直奔都支部落，顺利抓获了吐蕃都支及其旁党，李遮匐得到这个消息，也只好率部投降。此行兵不血刃，大功告成。唐高宗喜出望外，称赞他："兵不刃血，而凶党殄灭。"特拜礼部尚书兼检校右卫大将军。

调露元年（679年）十月，突厥贵族阿史那德温傅和奉职又纠集单于都护府管内的24州酋长发动叛乱，他们拥立阿史那泥熟匐为可汗，聚集起数十万人。唐朝廷先是派单于大都护萧嗣业率兵征讨，大败而归。裴行俭受命调集了30万大军远征。大军行至朔州（今山西省朔州市），裴行俭了解到萧嗣业兵败教训是因粮草被劫，军队给养不足，困缺粮而致之后，便设定计谋，伪装了300辆粮车，每车伏壮士5人，并派精兵暗随。敌人果然又来抢粮，而且顺利得手。正要取粮时，暗藏车中的壮士同时跃出，后续部队也及时赶到，杀得敌军人仰马翻。接着，唐军和突厥军在黑山地区（包头市西北今名呼延谷）展开决战。唐军屡战屡捷，不仅活捉了叛乱的首要之一奉职，而且突厥新立的可汗阿史那泥熟匐也被其部下杀死，提着首级前来投降。捷报传到长安，唐高宗下诏户部尚书崔知悌到前方宣慰将士，处理善后，裴行俭退军还朝。

开耀元年（681年），突厥阿史那伏念又自立为汗，与阿史德温博联合起来，纠集余众继续与唐朝为敌。裴行俭二次率军讨伐，驻军于代州的陉口（山西省代县境内）。这次裴行俭采取的方针是：一面集中精锐选择有利时机给敌人以致命打击，一面实行反间计，利用和制造突厥贵族的内部矛盾，使阿史那伏念与阿史德温傅相互猜忌，无法统一行动。经过屡次打击，阿史那伏念在损失了妻子辎重，士兵又多患疾病，无力再进行顽抗的情况下，绑架了阿史德温傅向唐军投降。至此，这场历时近两年、波及东突厥全境的叛乱才告平息。裴行俭因功封闻喜县公。

永淳元年（682 年），西突厥爆发了以十姓可汗车薄为首的叛乱，于是唐朝廷又诏命裴行俭为金牙道大总管率兵前往征讨。大军尚未出发，裴行俭病卒，时年 64 岁。赠幽州都督，谥曰“献”。唐中宗时，又追赠扬州大都督。

裴行俭一生建树了丰功伟绩，除却时代环境等条件之外，同他个人多才多艺、渊博的学识也有很大关系。唐朝是书法艺术兴盛的时期，裴行俭虽然以政治军事著称于世，而他的草隶书法却也为时人所推重。唐高宗曾特赐素绢百卷请他书写《文选》一部，写成后高宗连声称好，当即赏给裴行俭锦缎五百段。当时的书法名家，如褚遂良没有特别的好笔、好墨，他就从不动笔。不挑选笔墨、马上就能写出一手漂亮字的，只有裴行俭和虞世南。裴行俭一生勤于著述，曾撰有《选谱》《安置军营行阵等四十六诀》《草字杂体》等，后来被武则天下诏，让武承嗣取到宫中，后就失传了。

第三节　学术文化，成就卓著

“地图之父”裴秀

裴秀（224—271），字秀彦，裴氏第 29 世，是我国历史上一位杰出的地图学家。

裴秀自幼好学，有高尚的情操，八岁能文，时人称赞“后进领袖有裴秀”。历任黄门侍郎、散骑常侍、尚书、尚书仆射、尚书令和司空等。在当时，司空一职，除在朝廷中负责其他政务外，还负责

裴秀著《禹贡地域图》

管理国家的地图和户籍人口。由于职务上的关系，他得以接触更多的地理和地图知识，并对古代遗留下来的地图进行了整理和研究。

裴秀在详细考证古今地名、山川形势和疆域沿革的基础上，以《禹贡》作基础结合当时晋朝的“十六州”，分州绘制的大型地图集，绘制了《禹贡地域图》十八篇。图上古今地名相互对照，它不仅是当时最完备、最精详的地图，而且更重要的是它采用了科学的绘制方法。裴秀在完成这本地图集的绘制以后，把它进呈给晋武帝，被当作重要文献收藏于“秘府”。

他创立“制图六体”理论，为后世的地图绘制工作提供了一套完整的规范，制图六体是很科学的，是世界上最早的地图纲要。可以说，今天地图学上所应考虑的主要因素，除经纬线和高空投影外，裴秀几乎都提出来了。早在1700多年前，裴秀不仅已经认识到在地图上表现实际地形的时候有哪些相互影响的因素，而且知道用比例尺和方位去加以校正的方法，这在地图发展史上是具有划时代意义的杰出成就。直到明末意大利传教士利玛窦才把所绘有经纬线的世界地图传播到中国。英国的李约瑟在《中国科学技术史》中称裴秀为“中国古代地图学之父”“科学绘制地图的创始人”，在世界地图史上，裴秀与欧洲的托勒密被并称为东西方交相辉映的两颗明珠。

“言谈林薮”裴頠

裴頠（267—300），字逸民，裴氏第30世，是我国历史上著名的唯物主义哲学家。

晋太康二年（281年），裴頠出任太子中庶子，后升散骑常侍、国子祭酒兼右将军、侍中、尚书左仆射等职。元康元年（291年），因诛杀杨骏有功，受封为武昌侯。他思维精敏，辞论丰博，敢于独持异议，时人誉为“言谈之林薮”。他又淡于名利，虽然与权臣贾充有亲戚之谊，但仍力主任人唯贤，反对重用外戚。在钦命他专任门下事这一要职时，他曾两次上疏，力谏另选高明代替自己。因此，虽然他身为贵戚，仍受到尊崇和爱戴。

西晋时，清谈之风盛行。清谈名士乐广曾和裴頠长谈，想以理说服他。而裴頠知识丰富理论高深，乐广不能说服他，只是微笑而已。当时人们都说裴頠是“言谈之林薮”。在清谈名士中，裴頠是具有理论形态的少数几个人之一。

西晋时俗放荡，谈玄成风，不尊儒术，像何晏、阮籍这些名声很大的人，整天“口谈浮虚，不遵礼法，尸移耽宠，仕不事事”；至于王衍之徒，声誉太盛，位高势重，并不过问政事，相互仿效，风气败坏。裴頠认为这是十分危险的。他写下了著名的《崇有论》，从维护封建制度的长远利益着眼，批评了当时门阀士族的行为，批判了主张“贵无”的玄学理论，阐明了他的唯物主义的“崇有”思想，从而使他成为西晋时期与玄学贵无论分庭抗礼的唯物主义哲学思想家。

首先，裴頠认为，总括万有的“道”，不是虚无，而有“有”的全体，离开万有就没有独立自存的道，道和万有的关系是全体和部分的关系。他的观点有力地批驳了“贵无”派认为万物背后有“道”、万有背后有“无”的唯心主义观点。

其次，他主张，世界万物是互相联系、互相依赖的，并不需要有一个虚无的“道”来支持，万有并不以“无”作为自己存在的条件。裴頠深刻阐述了宇宙间万事万物的客观性、外部条件的客观性、事物法则的客观性以及人们必须按照客观规律办事等基本原理。

再次，万有最初的产生都是自本自生，万有既然是自生的，则其本体就是它自身，“无”不能成为“有”的本体。他说：“夫至无者，无以能生，故始生者，自生也。自生而必体有，则有遗而生亏矣；生以有为己分，则虚无是有之所谓遗者也。”在裴頠看来，万物的本体就是事物自身的存在，万物皆因“有”而生成，不能从“无”而派生。同时他又认为，“无”是“有”的丧失和转化。

裴頠认为，《老子》的主旨在于通过对“本”的强调，提醒人们不要离本逐末。但是后来魏晋时期的责无论者背离《老子》的本来宗旨，“遂阐贵无之议，而建贱有之论”，“深列有形之敝，盛称空无之美”，玄风愈煽愈炽，于是整个社会盛行清谈之风，背离社会现实。裴頠认为按照贵无贱有的论断，必然取消伦理价值。

他还认为，“无”不能对事物的存在和发展起积极作用，只有“有”才对事物的发展变化起积极的影响。他说：“心非事也，而制事必由于心，然不可以制事以非事，谓心为无也；匠非器也，而制器必须于匠，然不可以制器以非器，谓匠非有也。”也就是说，心灵和实践是两码事，不能认为心是无的。工匠不是器物，但是，制造器物必须依靠工匠。

从中人们可以看出，裴頠的价值取向仍是传统儒家的修、齐、治、平的礼帛路线。裴頠的《崇有论》一写出，文人士大夫相互传抄，社会影响甚广。太尉王衍之徒纷纷起来攻击论难，都不能使裴頠屈服。当时，赵王司马伦诬陷贾后，裴頠非常厌恶。司马伦多次求官，裴頠与张华坚决不许。司马伦怀有篡逆之心，欲先除掉朝中有名望的大臣。在废掉贾后之际，将裴頠杀害。时年三十四岁。

裴頠以自己高尚的人格，无与伦比的才华，在荒诞颓废的西晋末年，掀起了一股清新之风，也为裴氏家族留下了光辉灿烂的一页，令后人永远敬佩。

“史学三裴”裴松之、裴骃、裴子野

《三国志注》的作者裴松之与其子《史记集解》的作者裴骃、曾孙《宋略》的作者裴子野合称“史学三裴”或“一门三史”。

裴松之（372—451），字世期，裴氏第33世。裴松之从小喜爱读书，8岁时已熟知《论语》《诗经》诸书。后博览典籍，学识日进。

晋孝武帝太元十六年（391 年），裴松之任殿中将军，时年 20 岁。后历任新野太守、尚书祠部郎、治中从事史、太子洗马、零陵内史、国子博士等。入宋后任中书侍郎。

元嘉六年（429 年），宋文帝以陈寿所著《三国志》记事过简，命裴松之为之作补注。裴松之以补缺、备异、惩妄、论辩等为宗旨，呕心沥血，历时三年，博采群书二百余种，保存大量史料，注文较正文字多出三倍。宋文帝看后赞叹道：“裴世期将此为不朽矣！”裴注的最大特点，就是广采博引，极大地丰富了原书的内容。特别是他所引用的原始材料今天大部分已经亡佚，幸而保留在裴注中，因而史料价值就非常珍贵。我们在读《三国志》时，一定要把裴松之的注文当作正文来读。纪昀在《四库全书总目提要》评论其作注方法为六点：“辨是非、核讹异、明委曲、补阙佚、详生平、附同类”。今人则总结为三条：一为开创了博采群书、补阙备异的新体例；二为开创了史学考证的先河；三为开史学评议之端。

裴松之完成《三国志注》后，出为永嘉太守，后入补通直为常侍，后又出为南琅琊太守。在他 80 岁那年又奉命继何承天之后撰写本朝国史《宋书》，但未及动笔就去世了。

裴骃，字龙驹，裴氏第 34 世。裴松之之子，官至南朝宋中郎外兵曹参军，著名史学家。

裴骃继承家学传统，博学多才，为司马迁的《史记》作注，完成《史记集解》八十卷，为现存最早的《史记》注本。裴骃在晋宋之际学者徐广的《史记音义》的基础上，旁征博引，采集经传百家之说，删其浮辞，取其精要，正所谓“以徐为本，号曰《集解》”。裴骃在《集解》中遵循的原则有四：第一，并收诸说；第二，未详则阙；第三，删浮取实；第四，补充史料。可见一位史学家治学态度之严谨。裴骃的《史记集解》与唐司马贞的《史记索隐》、张守节的《史记正义》合称“史记三家注”。唐代史学家刘知几称他“开导后学，发明先义，古今传授，是曰儒宗”，肯定了裴骃在史注上的宗师地位。

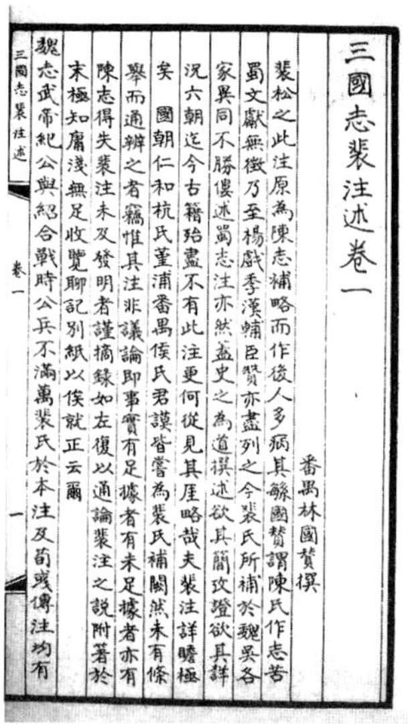
三國志裴注述卷一
番禺林國贊撰
裴松之此注原為陳志補略而作後人多病其繁國贊謂陳氏作志若
蜀文獻無徵乃至楊戲季漢輔臣贊亦盡列之今裴氏所補於魏吳各
家異同不勝僂述蜀志注亦然蓋史之為道撰述欲其簡攷證欲其詳
況六朝迄今古籍殆盡不有此注更何從見其厓略哉夫裴注詳贍極
矣 國朝仁和杭氏堇浦番禺侯氏君謨皆嘗為裴氏補闕然未有條
舉而通辨之者竊惟其注非議論即事實有足據者有未足據者亦有
陳志得失裴注未及發明者謹摘錄如左復以通論裴注之說附著於
末極知膚淺無足收覽聊記別紙以俟就正云爾
魏志武帝紀公與紹合戰時公兵不滿萬裴氏於本注及荀彧傳注均有
三國志裴注述 卷一 一

裴松之撰《三国志注》

裴子野（469—530），字几原，裴氏第 36 世，南朝梁著名史学家。

由于家庭的熏陶和影响，裴子野从小就对史学极感兴趣，三十岁左右，就将沈约写的《宋史》删撰为编年体的《宋略》二十卷。此书一出来，立即博得朝野上下一致赞赏，连和裴子野打过笔墨官司的沈约本人，见后也自叹不如。《宋略》20 卷，是南朝宋史专著，唐代史学家刘知几极赞赏之，“世上说《宋史》时，以裴子野的《宋略》为上，沈约的《宋书》次之。”裴子野由此被提拔为中书通事舍人。

梁普通七年（526年），梁武帝出师北伐，命裴子野作《移魏文》。子野提笔立成。梁武帝赞道：“你的身体虽然柔弱，但你的文章的气势却很雄壮啊。”不久提升为侍郎、鸿胪卿，兼领步兵校尉。

子野在朝十余年，一贯清廉朴实，静默自守，对贫乏者不吝钱财，自己却十分清苦，身居茅屋，饭麦食蔬，其高风亮节，连梁武帝都十分感动。晚年撰修《齐梁春秋事》，始草创而卒，梁武帝闻其死讯而流泪，下诏即日举哀，赞誉他“文史足用，廉白自居”。

“诗文兄弟”裴让之、裴诹之

北朝时，裴让之、裴诹之、裴谳之、裴谋之、裴讷之、裴谒之兄弟六人，都通晓诗文，多有作品流传于世。特别是裴让之的诗作，在北朝文学史上号称独步。

裴让之（？—550），字士礼，裴氏第37世。少年时，让之便勤奋好学，作诗极有才情，诗风清明俊辨，享有极高的声誉。特别是他所作的《有所思》《送北征》等诗，读来朗朗上口，情景互见，在北朝的诗作中，是为数不多的佳作。因北，宫中人常说：“能赋诗，裴让之。”

若论作文天资，诹之等兄弟绝不逊于其兄长让之。特别是诹之，他是让之的次弟，字士正，少年时爱好儒学，经常去常景家里借书阅读，一借便是上百卷。不过十几天，就又来还书。还得这么快，常景怀疑诹之没全读完，不过狼吞虎咽，囫囵吞枣罢了。于是便借机考查他。不料想，诹之都应答如流，没有遗漏。常景惊异，感叹

《北史》中的裴让之、裴诹之列传

道："应奉读书一目十行，祢衡读书过目不忘，现在这种情景又在裴诹之身上再现了。"

诹之的才情也不在其兄长让之之下，杨愔（让之之友）合门改葬的时候，托诹之来作墓志铭，诹之当即应承下来。当夜，他奋笔疾书，连写志铭十余篇，篇篇精彩可观。

北朝时，文坛上，让之、诹之兄弟同皇甫和、皇甫亮兄弟齐名，均知名于洛阳一带，但当时有人评价说："诹胜于让，和不如亮。"对让之、诹之兄弟的才情予以充分肯定。

"法泽后世"裴政

裴政，字德表，裴氏第 38 世。他自幼聪明，博闻强记，通晓时政，颇为人所称道，15 岁时即被征辟为邵陵王府法曹参军事，后又任起部郎、枝江令、湘东王记室，及通直散骑侍郎等职。"侯景之乱"后，被梁元帝授给事黄门侍郎。

开皇元年（581年），隋文帝任命裴政为率更令，加上仪同三司，令他与苏威等人修订律令。他吸收魏、晋、齐、梁的刑典，去重取轻，遵循“以重为轻、化死为生”的原则，制成新律。开皇三年，又加以修改完善，这部法典史称《开皇律》。在编定过程中，参与的十几个人，每有疑惑不解、阻滞不通时，都要交由裴政决定，由他最后裁定。《开皇律》废除了前世的枭首、鞭笞等酷刑，把刑讯时惯用的大棒、毒杖、车辐压踝等予以革除，并规定民有冤屈，县里不受理时，可依次上诉到郡、州，如仍不受理者，可直接向刑部申诉。《开皇律》改定的死、流、徙、杖、笞五刑的刑罚制度，标志着封建五刑的确立，使肉刑变为以束缚自由的劳役为中心的刑罚体系。从此我国古代刑罚走上了比较人道的正规之路。因此,《开皇律》在中国法制史上具有非常重要的作用。明代大思想家王夫之高度评价道:“今天的法律，它的体系建立都是隋朝裴政制定的，裴政的功绩很高啊。千余年间，不是没有暴君酷吏，而他们的淫威不能得逞，因为有法制的缘故。”足见《开皇律》其影响之深远。

裴政卒于任上，享年89岁。隋文帝追忆他:“由于裴政等人的辅政，我朝才有今日！”

“语林先河”裴启

裴启，一名荣，字荣期，处士，以一部《语林》蜚声文坛，遂有风靡一时的“裴氏学”。

魏晋是一个动荡的年代，也是佛教、道教大行其道的年代，为逃避纷纭繁杂的社会现实，一些知识分子或遁入空门，或清谈避世，这就是所谓的魏晋风度。逃世、清谈之下，于是产生了一批批大谈鬼神怪异的志怪小说，《列异传》《博物志》便是其中的代表。由于对社会现状的不满，起初的志怪小说都有着深刻的寓意和无可奈何的情绪蕴涵其中。但后来的志怪小说变得千篇一律。正是在这个时候，裴启站了出来，他特立独行，以一部标新立异的志人小说《语林》投向文坛。

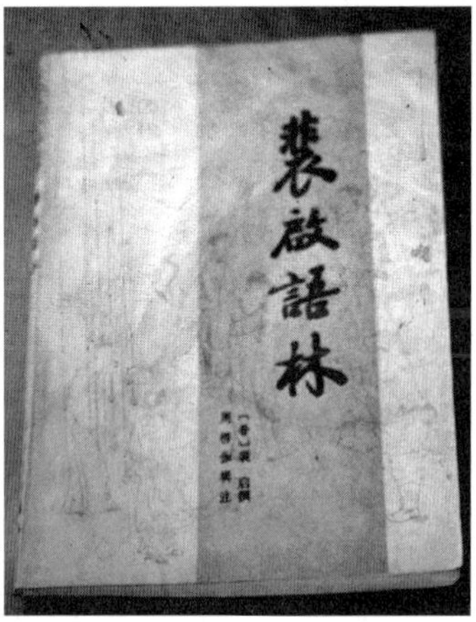

裴启《语林》是一部汉魏以来迄于两晋的知名人物精彩应对的记录。魏晋时期，品评人物之风是其源源不竭的资料宝库。该书真实地反映了魏晋之际的时代特点和社会风貌，生动具体，意味隽永。在裴启笔下，人物惟妙惟肖，鲜活毕现，很好地把握住了那个时代的精神实质。同时，《语林》也紧贴现实，记录下了一些重大历史事件。《语林》具有很高的史料价值，知识性、可读性很强。由于《语林》的别开生面，遂令世人耳目一新，时流年少，无不传写，形成了风靡一时的“裴氏学”。

因权相谢安的打击，《语林》失传。鲁迅先生曾不辞辛劳，将散见于各类书中的《语林》文字搜集整理成《裴子语林》一书。

“鉴画之祖”裴孝源

裴孝源（577—640），裴氏第35世，是我国的美术鉴赏鼻祖。

裴孝源活动在南北朝末期至隋唐之交，历仕后魏昌平太守，唐吏部尚书、尚书令、中书舍人、使部员外郎等职。

唐太宗时，汉王李元昌酷爱书画，他常与裴孝源等人谈论绘画的精妙之处，发现裴孝源的艺术品位相当高，就于贞观十三年（639年），让他甄别并记录魏晋以来国家所藏的绘画遗作。此事正是投其所好，裴孝源自然不遗余力地投入此项工作。他仔细分类，认真筛选，对比品评，精心撰录。直至该年八月十五（中秋节），他的《贞观公私画史》才终于面世。《贞观公私画史》在体例上分为序言、著录正文和结论三大部分，共收录魏晋至唐初五十四位画家及其作品，另外还收录了四十七所寺庙道观的壁画。

裴孝源对绘画有着独特的认识和精辟的见解，他认为绘画在我国有着悠久的历史，历代名家辈出，题材多样，风格独特，而且历代珍重。他在《贞观公私画史》中阐述了绘画的历史、题材、流派、风格等重大问题，并高度评价了绘画的教育功能，还反映了至隋唐时代绘画的盛况。《贞观公私画史》，为我们了解、探究、评价古代绘画发展史、绘画种类、画家流派作品的实绩，以及绘画题材与品位提供了丰富的资料，因此，该书被誉为“美术鉴赏祖书”。裴孝源也因其在该书中的精妙论述，被誉为我国的“国画鉴赏之祖”。

“音韵学家”裴务齐

裴务齐，生卒年不详。曾任江夏县主簿，是生活在唐中宗李显时期的一位著名的音韵学家。

裴务齐发现隋代陆法言所著的《切韵》中存在不少谬误和遗缺，通过增补修订，编纂成《正字本刊谬补缺切韵》。整部书大韵总有一百九十五，小韵三千六百七十一（二千一百二韵清，一千五百五十一韵浊），这与陆法言的《切韵》相比，增加了两个韵部，即上声广（俨）和严（酽）二韵，增加了二百一十一个纽，且“每个韵第一字韵目作朱笔书，每组开头第一字上都加有朱笔点”。

裴务齐的《正字本刊谬补缺切韵》与同时代的韵书相比，有很多独特之处。该书中对韵次和韵目名称的改变，在唐五代韵书中是也很特别的。其中韵目排列的次第，与陆法言《切韵》的排列格局相比，改变较大，堪称别具一格，这对考察唐代方音具有较大的帮助。在韵目方面，该书特别注意四声韵目的读音在声母上是否一致。凡是《切韵》中

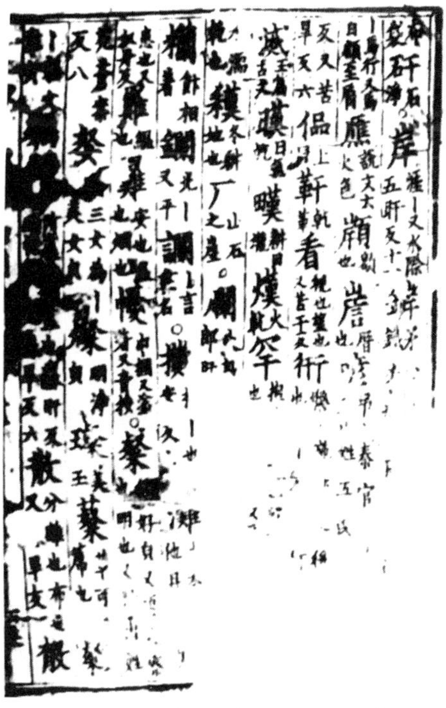

裴务齐著《正字本刊谬补缺切韵》

不属双声的字，他都尽可能地改为双声字。同时还注意到了字音读法的开合，如“皆”韵去声用“界”，不用“怪”；“传”韵去声用“懈”不用“卦”，目的在于使其与平上韵目的开合相一致。在字的归韵方面，已经结合了当时唐代语言的实际发音。本书在注音方面，也有两个应该注意的地方。首先，“王”韵有一些因袭《切韵》而来的唇音类隔切，在该书中有一部分已经改为音和切。其次，本书注音的方式除了用反切和“又音谋”来表示外，还采用了以四声来指明读音声调的方式。这在当时可说是属于裴务齐的独创。

此外，在增加韵目的同时，该书的义训还特别详细，显然，裴本对字义的训解较之前人更加详细，这显然成为唐代韵书发展的一种趋向，从《唐韵》以后注解就更加繁富了。

总之，裴务齐的《正字本刊谬补缺切韵》对研究《切韵》、了解唐代语音，具有很高的学术和实用价值。正因为如此，裴务齐作为一个在语言文学发展上占有一席之地的音韵学家，才流芳千古，成为裴氏家族的又一骄傲。

“礼乐宗师”裴守真

裴守真（？—702），字方忠，裴氏第41世，唐代礼乐大师。

裴守真幼年失去父母，他自知自己唯一的出路就是科考。从地方到朝廷所设的六级考试，他都连考连捷，后任乾封县（今山东泰安县东南）尉。裴守真精通各种礼仪。唐高宗李治中期，被授太常博士。

高宗刚在泰山上封禅不久，武则天就劝他再到嵩山封禅。这年夏天，唐高宗便决定要遍封五岳。七月，在嵩山南边修建奉天宫，为封禅做准备。监察御史里行李善感劝谏，唐高宗没有采纳。裴守

唐光启年间成州刺史裴守真修建的裴公湖

真也不甘落后，便趁唐高宗召见一班文臣商议政事时，果断上奏：“古代祭祀天地，天子亲自射牲。汉武帝封泰山，命令侍奉中的儒学之士去射牲，皇帝不亲临射牲。现在按照礼仪，天亮前，屠宰的人拿着鸾刀宰割供祭礼用的牛、羊、猪，拔毛放血的事已经准备停当，天子才赶到。天全亮了，才举行仪式，天子要捧着玉杯斟酒进行祭奠就可以了。像现在，如果在前一天射牲，离祭礼的时间还早；如果到了当天再射牲，事情就显得太晚，而来不及了。汉朝的天子就不亲自射牲。古代与现代不同，应该各取所宜，恐怕不能这样干。”裴守真这道奏章，其实是一种委婉的劝谏。人们都说二人的劝谏是“凤鸣朝阳”。后因唐高宗的头晕病越来越严重，封禅计划便取消了。裴守真等深为取消了这种劳民伤财之举而高兴。

当时，唐朝宫廷中时常演奏《神功破阵乐》《功成庆善乐》，这两首乐曲全是歌颂唐代先皇的。其中《神功破阵乐》最早名为《秦王破阵乐》，是歌颂唐太宗李世民的武功盛德的。当演奏时，唐高宗为了不失敬于先辈，就毕恭毕敬地站着欣赏，直到乐曲和歌舞奏罢。裴守真认为这样有失天子体统，就上奏说：“这两支乐曲和舞蹈，虽然是歌颂我朝祖宗盛德的。但是，从古到今，还没有天子站着观看歌舞的。教化养育百姓，为他们营造安居乐业的条件，在这点上，哪位先祖没有功劳呢？何况君王升殿，中外臣僚毕集，各国都来瞻仰陛下垂拱而治的政绩，四方蛮夷手舞足蹈前来同庆。岂能仅对先帝的舞乐格外表示崇敬。我等臣子经过详细讨论，认为在演奏二乐时，陛下不应肃立。”唐高宗认为他建议得很好，于是就改正了这一繁缛的做法。

唐高宗驾崩于弘道元年（683 年）腊月初四日，到为他定出谥号为止的这段时间，被称为“大行皇帝”。裴守真与博士韦叔夏、辅抱素等人负责此事。在实际操作中，详细考察研究了历代史迹与典故，根据本朝的具体情况制定出了一套完备、宏大的礼仪。人们很佩服他们的才能，认为把握住了礼的精髓。

天授二年（691 年），裴守真改任司府丞，后历任汴州（今河南开封）司马、成州（今甘肃宁县）刺史等。长安二年（702 年），裴守真辞世，朝廷特追赠他为户部尚书。

“盛唐诗人”裴迪

裴迪（716—？），裴氏第 42 世，是盛唐时代与王维最交好的一位著名诗人。

裴迪诗才横溢，与当时诗坛的著名人物李白、高适、储光羲、孟浩然、王维、崔兴宗等，均有深交。高适的《酬裴秀才》、李白的《赠裴十四》、王维的《赠裴迪》等诗都是与裴迪的酬答诗。后来，裴迪又罹“安史之乱”的劫难，深感人生无常，富贵难定，遂产生了归隐山林的念头。

裴迪所居在“南山北坨下，结宇临欹湖”的依山傍水处，这与诗佛

王维所居可说是近在咫尺，他们一起你唱我和，相互酬答，一起切磋，共研诗艺，催生了无数传颂千古的绝唱。他们的“辋川杂咏”诗，以辋川的华子冈、文杏馆、鹿柴、木兰柴、茱萸泉、临湖亭、南垞、北垞、欹湖、柳浪、栾家濑、金屑泉、白石滩、竹里馆、辛夷坞、漆园、椒园、辋口、孟城坳等三十六处景点为背景展开描写，抒发胸臆，不但为后人留下了山水诗的精品之作，而且成为两位诗人深挚友谊的见证。

后期，裴迪曾担任蜀州刺史，还一度入尚书省担任郎官。其间，他还和伟大的现实主义诗人杜甫，还有李颀结下了一段友谊。杜甫的《杜工部集》中就有三首赠裴迪的诗歌。同时，杜甫还对裴迪的诗思深妙、追求淡远之风给予了充分的肯定。裴迪后期的诗歌，几乎再找不到那种壮志凌云胸怀报国之志的热情，字里行间都流露出他远离尘世、隐逸山林的志趣。他的诗深受王维诗歌的影响，朴素自然，浅显流畅，具有诗中有画的特点。

第四节　传奇人物，名载史册

“独立使君”裴侠

裴侠（？—559），字嵩和，裴氏第36世。

裴侠青年时任州主簿，举为秀才。后历任北魏义阳郡守、西魏

河北郡守、北周骠骑大将军、民部中大夫等职。在任河北郡守期间，他躬履俭素，爱民如子，饮食简约，根据河北郡的惯例，有渔猎者30人、丁30人供郡守役使。裴侠觉得为满足自己的口腹去役使他人于心不安，于是就把这个规定免除了。而将这些佣工交纳的租税全给官府买了马，几年繁殖马匹成群，他在离任之时一无所取。郡内吏民没有不怀念他的，纷纷称颂道："肥鲜不食，丁庸不取，裴公贞惠，为世规矩。"意思是说，肥美、稀有的佳肴他都不吃，为他安排的役人，他都不接受。裴公这样的廉洁贞静，实在是世人的楷模。裴侠与各地郡守一起晋谒文帝，文帝命裴侠单独立在一边，然后对其他的郡守说："裴侠清慎奉公，为天下之最，你们当中谁能与他相比，也可站出来与他并立。"众郡守都不敢应对。于是文帝赏赐他丰厚的物品，朝野上下都对他非常叹服，称他为"独立使君"。

裴侠撰写九世伯祖《贞侯潜传》，传中附上裴氏宗室中有清名廉政者，欲使后来者学习和仿效，族内之人各有一册，以此激励自己、勉励后人。他的堂弟裴伯凤、裴世彦当时官为丞相府佐，不能理解他的作为，讥笑他说："人家做官是为了名和利，你做官这样清苦，却是为何？"裴侠回答说："清廉是做官的本分，节俭是立身的基础。我裴氏家族世为大宗，世代秉承美德，我所以清廉自守，并非猎取美名，意在修身自重，唯恐辱没祖先。今天反被你们耻笑，你们说我做的有错吗？"伯凤、世彦听后非常惭愧，决心以后以裴侠为榜样。

裴侠在任工部中大夫期间，工部的贪官污吏都害怕得很。大司空府掌钱物的官员李贵吓得躲在家里哭，裴侠得知后令他自首，李贵如实坦白后如释重负。此举极大地震慑了其他贪官。裴侠病重期间，许国公宇文贵、北海公申徽等到家问候他，看到他住的房屋破旧不堪、难遮霜露，于是返回朝中向明帝报告。明帝顾惜他贫苦，为他修住宅，并赐给良田十顷。明帝武成元年（559 年），裴侠病故。朝廷赠给他太子太师、蒲州刺史的称号，赐谥为贞。河北郡前功曹张回及吏民盛念裴侠政绩，于是作颂纪念他的清廉爱民的德行。

“简政清廉”裴文举

裴文举（？—578），字道裕，裴氏第 37 世。

裴文举小时候就忠诚谨慎，广泛涉猎经史。西魏文帝大统十年（544 年），裴文举奉朝廷之请，入朝为官，不久，就升为丞相府墨曹参军。后历仕威烈将军、著作郎、中外府参军事。西魏恭帝拓跋廓二年（555 年），裴文举因功勋卓著，被朝廷赐姓贺兰氏。后来，北周孝闵帝时袭父爵澄城县子。

齐公宇文宪刚开幕府，就以裴文举为司录。北周世宗宇文毓即位后，裴文举渐次升为帅都督、宁远将军、大都督、益州总管府中郎。武成二年（560 年），加封裴文举为使持节、车骑大将军、仪同三司。蜀地沃土千里，非常富饶，商贾如云，号称“天府之国”。有人劝裴文举借权谋利，裴文举说：“财利固然可贵，不如自身安宁呀！身体安康，就能弘扬王道，不是钱财所能办到的。因此，不去

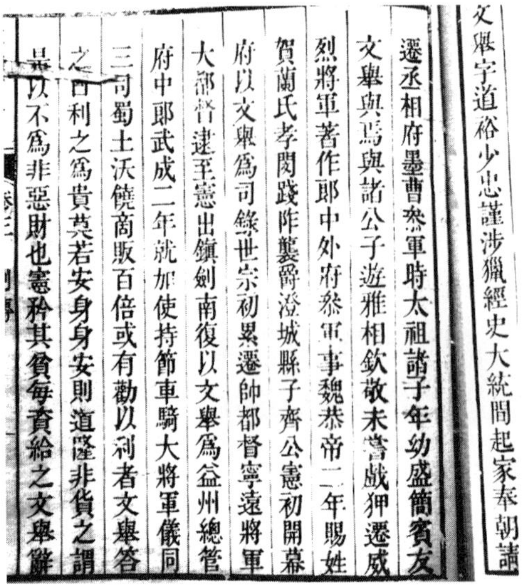
文舉字道裕少忠謹涉獵經史大統間起家奉朝請
遷丞相府墨曹參軍時太祖諸子年幼盛簡賓友
文舉與焉與諸公子遊雅相欽敬未嘗戲狎遷威
烈將軍著作郎中外府參軍事魏恭帝二年賜姓
賀蘭氏孝閔踐阼襲爵澄城縣子齊公憲初開幕
府以文舉爲司錄世宗初累遷帥都督寧遠將軍
大都督逮王憲出鎮劍南復以文舉爲益州總管
府中郎武成二年就加使持節車騎大將軍儀同
三司蜀土沃饒商販百倍或有勸以利者文舉答
之曰利之爲貴莫若安身身安則道隆非貨之謂
是以不爲非惡財也憲矜其貧每資給之文舉辭

《周书》中的裴文举本传

做那种事情，并不是厌恶金钱呀！”齐公怜悯他贫寒，常常想资助他，裴文举经常是谦逊退让，拒绝的多，接受的少。

北周宇文邕保定三年（563年），裴文举调为绛州刺史。当年，他父亲裴邃在正平郡时，为官廉洁自奉，简政安民，每年春天都要到民间考察，劝人农桑，只坐一辆车子罢了。等到裴文举莅临此郡，完全遵照他父亲当年的风范，百姓们众口称赞，风俗为之清淳。总管韦孝宽对裴文举格外钦敬，常常登门与他交谈。言谈之间，不知不觉，就凑近到他的座席跟前。天和初年（566年），裴文举晋封为骠骑大将军、开府仪同三司。后入朝担任了司宪中大夫，晋爵为公，又转任军司。天和六年（571年），改任南青州刺史。宣正元年（578年），裴文举卒于职所。

“貌阅皇财”裴蕴

裴蕴（？—618），裴氏第39世，隋炀帝时重臣。

隋开皇九年（589年），隋灭陈统一中国，隋文帝在审阅江南贵族中的贤士时，对裴蕴特别嘉奖，越级封他为仪同三司。裴蕴睿智善辩，很有才干，后又任洋（今陕西洋县）、直（今陕西西乡东）、棣（今山东阳信县）三州刺史。

隋炀帝大业初年（605年），裴蕴升为太常少卿，成为内朝官。奏请将南北朝时的周、齐、梁、陈各朝乐家子弟编为乐户，将擅长音乐百戏者，轮流到太常寺听由朝廷调用，一时间，乐府内充满了各种乐声。乐人们相互传授，以致乐技业得到了历史性的发展，乐人也猛增到3万余人，甚得隋炀帝的赞赏，裴蕴也由此官迁为民部侍郎。

裴蕴在任刺史职位时，深知由于政令松弛，户口统计上存在很多漏洞。很多人已经成人了，还欺骗政府，说年龄尚小，以便逃避赋税劳役。于是他上奏隋炀帝，再度"貌阅"，通过核对面貌特征，核实年龄虚实，以清理户口。此次貌阅规定，若一人不实，则有关的官吏将被解职，乡正、里乡均流放发配远方，还规定允许百姓相互告发，若能查出一人者，告发者的赋役将由被查出者来承担。再度貌阅使隋朝人口数猛增，仅大业五年（609年）这一年，就新增壮丁二十四万三千，补记人口六十四万一千五百。裴蕴因而更得隋炀帝器重，进而拜为京兆赞治，随后又被提拔为御史大夫，与右光禄大夫苏威、左翊卫大将军宇文述、黄门侍郎裴矩、内史侍郎虞世基共同参掌朝政，时人称为"五贯"。后官职晋迁为银青光禄大夫。

隋朝崩溃前夕，各地农民起义不断爆发，贵族、军阀也乘机发难。隋大业十四年（618年）三月，右屯卫将军宇文化及和负责江都（今江苏扬州）宫廷侍卫的虎贲郎将司马德戡准备兵变，裴蕴探知消息后，便立即图谋对策，希图挽救隋王朝的命运，谁知虞世基却以为谋反证据不实，不好定罪，就暂时没有采取行动。他的优柔寡断，最终铸成大错。发动兵变的司马德戡和宇文化及火速进京，裴蕴和隋炀帝一起死于兵难之中。

“开通西域”裴矩

裴矩（547—627），字弘大，裴氏第38世，是隋唐之际著名的政治家、外交家。

裴矩幼年丧父，为其伯父所收养。长大成人后，博学有智数，留心世务，颇有干事之才，历仕北齐、北周、隋唐。北齐灭亡后，他为定州总管杨坚所启用，因此在隋文帝时代，他南征陈朝，北伐突厥，颇立战功。大业年间，他又是隋炀帝的宠臣，贞观初年依然受到唐太宗的器重。北朝隋唐时代，王室本来就是出自六镇及关陇贵族一系，朝臣跟着朝代一起改移，并不鲜见。裴矩的历史性贡献，主要是他在隋朝做出的。

裴矩曾在杨广麾下参加了平定陈朝的战役，这是结束将近400年（西晋短暂统一不算）分裂的统一战争。统一之后不久，陈朝境内发生叛乱。裴矩受命巡抚岭南，还没有出发，从江南吴越到广州，都发生了叛乱。裴矩带三千兵卒，一直打到南海，巩固了来之不易的统一局面。裴矩与突厥有多年的交往经验，隋炀帝任命他以重臣的身份主持西域工作。他在前来张掖（河西四郡之一）参加互市的胡商中采访，并搜集其时的书传记载，撰写了三卷本的《西域图记》，大约书成于606年初，当年献给炀帝，激发了炀帝经营西域的热情。

其时，阻碍丝绸之路交通的，是地处青海地区的吐谷浑部族。西域胡商之所以只能在张掖互市，一个原因就是吐谷浑的势力威胁到内地与张掖之间的通道，所谓“为其拥遏，故朝贡不通”。裴矩联络铁勒（西北边游牧民族，一度曾成功反叛突厥），联合击溃吐谷浑，隋朝设立了西海、河源、鄯善、且末四郡，其中西海郡治所，在吐浴浑故都伏俟城（今青海湖西的铁卜恰古城），郡下设宣德、威定二县，威定县的治所大约在今青海省都兰县境，这就是今天的格尔木地区。格尔木以东是西宁，以北是敦煌，以南是拉萨，地理位置十分重要，是通往新疆、西藏等地的关键枢纽，汉武帝时代也不曾纳入版图。在这种情况下，609 年隋炀帝西巡张掖，才有安全保障。这是内地皇帝西行最远的地方，他在张掖召开的西部地区“丝绸之路博览会”，吸引了 27 个国家的君长出席。次年，这个盛会又搬到了洛阳，推动了丝绸之路沿途国家和地区与中原内地政权的政治互信和经贸文化关系的发展。隋朝政府采取多种措施鼓励西方商人来长安，比如要求沿途各地要热情接待外国商贾，并为他们提供种种费用。在丝路要冲的设立军政机构，并大量屯田，以保证丝路行旅的供应。

《西域图记》记载了 44 个西域国家，并且附有地图和图画，所记载诸国，多为丝路商人“周游经涉”的地方，以及“利尽西海，多产珍异”，即在丝绸之流远程贸易中的富商大贾。这部三卷本的文献，我们已经看不到了，只是《隋书·裴矩传》中留下了其序言，其中道出了裴矩对于丝绸之路三条西行路线的走向。序文云：“发自敦煌，至于西海，凡为三道，各有襟带。”即由敦煌至“西海”的三条路线。这里的“西海”究竟何所指？从《隋书·裴矩传》所残存的内容看，应该是指地中海、阿拉伯海（含）波斯湾或者是印度洋。裴矩所记三道分别是：“北道从伊吾（哈密市）出发，经蒲类海（新疆巴里坤湖），至拂热国（东罗马），达于西海（地中海）。其中道从高昌（吐鲁番）、焉耆、龟兹、疏勒（均为今新疆同名地区），经塔里木盆地，越过葱岭（帕米尔高原），经过中亚，至波斯（伊朗），达于西海（波斯湾或阿拉伯海）。其南道从鄯善（今新疆鄯善）、于阗（今新疆和田），西行越过葱岭，又经阿富汗、巴基斯坦，至北婆罗门（印度），达于西海（印度洋）。其三道诸国，亦各自有路，南北交通。”

裴矩的《西域图记》是第一步专门记录中西陆上丝绸交通的文献，在宋朝人的著述中还有引用，它对唐宋以后中西路线的开辟，也有重要意义。裴矩开拓西域、促进各民族之间交往的历史功绩是不可磨灭的！

“遣日使者”裴世清

裴世清，裴氏第39世，隋炀帝时为文林郎、鸿胪卿掌客。入唐为驾部郎中、江州刺史。他是我国历史上第一个代表官方出访日本的外交使臣，为发展中日友好关系做出了开拓性的贡献。

中日两国隔海相望，一衣带水，友好情谊，源远流长。隋朝的统一，结束了南北朝长期纷争的局面，为中日友好关系的发展提供了有利的条件。隋大业三年（607年），日本圣德太子派遣大礼小野妹子访隋，次年三月到达长安。隋炀帝派裴世清率领代表团一行13人回访，小野妹子伴同回国。同年四月，裴世清到了筑紫。6月15日到达难波。8月3日，在日本皇室的隆重欢迎下进京（今奈良）。倭王派小德阿辈台带领数百人设仪仗，鼓角相迎。后十日，又派大礼哥多毗带领200余骑效劳。8月12日，裴世清晋见倭王，献上方

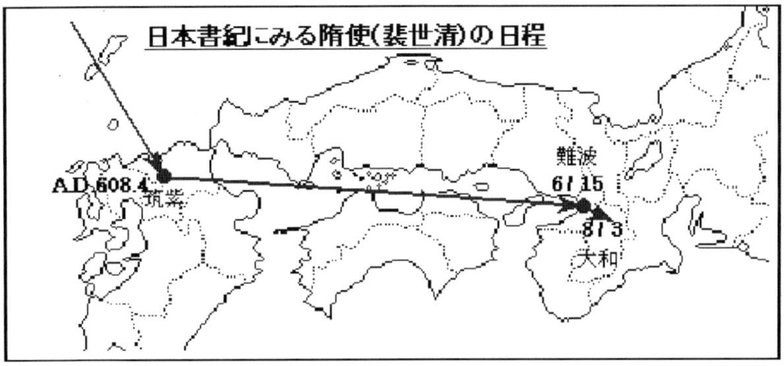

裴世清访日日程图

斑鳩宮厚生局
通達

「箸」を使おう

隋大使 裴世清 歓迎宴の
大特訓が契機に

【日本=六〇九年】聖徳太子は、斑鳩宮で中国式「箸」を使っているが、さらに広く庶民も使うよう指示を出した。これは、遣隋使の小野妹子の答礼使として裴世清が来日。その歓迎会のために「箸」を使う中国式食事のマナーを大特訓したのがきっかけ。

歓迎宴では、日本で初めて「箸」を使う食事様式が公式に取り上げられた。中国の習慣で良いものは導入するという聖徳太子の国際感覚が「箸」導入にもつながった。今後、「手づかみ」の食事をやめて、「箸」食が一般人に広まることを聖徳太子は希望している。

日本刊载的裴世清访日资料

物及国书。这天，圣德太子和诸王、诸大臣，都头戴金髻华，身着锦紫绣织及五色绫罗参加会见仪式，足见日方的重视程度。倭王谦虚地对裴世清说：“我听说大隋在我国之西，乃礼义文明之邦；我则区区岛国，偏居海隅，不识礼仪，孤陋寡闻，以至久不相见。今贵客远来，特意清扫道路，装饰会馆，以待大使，希望听到来自泱泱大国的文明教化。”裴世清则以大国口吻回答说：“皇帝德并二仪，泽流四海，以王慕化，故遣行人来此宣谕。”隋朝国书的内容，表达了隋朝对日本友好的诚意，赞扬了倭国政通人和的局面，肯定了倭国为发展中日友好做出的努力。

裴世清在倭国京城逗留了一个月，圆满地完成了光荣的使命，即向倭王辞行。倭王为他设宴饯行。9 月 11 日，裴世清等从难波出发，启程回国。倭王再次派遣小野妹子为大使，并带领留学生和学问僧各 4 人与隋使同往。小野妹子于次年 9 月才回到日本。

裴世清访日，直接推动了隋代中日关系的发展。这次访问，总共在日停留了三个月时间，加深了对邻邦的了解，增进了友谊，形成了中日关系发展的高潮。作为一代外交大使，裴世清的名字将永远铭刻在中日友好关系的史册上。

“忧国忧民”裴肃

裴肃，字神封，裴氏第 37 世，生卒年不祥。

裴肃出生在一个官僚家庭，从小性格刚正，并有胆识及气度。长成后在北周做官，历任给事中士、御正下大夫、行军长史等职。

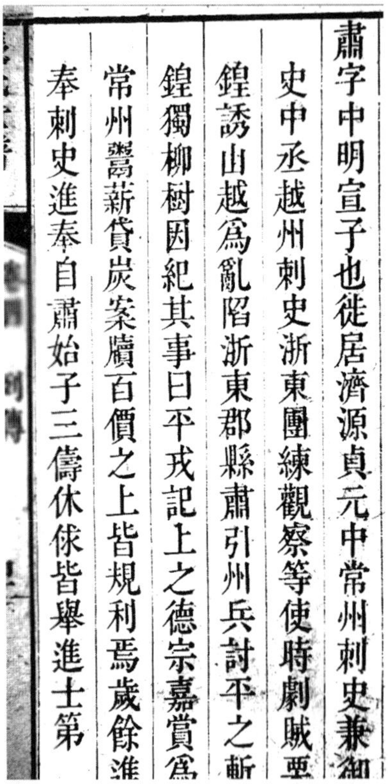
肅字中明宣子也徙居濟源貞元中常州刺史兼御
史中丞越州刺史浙東團練觀察等使時劇賊栗
鍠誘山越爲亂陷浙東郡縣肅引州兵討平之斬
鍠獨柳樹因紀其事曰平戎記上之德宗嘉賞爲
常州鬻薪貸炭案牘百價之上皆規利焉歲餘進
奉刺史進奉自肅始子三儔休俅皆舉進士第

《隋书》中的裴肃本传

建德七年（578 年），北周武帝死去，继位的北周宣帝肆意胡为，朝政混乱。两年后，北周宣帝也死去，继位的北周静帝年仅 8 岁，由外戚杨坚辅政。对此，裴肃叹息道：“武皇帝凭雄才大略，平定了天下。但是他的坟上的泥土还没有全干，一代王朝就将成为过去。这岂不是上天决定的吗！”其意是说杨坚将篡位，杨坚得知后对他怀恨在心，不久就借故将他免职还家。

后来杨坚果真篡位，建立隋朝，

是为隋文帝。隋文帝开皇五年（585 年），裴肃被起用为膳部侍郎，两年后迁朔州总管府长史，后又转贝州长史，所在俱以才能卓越、治绩突出而知名。

隋文帝晚年猜忌自己有功勋的旧臣，与此同时，晋王杨广又积极争夺帝位继承人。在这种情况下，太子杨勇、蜀王杨秀、左仆射高颎等相继废黜。此时裴肃正在贝州任上，他闻知后特派使臣至京上书隋文帝，请求恢复高颎官职，并给杨勇、杨秀以改过自新的机会。隋文帝看了裴肃的奏书后，认为他出自至诚之心，特召命他入朝。

太子杨勇被废后，晋王杨广被立为太子。杨广得知裴肃上书及被召入朝的消息后，对裴肃怀恨在心。隋文帝也不改变主张，而是把裴肃责怪一番，免职回家。

不久，隋文帝去世，杨广嗣位，是为隋炀帝。后来执政大臣迎合隋炀帝的心意，授裴肃到荒远的岭南地区任永平郡（今广西藤县东北，北流江东岸）丞。当地多民族杂居，民族纠纷很多。裴肃到任后妥善处理民族关系，很受当地人民爱戴。他在此任职一年多死去，终年 62 岁。他死后永平人民对他非常怀念，特为他修庙祭祀。

“心如晋水”裴宽

裴宽（681—755），裴氏第 42 世，以廉明清正、刚直不阿名垂青史。

裴宽初任润州（江苏镇江）参军事。有人送鹿肉给他，知道裴宽不收，悄悄放下肉便走人。裴宽退礼无处，便把鹿肉埋在后花园里。刺史韦铣知道此事后，非常叹服，就提拔他为按察判官，并且

把女儿许配给他。后来，侍御史宇文融又推荐裴宽升任刑部员外郎。

这时，万骑将军马崇犯有命案，抓捕归案后，霍国公王毛仲想用钱替马崇赎罪。裴宽依法公断，从严治罪。不久，裴宽又先后升任中书舍人、御史中丞、兵部侍郎、户部侍郎等职。

后来裴宽外调蒲州刺史，又先后历河南尹，左金吾卫大将军，太原尹、陈留太守，范阳节度使兼河北采访使等官。裴宽每到一个地方，均能以清正简约来主政，所以当地的百姓都爱戴他，史称“裴宽以清简为政，故所在莅人皆爱之”。其在河南任内，东都洛阳聚集了许多皇亲国戚、名公巨宦，一向是比较难于治理的地方，而裴宽却能不畏权贵，秉公执法，体恤百姓疾苦，为政数年，人称“大治”。当他赴太原任时，唐玄宗曾亲自为之饯行，并赋诗：“德比岱云布，心如晋水清。”予以褒奖，意思是说他的德行就像天上的云一样高远，他的心就像晋祠的水一样清澈。范阳地处边陲，民族关系复杂，又负有保卫边疆的重任。裴宽在任二年，严明法纪，和睦各族，给当地人民留下深刻印象。其部下北平军使乌承恩，自恃是少数民族的酋长，与朝中宦官暗相勾结，用非法手段获取大量财宝，裴宽依法予以严惩；檀州（今北京密云）刺史何僧，虏掠了数十名生口（奴隶）来献，裴宽命令悉数予以放还，使当地各族人民都为之感激和高兴。

天宝三年（744年），裴宽内调户部尚书，兼御史大夫。这时，刑部尚书裴敦复的下将程藏曜、郎将曹鉴，皆系宦门子弟，依仗权势，为所欲为，触犯了刑律。裴宽把二人拘捕入狱。裴敦复托人说情求过，裴宽绝不宽容。于是裴敦复令其女婿以 500 金贿赂杨贵妃的三姐，求她在唐玄宗面前告发裴宽。这一招十分灵验，第二天裴宽就被贬官睢阳（河南商丘）太守，逐出朝廷。又因刑部尚书韦坚与裴宽是亲戚关系，而韦坚被宰相李林甫构陷治罪，又株连于裴宽，裴宽再贬为安陆（今湖北安陆）别驾。

裴宽看到奸佞当道，表奏引退为僧，玄宗不许。后来累迁东海太守、襄州采访使、冯翊太守，入拜礼部尚书，又过了 14 年而卒，时年 75 岁，诏赠太子少傅。

“疾风劲草”裴谞

裴谞，字士明，生卒年不详，裴氏第 43 世。

天宝十四年（755 年），安禄山攻陷东都洛阳。当时裴谞因为母亲故去，正在洛阳家中守孝，叛兵入城之后，就逃到山谷之中隐藏起来。史思明曾是其父裴宽的部将，因怀念裴宽旧日的恩德，加之早已闻知裴谞的名声，于是派出骑兵四处搜寻，找到之后，高兴得连呼

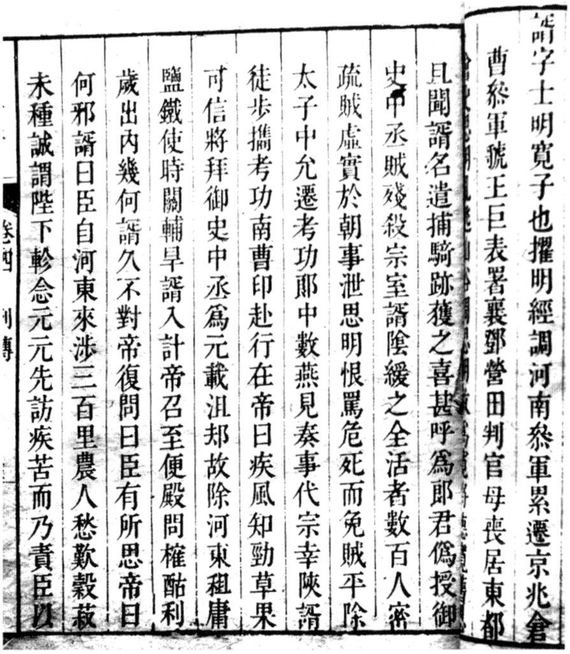
諝字士明寬子也擢明經調河南參軍累遷京兆倉
曹參軍虢王巨表署襄鄧營田判官母喪居東都
且聞諝名遣捕騎跡獲之喜甚呼爲郎君僞授御
史中丞賊殘殺宗室諝陰緩之全活者數百人密
疏賊虛實於朝事泄思明恨罵危死而免賊平除
太子中允遷考功郎中數燕見奏事代宗幸陜諝
徒步攜考功南曹印赴行在帝曰疾風知勁草果
可信將拜御史中丞爲元載沮抑故除河東租庸
鹽鐵使時關輔旱諝入計帝召至便殿問榷酤利
歲出內幾何諝久不對帝復問曰臣有所思帝曰
何邪諝曰臣自河東來涉三百里農人愁歎穀菽
未種誠謂陛下軫念元元先訪疾苦而乃責臣以

《新唐书》中的裴谞本传

“郎君”，立即授以伪职御史中丞。裴谞虽迫于无奈，表面接受下来，但他内心却是忠于李唐王朝。所以当安史叛贼在洛阳大肆残害唐室宗亲时，他总是利用职权之便，暗中千方百计予以宽解拖延，使数百人赖以保全性命，并向唐朝廷提供情报。此事不幸败露，史思明愤恨得连声责骂，几乎要把他杀死，裴谞始终不为所动。所以当安史叛乱被平定之后，唐朝廷为表彰他的忠诚，特地提升他为太子中允，并很快地又升为考功郎中，多次被唐肃宗设宴召见，商议朝政大事。

唐代宗广德元年（763 年），吐蕃入侵，兵至长安城外的便桥。当时代宗皇帝避难到了陕州（河南陕县），满朝文武四出藏匿，六军逃散。唯有裴谞带上考功南曹的印鉴徒步奔赴皇帝行营。唐代宗感叹地说：“疾风知劲草，裴谞果然十分值得信任。”拜为河东租庸，盐铁使。

永泰元年（765 年）春天，关中大旱，斗米值千钱。裴谞入朝奏事，唐代宗一见面就问他全年的收支情况，利润有几成？裴谞迟迟未予回答。唐代宗又问，裴谞说：“我正在想问题。”问说；“想什么？”答道：“臣自河东至京师，三百里之内，所经之处禾稼全部未能种上，农民们愁苦忧伤，束手无策。本以为陛下体念天下百姓，见臣后必定首先问老百姓的疾苦，哪曾料到却是关心臣为陛下营利几何。孟子说过：‘治国者，仁义而已，何以利为？’（治理国家，靠的是仁义，怎么能靠利益呢？）所以我未敢马上回答陛下。”唐代宗深为感动，说：“若非你讲，我听不到这样的忠谠之言。”于是改任裴谞为左司郎中，并多次征询他关于政事的意见。

唐德宗即位之初，以刑名治天下，满朝文武无不凝神屏息，唯恐越雷池一步，招来灾祸。当时，唐代宗的丧事行将结束，而禁屠杀的命令尚未撤销，尚父郭子仪的家奴却在家宰羊，裴谞依例立即向德宗举报。唐德宗由此认为裴谞不畏强权，对他很有好感。有人不以为然，责问裴谞说："尚父有功于社稷，难道你连一点小过也不肯庇护他？"裴谞笑道："这里的奥秘你就不懂了。尚父功高位尊，隆盛无比，新天子初即位，一定以为党附他的人很多，对他心存疑忌。如今他有小错我即举发，恰好证明了尚父并不恃权仗势。这样做，对上我们尽了为臣之道，对下则维护了大臣的安全。这何乐而不为呢？"问者自愧不如。

裴谞后历任太子右庶子、兵部侍郎、河南尹、东都副留守等职。卒于任上，享年 75 岁，死后赠礼部尚书。

"不畏权贵"裴潾

裴潾（？—838），裴氏第 43 世，以因家族的门第荫德而走上仕途，一生历唐宪宗、穆宗、敬宗、文宗四朝，以道义自处、忠心事国、不畏权贵而闻名于世。

唐宪宗元和年间，裴潾任左补阙。在讨伐淮西藩镇吴元济的战争时期，朝廷任用了一批宦官到沿线驿站做馆驿使。这批宦官到任之后，却依仗皇帝威势横行不法，时常刁难欺凌四方使者，于战争形势极为不利。为此，裴潾向唐宪宗上疏谏止。裴潾的奏疏，完全不顾忌当时宦官跋扈的气焰，毫无一般朝臣逢迎献媚权贵的心理，从国家根本利益出发，铮铮直言。唐宪宗虽然没有采纳他的意见，却也心有所动，认为他忠心可嘉，于是超迁他为起居舍人。

唐宪宗晚年，痴心于长生不老，对方士、丹剂十分迷信。宰相皇甫鎛和金吾将军李道古等人逢迎献媚，积极推荐方士柳泌、僧人大通等为唐宪宗炼制金丹。消息传到外廷，裴潾立即挺身反对。他向唐宪宗痛陈利害，无奈唐宪宗这时已经听不进去任何不同意见，裴潾的忠心非但没有受到奖赏，反而招至皇上的震怒。不久，就被贬出朝廷，到偏远的湖北去做江陵令了。第二年春，唐宪宗终于因服食丹药而暴亡，时人都说应该听取裴潾的忠谏。

唐穆宗继位之后，诛杀了柳泌诸人，调裴潾为兵部员外郎，又迁刑部郎中。当时有一个做前率府仓曹（东宫卫队军官）的人名叫曲元衡，杖杀了平民柏公成的母亲。但因柏公成私下收受曲元衡钱财而不去报官，致使司法不再去追究。由于裴潾的坚持，曲元衡终于被脊杖 60，处以流刑，柏公成也被处以死刑。

唐敬宗宝历年后，裴潾曾任御史中丞、左散骑常侍、刑部侍郎、华州刺史、河南尹等官，卒后赠户部尚书，谥曰“敬”。

“不辱君命”裴羽

裴羽（880—951），字用化，裴氏第 51 世。裴羽生活在动荡战乱的唐朝末年和五代之际，历仕河南寿安县尉、监察御史、礼部侍郎、太常卿、左散骑常侍等职。

后唐明宗李亶时，裴羽为吏部郎中。他和右散骑常侍陆崇奉命出使闽，途中遇到台风，被吹得迷失方向，飘流到钱塘。当时，吴越王钱镠和后唐重臣安重诲有矛盾。由于安重诲从中作梗，两国几乎绝交。于是，裴羽等就被扣留在吴越，过了一年，陆崇因病死在吴越国。经过裴羽牵线搭桥，后唐与吴越又恢复了邦交。不久，钱镠派遣裴羽北还，以通国书。裴羽请求以船装载陆崇的尸骨一起北归。钱镠最初不答应，裴羽以君臣大义、人伦道德的道理一再规劝，以至于感动了钱镠，使之产生了恻隐之心，最终答应了他。于是，就让裴羽带着吴越国的国书一同回朝。一路上，裴羽护送着陆崇的灵柩，历尽劫波，终于安全返回京师，圆满完成了通使的使命。他将陆崇的灵柩连同陆崇的行装归还其家人。人们都称赞裴羽的君臣大义、朋友之谊。后唐明宗得到钱镠的书表，非常高兴，吴越国才和中原又恢复了关系。

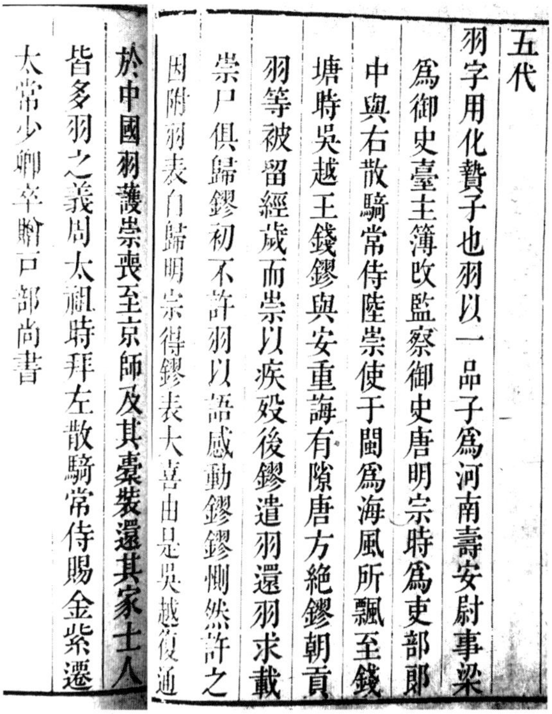
五代
羽字用化贊子也羽以一品子爲河南壽安尉事梁
爲御史臺主簿改監察御史唐明宗時爲吏部郎
中與右散騎常侍陸崇使于閩爲海風所飄至錢
塘時吳越王錢鏐與安重誨有隙唐方絕鏐朝貢
羽等被留經歲而崇以疾歿後鏐遣羽還羽求載
崇尸俱歸鏐初不許羽以語感動鏐鏐惻然許之
因附羽表自歸明宗得鏐表大喜由是吳越復通
於中國羽護崇喪至京師及其橐裝還其家士人
皆多羽之義周太祖時拜左散騎常侍賜金紫遷
太常少卿卒贈戶部尚書

《新五代史》中的裴羽本传

“文治武功”裴希度

裴希度（1593—1650），字晋卿，裴氏第 62 世。明末崇贞甲戌（1634 年）科进士，授予堂邑县知县。刚到任，他就用毛笔大大地写了“父母”两个字，贴在自己座位上方，表明了他要当好父母官的心迹。

时当荒旱，各地农民起义烽起。当地百姓流离失所，裴希度真心实意多方调度，安抚百姓。在衙前煮粥赈济灾民，被他救活的人成千上万。为了巩固城防，他作为一方知县，动员百姓修补城墙，疏浚护城河，完全不听信堪舆家“不宜动土”的劝告，加紧施工。既使得了病，他也毫无悔意。裴希度精心治理堂邑，给贫苦农民分发耕牛和种子，劝勉农耕。他废止了当时的签报制度，分发库粮，以解民困。裴希度还革除了按户为朝廷养马的做法，集中于县里饲养。解除了由政府补贴的困顿。这都是他在当地的善政。裴希度在办公之余，读经课士，使文风蔚起，风俗清淳。因政绩突出，他被调为工部政事。不久，又提升为监察御史。

裴希度奉旨巡视京城南部防务。当时，农民起义军已逼近京城，朝廷决策人为城防安全，建议将三秦、山西、河南留在京城的人统统驱逐出城。裴希度拒不采纳，仅仅整顿保甲制度，想用以静制动的办法来消弭祸乱。但是，义军声势浩大，大明王朝大势已去。裴希度的努力，也只是杯水车薪，无济于事。不久，太原陷落，裴希度的母亲范氏和几个妹妹都投井自杀。裴希度深敬母亲不甘受辱的气节，就把太原别墅改为报恩寺。料理完母亲的丧事，受朝廷之请，去巡视漕运。革除了猾胥奸吏从中中饱的积弊。不久，朝廷又委派他督办两淮盐运。裴希度革除弊端，严惩贪污，不久，被忌恨他的人所诬告，贬官为陕西按察使经历。没多久，又内调朝廷，升为大理寺右丞，很快又转为左丞，还提拔为通政司参议。由于年高，裴希度辞官回乡。在家乡，他闭门谢客，教子读书，直至在六十三岁病卒。堂邑百姓，听到讣告，纷纷不远千里，赶来祭奠。

"立德立功"裴（亻率）度

裴（亻率）度（1667—1740），字晋式，又字香山，号行庵，又号一元道人，裴氏第62世。裴（亻率）度九岁而孤，年方十七，补为博士弟子员，后授刑部主事、户部郎中、云南澄江府知府、河东盐运使、两浙（浙东、浙西）江南运司。

雍正元年（1723年）正月，裴（亻率）度被擢升为江西巡抚，朝廷赐给他圣祖康熙皇帝的十件御用之物，使他感激涕零，只恨无以报效。他经过深入调查，发现江西税关设置不合理，徒劳百姓奔走。他遂上疏朝廷批准，把税关设置在九江，这项措施既维护了生命货物的安全，又方便了商人和百姓，还增加了税收。

江西历来是产粮重地，南昌、袁州（今江西宜春）、瑞州（今江西高安）三府赋税的数额，从明代起，就沿用了陈友谅时的旧制度，与其他府相比，征收税额明显偏重。顺治年间，减免了袁州、瑞州二府的赋税数额，而南昌府没有减免。老百姓负担仍然很重。二年（1724年）闰四月，他就南昌府增粮额度偏高，向朝廷上疏，他说："南昌一府，粮额浮多，由元末陈友谅窃据南昌、袁州、瑞州三府，横征暴敛，明代沿袭未改。我朝顺治年间，袁、瑞二府已提请减免，而南昌未及。"他建议雍正皇帝体恤百姓，减免南昌老百姓的重赋，得到了皇帝批准，将他的上疏下达到户部进行讨论，结果豁免了南昌府多收的浮额银七万五千五百四十两有余。

福建、浙江、广东的流民拥入江西，在山坡上搭建窝棚，种植烟草和靛叶，聊以为生，称为“棚民”。他们往往是居无定所，不时流窜，成为盗贼。他们大多没有户籍、土地、居所，也不交粮纳税，这一流民问题成为当地社会治安的一大隐患。在此之前，万载棚民温上贵、宁州棚民刘允公等，聚众起事。裴（彳率）度亲督兵勇缉拿，首犯全部归案。为了加强地方管理，裴（彳率）度上奏朝廷，请求给没有编户的游民进行编户。皇上肯定了他的意见，勉励了他一番。朝廷还下诏，让他按照保甲制度进行编查。编户制度一推行，流民才有了名正言顺的土地，解决了安居乐业的问题。当地的社会秩序明显好转，国家的税收也增加了。

雍正三年二月，裴（彳率）度奏报开垦南昌十二个县的荒地达五十二顷之多，朝廷把这一业绩通报各部。次年二月，裴（彳率）度因政绩卓著，升迁为户部左侍郎。因当地官员和百姓的坚决请求，他继续留任巡抚。七月，又擢升他为都察院左都御史。乾隆五年（1740 年），卒于家中。

第五节　裴门名媛，流芳千古

“武穆皇后”裴惠昭

裴惠昭，河东闻喜人。其父裴玑之，曾任左军参军。裴惠昭性格刚正，竟陵王萧子良的妃子袁氏在年轻时有了过失，裴氏就对她进行严厉的训诫处罚。宋顺帝刘准升明三年（479 年），裴惠昭被封为齐高帝萧道成世子萧赜的妃子。南齐高帝萧道成建元元年（479 年），裴惠昭被封为南齐皇太子妃。不幸，第二年，她就因病去世。南齐朝廷为她追加谥号为穆（妃），埋葬在休安陵。

齐武帝萧赜于永明元年（483 年）即位，在裴惠昭死去五年以后，追尊裴惠昭为皇后，赠裴惠昭之父裴玑之为金紫光禄大夫，其母檀氏为余杭广昌乡元君。

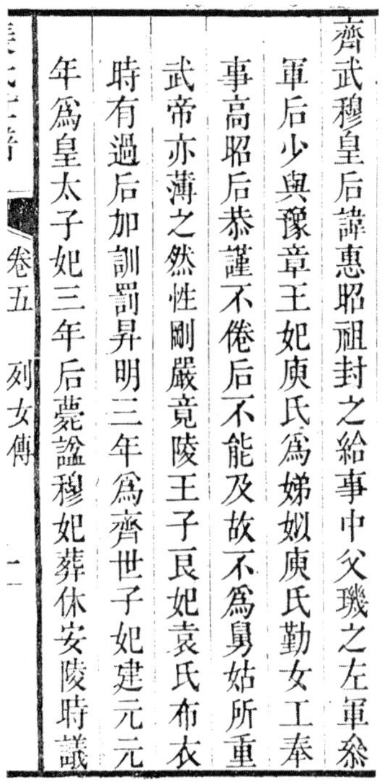
齊武穆皇后諱惠昭祖封之給事中父璣之左軍叅
軍后少與豫章王妃庾氏爲娣姒庾氏勤女工奉
事高昭后恭謹不倦后不能及故不爲舅姑所重
武帝亦薄之然性剛嚴竟陵王子良妃袁氏布衣
時有過后加訓罰昇明三年爲齊世子妃建元元
年爲皇太子妃三年后薨謚穆妃葬休安陵時議
卷五　列女傳　二

《南齐书》中的齐武穆皇后传

“品行贤淑”哀皇后

哀皇后姓裴，她的一生很像一幅没有细节的剪影：名字、年龄、容貌、性格……全是模糊的。在这一片模糊中，只有一点异常清晰，那就是她的贤淑端庄的品行。

李弘生于公元 652 年，五岁被立为太子，父母按接班人的标准培养他。宽厚仁慈的他一直深受父亲高宗宠爱，但随着年龄的增长，他与强势的母亲武则天嫌隙日深。在他十九岁那年，武则天为缓和母子关系，决定为儿子选一个称心如意的太子妃，让他早日完婚。

武则天与李治挑来挑去，选中了司卫少卿杨思俭的女儿。杨姑娘的美貌远近闻名，李弘对这位佳人十分满意，武则天很快为他们定下了婚期。如果不出意外，这个“窈窕淑女，君子好逑”的故事该多么美好啊！杨姑娘将成为尊贵的太子妃，裴氏则会嫁给一个门当户对的丈夫，过自己的安稳日子。可是，千不该万不该，武则天的外甥贺兰敏之在中间横插一杠子，生生地搅了局。近三十岁的贺兰敏之风流俊美，是武则天姐姐武顺的儿子。他是情场老手，既垂涎杨姑娘的美貌，又忌妒太子的艳福，便略施手段，让涉世未深的杨姑娘倒在了自己的怀里。这可是太子的未婚妻啊！即便自己的前程不要了，他这样又将皇家的颜面置于何地？

即将举行的皇家婚礼果然取消了，被玷污的杨姑娘不可能再当太子妃。好好的姻缘打了水漂，太子那个恨啊！武则天和李治也很生气，但又不能说出来让人笑话，只好打落牙齿咽下去，吃个哑巴亏。这事对李弘打击很大，他简直有点儿心灰意冷，加上他一向体弱多病，让高宗十分忧心。于是，高宗两年后又张罗着为他娶亲。

公元673年二月，李弘奉父母之命来到东都洛阳，在父亲为他建的太子宫里举行了盛大的婚礼。他的结婚对象是左金吾将军裴居道的女儿。很明显，裴氏是替补上场的，阴差阳错才成了太子妃。她也许才貌双全，也有儿女情长的一面，但有杨姑娘的例子在前，她其余的美都被忽略不计了，只被放大了一个优点：甚有妇礼。有妇礼，意味着她必须品行端庄，知书达礼，只能与太子相敬如宾，举案齐眉。她肯定是做到了，因为高宗对她十分满意，还曾对身边的侍臣说："东宫内政，吾无忧矣。"

“忠贞不二”裴淑英

裴淑英，隋朝重臣裴矩的女儿。她性情温顺、相貌姣好，并且很有女德。早年侍奉父母，她的孝行曾感动了许多人。成人后，许配给李德武为妻，夫妻恩爱，过了一年的幸福生活。

隋炀帝大业初期，李德武的叔叔金才犯法，李德武受到牵连，被流放到岭南。身为黄门侍郎的裴矩，不想让女儿跟着一个囚徒受罪，就上奏朝廷，请求让女儿与钦犯李德武离婚。隋炀帝杨广很欣赏裴矩的英明，当即予以批准。裴矩就借着皇帝的命令，到李家去接女儿。临别之际，李德武感慨万千地说：“新婚燕尔，不料祸从天降，恩爱夫妻被迫分离。我就要远赴充满瘴气、瘟疫流行的地方，恐怕没有回来的可能。尊府君奏请把你留下，一定是要你改嫁。咱们夫妇就此永别吧！”裴淑英痛哭流涕，对丈夫说：“妇女事夫，知礼的是不会改嫁的。我宁可为你而死，也不会有二心的。”说完，她竟拿出把刀来，要割掉耳朵，自毁面容，以示绝不再嫁的决心。姆娘好言相劝，折腾了半天，才算止住她。裴矩看着女儿如此坚定，也就不再强人所难。

李德武走了以后，裴淑英日日思念，以致容貌憔悴。为了打发时日，她常常诵读佛经，日常也不施脂用粉。她的贞风苦节，赢得了家族内外的尊敬。她的姊妹有在都邑的，逢年过节都要来很恭敬关切地问候她。

她一心守节，苦熬了十几年，李德武仍然音讯全无。裴矩看女儿苦守活寡，就劝她不要认死理，裴淑英不为所动。这时裴矩正大受恩宠，红得发紫，正是时人所称的“选曹七贵”之一。这样的豪门有女儿待阁在家，求亲的当然要踏破门槛。裴淑英虽然是花开二度，还是有个叫柳直的才俊，眼巴巴地登门求婚，裴矩就先应了这门亲事，定好成亲吉日，准备生拉硬拽，也要把裴淑英送进柳家的花轿。吉日将届，裴矩以为万事大吉了，正忙着准备嫁妆。裴淑英发觉有异，就突然用剪刀剪断了头发，不停哭泣，开始绝食。裴矩万般无奈，只好就此作罢。

贞观元年，唐太宗新登大宝，照例大赦天下，李德武遇赦，就幸运地返回故土。当走到襄州地界时，他就听到了裴淑英誓死守节的传言，不禁暗吃一惊。先前，他以为裴淑英被父所逼，早就另嫁他人，没想到她还一直在苦苦等待着他。李德武感动万分。当即回家与裴淑英团圆。裴淑英夫妻历经磨难，最终又破镜重圆，二人更加珍惜这份情缘，不用什么海誓山盟，他们自会心有灵犀，白头偕老。

两人日后不仅婚姻幸福，而且多子多福，生下三男四女。贞观中期，李德武升为鹿城令，得以施展抱负。后来，李德武病终于鹿城令任上。不到一年，裴淑英也追随地下的丈夫而去。

裴淑英的节操，虽然有深受封建思想毒害的一面，但是她淳朴诚信、坚贞专一、一诺千金、不屈不挠的精神以及她与李德武忠贞不渝、生死契阔的爱情，还是值得我们崇敬地大书一笔。

“元和才女”裴柔之

裴柔之，名淑，字柔之，河东闻喜人，中唐才女，宰相元稹继室。

元稹是中唐时期名副其实的大才子，而且是皇家御封的。《旧唐书》记载，当年穆宗皇帝在东宫为太子的时候，周围的那些女性特别崇拜元稹，经常诵读元稹的歌诗，并谱成曲传唱。穆宗皇帝听到后，也大为叹赏，所以当时就把元稹呼为“元才子”。

元稹的原配韦蕙丛辞世后，裴柔之走进了他的情感世界，最终成了元稹的夫人。唐元和十一年（816年），三十七岁的元稹与裴柔之在涪州结婚。

元稹此后的仕途并非一帆风顺，虽曾一度官至宰相，但任职不到三个月，先后被贬谪任同州刺史、浙东观察使。唐文宗太和年间，元稹又被召回朝廷任尚书右丞，甚至还再次被定为宰相的候选人，只因为朝廷政敌的反对没能遂愿。元稹最后的归宿地是在武昌，官职是武昌节度使。

长庆三年（823年），四十五岁的元稹由同州刺史改任浙东观察使，裴柔之感叹元稹命运多舛，心里非常难过，元稹写了一首诗《初除浙东妻有阻色因以四韵晓之》来安慰她：

嫁时五月归巴地，今日双旌上越州。
兴庆首行千命妇，会稽旁带六诸侯。
海楼翡翠闲相逐，镜水鸳鸯暖共游。
我有主恩羞未报，君于此外更何求。

诗歌大意是，当年你嫁给我时，咱们还在穷山恶水地方待着，现在吹吹打打去越州上任，备受尊重，生活又那么惬意，还是不要闹别扭了，我还要为朝廷好好工作来报答皇上。

太和四年（830年），元稹被召回京都，这时他已五十二岁了。一个冬日，裴柔之也随同丈夫回到京城。但春节刚过，元稹的命运又发生了戏剧性的变化，朝廷一纸诏书，元稹又由尚书右丞贬为武昌节度使。裴氏夫人感到十分诧异，于是元稹就写了首《赠柔之》：

穷冬到乡国，正岁别京华。
自恨风尘异，常看远地花。
碧幢还照曜，红粉莫咨嗟。
嫁得浮云婿，相随却是家。

裴柔之也回赠了一首诗：

侯门初拥节，御苑柳丝新。
不是悲殊命，唯愁别是亲。
黄鹂迁古木，朱履跋清尘。
想到千山外，沧江正暮春。

从诗中可以看出裴柔之既为夫君外放节度使不平，又流露出对京城亲人的留恋，还有前途未卜的忧虑。

元稹裴柔之夫妻的感情是十分深厚的，彼此相待可说是举案齐眉、相敬如宾。“嫁得浮云婿，相随即是家”，这样的诗句，不管是对裴柔之，还是对元稹来说都是一种温存的慰藉。唐代人有评价元稹与裴柔之夫妇情感的文字：“元公与柔之琴瑟相和，亦房帷之美也。”元稹夫妇就是这样相互支撑跌跌撞撞一路来到了武昌，也正是在这一年，诗人的生命画上了最后的一个句号。

诗人走了，陪伴他走到生命的尽头的是一位深深地爱着他、理解他的女子——裴柔之。

“救驾殉难”裴贞一

裴贞一（870—904），是唐朝末期一名才女，其父母已经无从考证。贞一及笄时，因为天生丽质，远近闻名，遂被选入寿王李杰的宫中为妃。李杰是唐懿宗李漼的第七个儿子。由于裴贞一聪颖过人，娴淑可人，遂深得李杰宠爱。

文德元年（888年），僖宗驾崩了寿王李杰在懿宗灵柩前即位，改名李晔，年号龙纪。史称昭宗。裴贞一被封为河东夫人。

后来，昭宗被韩全诲劫持到凤翔。朱全忠听说后，怕韩全诲“挟天子以令诸侯”，在政治上占了上风，便急忙领兵闯入长安，自任大将军，并发兵围住凤翔，声称要护驾，清君侧。韩全诲手下有一个叫李茂贞的，看凤翔无法久撑，就杀了韩全诲，去见昭宗。昭宗想把韩全诲的首级送到朱全忠的营中，无奈朝中大臣皆慑于朱全忠残暴，无人敢去。此时，裴贞一挺身而出，主动请缨。于是便派遣裴贞一携翰林学士韩偓，带着韩全诲的首级，一同出城，

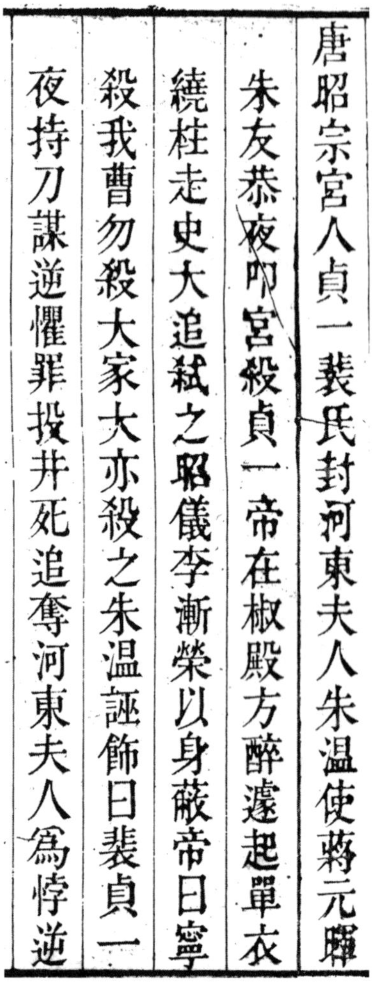
唐昭宗宮人貞一裴氏封河東夫人朱温使蔣元暉
朱友恭夜叩宮殺貞一帝在椒殿方醉遽起單衣
繞柱走史大追弒之昭儀李漸榮以身蔽帝曰寧
殺我曹勿殺大家大亦殺之朱温誣飾曰裴貞一
夜持刀謀逆懼罪投井死追奪河東夫人爲悖逆

《新唐书》中裴贞一传

去见朱全忠。

裴贞一他们来到朱全忠营前，让人通报。看到剑戟林立，韩偓早已吓得两股战栗。再看裴贞一，她白衣素面，神情自若，左手持韩全诲首级，径入朱全忠营中。朱全忠见裴贞一在重兵环绕下，一介女流，不惊不惧，侃侃传话，不卑不亢。虽说她容颜略显憔悴，但风姿神采依然，不由得暗暗称奇。于是拜地接旨，表示愿奉皇命。

然而好景不长，朱全忠眼看唐王朝大势已去，便决计一不做二不休，索性弑君自立。裴贞一早知道这样寄人篱下的日子朝不保夕，暗自忧心。自迁都洛阳，她没有睡过一个安稳觉。一晚，昭宗正夜宿内宫，朱全忠令手下蒋玄晖率领牙官史太等百余人直扣宫门，说有事须面见皇上。裴贞一凝神一听，外面马蹄杂沓，不是三两人的动静，便对昭宗说："万岁请先避到后面，我去开门。"她刚打开门，史太等一拥而入。贞一厉声叱道："深更半夜，怎么能带兵直入内宫！"她原本是想向昭宗示警，可一言未了，脖子早已抹了一刀，刚烈的裴贞一就这样倒地身亡。昭仪李渐荣用身体挡住昭宗，被一剑刺死。昭宗这时被史太逼到墙角，欲走无路，便两手抱头，缩作一团，也被断颈而死。蒋玄晖矫诏说："李昭仪、裴贞一弑逆，立辉王柷为太子，于灵柩前即位。”这就是后来的唐哀帝，当时只有十三岁，大权从此便落入朱全忠手中。

晚唐的这一处宫廷剧变，甚是惨烈。裴贞一自嫁昭宗，历经流离之苦，后又数逢劫难。当此乱世，英雄豪杰尚难自全，何况一个女子？然而她的果决勇敢、临危不惧，丝毫不让须眉，千载之后依然让人们感佩传颂。

附：裴氏家族仕宦名录

宰相（59人）

裴　羲（汉）尚书令	裴　茂（汉）侍郎尚书令
裴　潜（魏）右丞相	裴　绾（汉）尚书令
裴　秀（晋）尚书令	裴　楷（晋）中书令
裴　頠（晋）侍　中	裴　邈（晋）太傅左司马
裴　宪（晋）司　徒	裴道护（晋）尚书令
裴　袓（晋）赠司空	裴延儁（北魏）中书令
裴　粲（北魏）中书令	裴叔祉（北魏）司空
裴　炯（北魏）尚书右丞	裴　良（北魏）赠侍中
裴　询（北魏）赠司空	裴　衍（北魏）赠司空
裴　邃（南梁）赠侍中	裴敬猷（北魏）赠尚书仆射
裴　泽（北齐）尚书左丞	裴　矩（唐）侍中
裴　寂（唐）尚书左仆射	裴　炎（唐）中书令
裴　胄（唐）尚书左仆射	裴行本（唐）相武后

裴　谈（唐）平章事　　裴居道（唐）中书令
裴　泰（唐）中书令　　裴世举（唐）平章事
裴孝源（唐）中书令　　裴耀卿（唐）同平章事
裴乔卿（唐）中书令　　裴遵庆（唐）尚书右仆射
裴元质（唐）尚书右丞　　裴光庭（唐）侍中
裴　冕（唐）尚书左仆射　　裴藏烨（唐）司空
裴　堪（唐）平章事　　裴　均（唐）左仆射赠司空
裴　垍（唐）平章事　　裴　度（唐）平章事
裴　澈（唐）平章事　　裴　休（唐）平章事、赠太尉
裴公尹（唐）中书令　　裴　陟（唐）平章事
裴　枢（唐）同平章事　　裴　坦（唐）同平章事
裴　贽（唐）平章事、司空　　裴万顷（唐）右丞相
裴　识（唐）尚书左仆射　　裴行俭（唐）赠太尉
裴京橡（唐）中书令　　裴　璩（唐）检校司空
裴　迪（后梁）司空　　裴　皞（后晋）右仆射
裴　济（宋）赠尚书令　　裴　宜（宋）平章事
裴　定（宋）同平章事

中书侍郎（14人）

裴　瓒（晋）中书侍郎　　裴　嵩（晋）黄门中书侍郎
裴　嗣（晋）黄门中书侍郎　　裴德欢（北魏）中书侍郎
裴　骏（北魏）中书侍郎　　裴松之（刘宋）中书侍郎
裴敬宪（北魏）赠中书侍郎　　裴之礼（南梁）黄门中书侍郎
裴子野（南齐）中书侍郎　　裴伯茂（北魏）中书侍郎

裴　垍（唐）中书侍郎　　　　裴　贽（唐）中书侍郎
裴　度（唐）中书侍郎　　　　裴　休（唐）中书侍郎

尚书（55人）

裴　茂（东汉）尚书　　　　裴　辑（汉）工部尚书
裴　武（晋）工部尚书　　　　裴　嵩（晋）兵部尚书
裴　忌（南陈）都官尚书　　　　裴季通（北魏）工部尚书
裴献伯（北魏）殿中尚书　　　　裴宏策（北周）将作尚书
裴　植（北魏）度支尚书　　　　裴延儁（北魏）吏部尚书
裴　良（北魏）赠吏部尚书　　　　裴宣机（北魏）礼部尚书
裴仁基（隋）礼部尚书　　　　裴伯茂（北魏）赠度支吏部尚书
裴仙先（唐）工部尚书　　　　裴熙载（唐）兵部尚书
裴怀武（唐）工部尚书　　　　裴宏济（唐）吏部尚书
裴明礼（唐）兵部尚书　　　　裴行俭（唐）礼部尚书
裴　矩（唐）民部尚书　　　　裴　寂（唐）赠工部尚书
裴光庭（唐）吏部尚书　　　　裴守真（唐）赠户部尚书
裴贞隐（唐）礼部尚书　　　　裴思庄（唐）工部尚书
裴士淹（唐）礼部尚书　　　　裴　漼（唐）吏部尚书
裴重晖（唐）工部尚书　　　　裴　宽（唐）户部、礼部尚书
裴　谞（唐）赠吏部尚书　　　　裴　秉（唐）礼部尚书
裴遵庆（唐）吏部尚书　　　　裴　通（唐）礼部尚书
裴　胄（唐）兵部尚书　　　　裴　向（唐）吏部尚书
裴　潾（唐）赠户部尚书　　　　裴　均（唐）吏部尚书
裴　垍（唐）兵部尚书　　　　裴　休（唐）礼部户部吏部尚书

裴仲将（唐）吏部尚书　　　裴　构（唐）吏部尚书
裴茂宗（唐）礼部尚书　　　裴敦复（唐）刑部尚书
裴　识（唐）刑部尚书　　　裴思猷（唐）工部尚书
裴　瓒（唐）刑部尚书　　　裴　贽（唐）刑部尚书
裴宏业（唐）工部尚书　　　裴　复（唐）检校尚书
裴　佶（唐）工部尚书　　　裴复堂（唐）检校尚书
裴　羽（五代）赠户部尚书　裴　皞（后晋）兵部、工部尚书
裴应章（明）南京吏部尚书

侍郎（44人）

裴　杰（晋）吏部侍郎　　　裴　昶（晋）吏部侍郎
裴　舆（晋）散骑侍郎　　　裴　测（北周）散骑侍郎
裴　泽（北周）散骑侍郎　　裴庄伯（北魏）散骑侍郎
裴　含（北魏）散骑侍郎　　裴礼和（北魏）散骑侍郎
裴镜民（隋）兵部侍郎　　　裴蔼之（北魏）散骑侍郎
裴　蕴（隋）民部侍郎　　　裴　政（隋）散骑侍郎
裴鸣凤（唐）吏部侍郎　　　裴师义（唐）兵部侍郎
裴　矩（唐）民部侍郎　　　裴耀卿（唐）户部侍郎
裴　佶（唐）吏部侍郎　　　裴　皓（唐）吏部侍郎
裴敬彝（唐）吏部侍郎　　　裴上贤（唐）工部侍郎
裴光庭（唐）兵部侍郎　　　裴　寻（唐）吏部侍郎
裴　谞（唐）兵部侍郎　　　裴　腆（唐）户部侍郎
裴延龄（唐）户部侍郎　　　裴藏曜（唐）工部侍郎
裴　质（唐）吏部侍郎　　　裴　相（唐）工部侍郎

裴　漼（唐）兵部、吏部侍郎　裴　宽（唐）兵部、吏部、户部侍郎
裴遵庆（唐）吏部侍郎　　　裴　潾（唐）刑部、兵部侍郎
裴　垍（唐）户部侍郎　　　裴　度（唐）刑部侍郎
裴　休（唐）户部、礼部侍郎　裴　坦（唐）礼部侍郎
裴　谂（唐）工部侍郎　　　裴　澈（唐）工部侍郎
裴　皞（后晋）礼部侍郎　　裴　枢（唐）兵部侍郎
裴　相（宋）工部侍郎　　　裴　宜（宋）礼部侍郎
裴（彳率）度（清）户部侍郎　裴宗锡（清）兵部侍郎

常侍（11人）

裴　濬（晋）散骑常侍　　　裴　该（晋）散骑常侍
裴　政（隋）散骑常侍　　　裴　成（晋）散骑常侍
裴　辽（晋）散骑常侍　　　裴蒨之（北齐）左常侍
裴思谦（唐）散骑常侍　　　裴　倚（唐）散骑常侍
裴　章（唐）右散骑常侍　　裴庭裕（唐）散骑常侍
裴　羽（五代）左散骑常侍

御史（11人）

裴怀俭（唐）御史大夫　　　裴乾贞（唐）御史大夫
裴　冀（唐）御史大夫　　　裴　虬（唐）谏议大夫
裴　俅（唐）谏议大夫　　　裴次元（唐）御史中丞
裴大亮（唐）御史中丞　　　裴宗元（唐）监察御史
裴　绅（唐）佥都御史　　　裴（彳率）度（清）都察院左都御史
裴宗锡（清）都察院右副都御史

使节（25人）

裴乾贞（唐）防御使　　裴次元（唐）观察使
裴　恭（唐）经略使　　裴　泰（唐）经略使
裴行立（唐）经略使　　裴宏泰（唐）节度使
裴　璩（唐）节度使　　裴　筠（唐）节度使
裴伷先（唐）节度使　　裴　武（唐）观察使
裴延鲁（唐）观察使　　裴　肃（唐）观察使
裴　俦（唐）观察使　　裴　衮（唐）防御使
裴　茂（唐）防御使　　裴　度（唐）节度使、东都留守
裴　休（唐）节度使、观察使　裴　识（唐）节度使
裴　贽（唐）大明宫留守　　裴　枢（唐）节度使
裴　济（宋）赠镇江军节度　　裴冲度（清）布政使参议
裴（彳率）度（清）按察使、布政使　　裴宗锡（清）按察使、布政使
裴正文（清）观察使

大将军（59人）

裴　晔（晋）度辽将军　　裴　楷（晋）安南将军
裴　郡（晋）都督　　裴　开（晋）冠军大将军
裴　韬（晋）大将军　　裴　万（晋）大将军
裴　德（刘宋）金吾大将军　　裴　蒲（刘宋）定远大将军
裴　讹（北魏）冠军大将军　　裴　衍（北魏）北道大都督
裴庆孙（北魏）大都督　　裴伯茂（北魏）中军大将军
裴　良（北魏）骠骑大将军　　裴　侠（北周）骠骑大将军
裴文举（北周）车骑大将军　　裴　彦（北周）骠骑大将军

裴　果（北周）车骑大将军　裴伯凤（北周）骠骑大将军
裴孝瑜（北周）大将军　裴　舒（北周）车骑大将军
裴景汉（北周）车骑大将军　裴　果（北周）冠军大将军
裴孝仁（北周）长宁将军　裴仁基（隋）赠都督
裴行俨（隋）左辅大将军　裴之横（南梁）镇北将军
裴　炎（唐）赠益州大都督　裴绍业（唐）都督
裴　胄（唐）大都督　裴伷先（唐）秦桂广三州都督
裴文度（唐）大都督　裴师武（唐）金吾大将军
裴　宽（唐）金吾大将军　裴行方（唐）右卫大将军
裴思谅（唐）大总管　裴怀古（唐）左羽林大将军
裴　肃（唐）右领军将军　裴元珪（唐）大都督
裴　托（唐）大将军　裴法师（唐）都督、将军
裴挺之（唐）都督　裴　润（唐）都督
裴虚舟（唐）金吾大将军　裴　确（唐）金吾大将军
裴思明（唐）总管　裴承光（唐）羽林将军
裴　旻（唐）总管　裴休贞（唐）大将军
裴　泛（唐）都督　裴政柔（唐）金吾大将军
裴修已（唐）大将军　裴复己（唐）大将军
裴　鼎（唐）都督　裴行俭（唐）检校右卫大将军
裴行立（唐）安南都督　裴　谞（唐）右金吾大将军
裴元本（唐）都督　裴循已（唐）大将军
裴良积（明）镇国将军

荫袭（46人）

裴　秀（晋）袭父侯爵　　裴　颜（晋）袭爵

裴　嵩（晋）嗣爵　　裴　舆（晋）袭父侯爵

裴　该（晋）　　裴　憬（晋）亭侯

裴彦先（北魏）　　裴　涉（北魏）袭父爵

裴宣机（北魏）　　裴　惔（北魏）袭父侯爵

裴　炯（北魏）　　裴　嵩（东魏）袭父公爵

裴　斌（东魏）　　裴侨尼（东魏）袭父爵

裴　堪（东魏）　　裴　测（北周）袭兰陵公

裴文举（北周）袭澄城县子　　裴　茂（唐）荫

裴法师（唐）袭公爵　　裴律师（唐）袭公爵

裴承先（唐）袭公爵　　裴灵渊（唐）袭父子爵

裴　谭（唐）袭兰陵公　　裴承禄（唐）袭公爵

裴行俭（唐）荫　　裴定高（唐）

裴伷先（唐）荫　　裴光庭（唐）

裴　涉（唐）　　裴　斌（唐）袭父侯爵

裴　均（唐）袭男爵　　裴遵庆（唐）荫

裴　向（唐）荫　　裴景仙（唐）

裴士淹（唐）郡公　　裴伯神（唐）郡公

裴　稹（唐）荫　　裴　冕（唐）荫袭

裴　潾（唐）荫　　裴　倩（唐）

裴　损（唐）　　裴　识（唐）袭晋国公半封

裴　谂（唐）荫　　裴　约（后唐）

裴　羽（后周）一品子　　裴宗锡（清）二品荫生

进士（71人）

唐代进士有：

裴遵庆（天宝状元）裴守真（六科连中）、裴思谦（状元）、裴瑾、裴儆、裴垍（状元）、裴度、裴俦、裴坦、裴休（状元）、裴素、裴俅（状元）、裴佶、裴譔、裴夷直、裴赞、裴操、裴枢（状元）、裴皞、裴延鲁（状元）、裴格（状元）、裴说（状元）。

宋代进士有：

裴奂（咸平二年）、裴丽泽（景德中）、裴丽正、裴铎（宣和六年）、裴俭（至和乙未）、裴仪（治平甲辰）、裴寂（元佑戊辰）、裴鹏举（绍兴丁丑榜眼）、裴实（淳熙丁未）。

金代进士有：

裴处仁（天会十一年）、裴敦仁（天会十四年）、裴端仁（与敦仁同榜）、裴尚义（大定六年）、裴明义（与尚义同榜）、裴宪义（大定九年）、裴德义（与宪义同榜）、裴祖义（大定十八年）、裴安礼（明昌四年）、裴咨礼（泰和二年）、裴隆礼（大安三年）、裴审礼（贞佑五年）、裴致礼（兴定四年）、裴近智（与致礼同榜）。

元代进士有：

裴仕义、裴敬民（至正庚戌）、裴与权（至正庚戌）。

明代进士有：

裴恭（永乐）、裴纶（永乐辛丑探花及第）、裴诚（与纶同榜）、裴旻（永乐丙戌）、裴德泽（永乐乙未）、裴祥、裴衷（景泰五年）、裴慧（天顺元年）、裴卿（弘治十二年）、裴绍宗（正德十二年）、裴骞（正德十六年）、裴绅（嘉靖十七年）、裴应章（隆庆二年）、裴赐（隆庆五年）、裴栋（万历二十九年）、裴文焕（万历三十二年）、裴铉（万历三十八年）、裴希度（崇祯七年）。

清代进士有（截至乾隆）：

裴春魁（顺治六年）、裴宪度（顺治十八年）、裴帙（康熙三年）、裴天锡（康熙六年）、裴之仙（康熙三十三年）、裴正时（康熙三十九年）、裴家（钅乔）（与正时同榜）、裴世兆（雍正元年）、裴直方（乾隆二十六年）、裴谦（乾隆三十七年）、裴振（乾隆四十年）、裴显相（乾隆五十四年）。

贤良（附将帅科，共7人）

裴　垍（唐）贤良方正第一
裴　复（唐）贤良科及第
裴次元（唐）贤良及第
裴　晖（唐）贤良及第
裴　度（唐）贤良方正异等
裴　休（唐）贤良方正甲科
裴敦复（唐）将帅科第一及第

公（89人）

裴　羲（汉）开国
裴　徽（魏）兰陵
裴　秀（晋）臣鹿郡
裴道子（晋）开国
裴　宪（晋）安定郡
裴道护（晋）河东
裴　武（晋）兰陵
裴　韬（晋）开国
裴　苞（晋）清河
裴　德（刘宋）闻喜县
裴士清（刘宋）河东
裴叔业（南齐）兰陵郡、开国
裴　忌（南陈）江夏郡
裴宏陀（北魏）闻喜
裴　询（北魏）绛国
裴　谭（北魏）兰陵
裴宣机（北魏）闻喜
裴　衍（北魏）临汝县开国

裴　纂（北魏）鄜西
裴伯仲（北周）绛郡
裴伯神（北周）绛郡
裴文举（北周）澄城县
裴仁基（隋）元武
裴　矩（隋）蔡国
裴行俨（隋）绛郡
裴　胄（唐）袭
裴定高（唐）琅邪
裴师武（唐）河东
裴　谈（唐）晋国
裴行方（唐）怀义
裴耀卿（唐）冀国
裴　炎（唐）晋国
裴居道（唐）冀国
裴元质（唐）绛郡
裴　巽（唐）魏国
裴绍业（唐）闻喜
裴承禄（唐）河东
裴士淹（唐）绛郡
裴　冕（唐）冀国
裴　秉（唐）河东
裴　垍（唐）晋国
裴　度（唐）晋国

裴　侠（北周）清河县
裴宏策（北周）黎国
裴　果（北周）冠军县
裴　矩（隋）闻喜县
裴善政（隋）黎国
裴义宏（隋）河东
裴　寂（唐）闻喜县进魏赠河东郡
裴令简（唐）开国
裴　选（唐）魏国
裴　确（唐）平阳
裴行俭（唐）闻喜县
裴仲将（唐）绛郡
裴思谅（唐）河东
裴熙绩（唐）冀国
裴律师（唐）河东
裴贞隐（唐）开国
裴（石霍）（唐）平阳
裴承光（唐）郕国
裴　裕（唐）开国
裴　漼（唐）正平
裴遵庆（唐）河东
裴凤敏（唐）绛郡
裴　均（唐）郇国
裴　识（唐）晋国

裴　谂（唐）河东郡
裴　郁（唐）河东
裴伷先（唐）冀城县
裴万石（唐）馆陶
裴景仙（唐）武疆
裴正己（唐）河东
裴思谅（唐）河东
裴世节（唐）永福
裴兹明（唐）闻喜
裴伯凤（后周）琅邪
裴　冲（后秦）开国
裴　济（宋）赠吴国
裴万顷（唐）冀国
裴　讬（唐）闻喜
裴延庆（唐）闻喜
裴法师（唐）闻喜
裴　通（唐）怀义
裴藏烨（唐）清河
裴修己（唐）河东
裴元本（唐）永福
裴　测（后周）兰陵
裴　舒（后周）元氏
裴　定（宋）琅邪

侯（33人）

（周）乡
裴　茂（汉）阳吉平
裴　秀（晋）济川
裴　憬（晋）高阳亭
裴松之（刘宋）西乡
裴之平（南梁）费县
裴之横（南梁）豫宁
裴双硕（北魏）闻喜
裴　骏（北魏）闻喜
裴　炯（北魏）高城县开国
裴　陵（周）解邑
裴　潜（魏）关内，又封清阳亭
裴　楷（晋）临海
裴仲穆（刘宋）进爵
裴方明（刘宋）列侯
裴凤宝（南梁）袭爵
裴　忌（南陈）东兴县改封乐安县
裴　飏（北魏）义安县开国
裴　惔（北魏）进爵
裴　秀（北魏）吉阳

裴　邃（北魏）夷陵县
裴　植（北魏）崇义县开国
裴　鸿（北周）高邑县
裴鸿智（北周）高邑县
裴　果（北周）冠军县
裴　侠（北周）清河县
裴　政（隋）夷陵
裴耀卿（唐）赵城
裴　炎（唐）河东县
裴　斌（唐）袭爵
裴茂宗（唐）吉阳
裴元初（唐）闻喜
裴　彦（唐）吉阳

伯（11人）

裴　嵩（晋）袭爵
裴叔业（南齐）武昌县开国
裴子烈（南陈）海安
裴　观（北魏）义昌
裴芬之（北魏）上蔡县开国
裴　飏（北魏）义安县开国
裴　炯（北魏）城平县开国
裴伯茂（东魏）平阳
裴文举（北周）功封
裴　侠（北周）清河县
裴宏泰（唐）河东

子（18人）

裴　徽（魏）兰陵郡
裴　邃（南梁）夷陵县
裴　粲（北魏）舒县
裴　瑜（北魏）下密县开国，徙封灌津
裴　瑗（北魏）五原县开国
裴彦先（北魏）雍邱县开国
裴　衍（北魏）安阳县开国
裴　邃（北魏）澄城县
裴　宣（北魏）五原
裴景颜（北魏）保城
裴　堪（东魏）灌津县
裴　稹（唐）正平
裴　向（唐）万泉
裴　休（唐）河东县

裴　宽（唐）夏阳县　　　　裴　洪（唐）正平
裴　还（唐）澄城　　　　　裴思义（唐）晋城县

男（13 人）

裴之高（南梁）都城县　　　裴　涉（北魏）开国
裴芬之（北魏）上蔡县　　　裴侨尼（东魏）袭
裴让之（北齐）宁都县　　　裴之隐（隋）会稽县
裴光庭（唐）正平县　　　　裴　炎（唐）永清县
裴　宽（唐）夏阳县　　　　裴　倩（唐）正平
裴义符（唐）会稽县　　　　裴　銑（唐）河东县
裴　均（唐）正平县

谥（59 人）

裴　潜（魏）谥贞　　　　　裴　楷（晋）谥元
裴　颜（晋）谥成　　　　　裴　秀（晋）谥元
裴　舆（晋）谥简　　　　　裴双虎（晋）谥顺
裴道子（晋）谥顺　　　　　裴叔业（南齐）谥忠武
裴　邃（南梁）谥烈　　　　裴之高（南梁）谥恭
裴之横（南梁）谥忠壮　　　裴之平（南梁）谥信子
裴之礼（南梁）谥壮　　　　裴子野（南梁）谥贞子
裴德欢（北魏）谥康　　　　裴　骏（北魏）谥康
裴仲穆（北魏）谥烈　　　　裴彦先（北魏）谥惠恭
裴　良（北魏）谥贞　　　　裴仲规（北魏）谥贞
裴叔义（北魏）谥宣　　　　裴　澄（北魏）谥文

裴　修（北魏）谥恭伯
裴　宣（北魏）谥穆
裴宣明（北魏）谥简
裴　瑜（北魏）谥定
裴　谭（北魏）谥敬
裴　询（北魏）谥贞烈
裴庄伯（北魏）谥献
裴敬宪（北魏）谥文
裴　炯（北魏）谥简
裴伯茂（东魏）谥文
裴　堪（东魏）谥定
裴　尼（西魏）谥安
裴倩之（北齐）谥敬
裴宏策（北周）谥温
裴　果（北周）谥质
裴　侠（北周）谥贞
裴之隐（隋）谥安
裴仁基（隋）谥忠
裴　矩（隋）谥敬
裴怀节（隋）谥定
裴行俭（唐）谥献
裴子余（唐）谥孝
裴　炎（唐）谥忠
裴光庭（唐）谥忠宪
裴（石霍）（唐）谥贞
裴耀卿（唐）谥文献
裴　漼（唐）谥懿
裴延龄（唐）谥缪
裴　倩（唐）谥节
裴　儆（唐）谥成
裴　胄（唐）谥成
裴　澥（唐）谥敬
裴　度（唐）谥文忠
裴　识（唐）谥昭
裴　佶（唐）谥贞
裴遵庆（唐）谥贞孝
裴应章（明）谥恭靖

乡贤（30人）

裴　遵（汉）
裴　潜（魏）
裴　徽（魏）
裴　楷（晋）
裴　秀（晋）
裴　颀（晋）
裴松之（刘宋）
裴　骃（刘宋）
裴子野（南梁）

裴安祖（北魏）	裴双硕（北魏）	裴　骏（北魏）
裴　侠（北周）	裴　肃（隋）	裴　政（隋）
裴行俭（唐）	裴敬彝（唐）	裴　寂（唐）
裴光庭（唐）	裴守真（唐）	裴　炎（唐）
裴耀卿（唐）	裴　宽（唐）	裴　冕（唐）
裴　垍（唐）	裴　漼（唐）	裴　度（唐）
裴　识（唐）	裴　谂（唐）	裴　约（后唐）

驸马（21人）

裴　该（晋）配晋公主	裴　询（北魏）配太原长公主
裴律师（唐）配高祖女临海公主	裴居士（唐）配陈留公主
裴铃士（唐）配玄宗女新平公主	裴虚已（唐）配睿宗女霍国公主
裴　徽（唐）配肃宗女郜国公主	裴　巽（唐）配中宗女宜城公主、再配睿宗女薛国公主
裴　颖（唐）配玄宗女齐国公主	裴　儆（唐）配代宗女永清公主
裴　液（唐）配代宗女晋阳公主	裴令仪（唐）配永青公主
裴齐邱（唐）配玄宗女永宁公主	裴仲将（唐）配纪慎王女县主楚媛
裴　损（唐）配宪宗女陈留公主	裴守一（唐）配玄宗女蔡国公主
裴去奢（唐）配玄宗女常芬公主	裴　清（唐）配肃宗女大宁公主
裴惠章（唐）配高都公主	裴　顗（唐）配玄宗女兴信公主
裴虚舟（唐）	

皇后（2人）

魏帝后——武穆皇后（裴玑之女）唐中宗后——孝敬皇后（裴居道女）

太子妃（4人）

高祖太子妃（裴寂女）　　太子妃（鹄国公主女）

太子妃（裴居素女）　　太子妃（裴頲宗女）

王妃（2人）

唐赵王妃（裴寂女）　　唐岐王妃（裴茂宗女）

贤节（8人）

夏侯氏（北魏）　辛　氏（北魏）　柳　氏（隋）　裴淑英（唐）

楚　媛（唐）　厍狄氏（唐）　裴贞一（唐）　范　氏（明）

第四章　故事传说

第一节　故　事

“宰相村”的故事

裴柏村是一个古老的村落。远在一千多年前，居住在这里的裴氏祖先们就因为这里有着秀丽的景色、翠绿的柏树而得名至今。

裴氏家族在这里世代相续，流传着先辈们生息繁衍、创业、发迹的许多故事，其中极富神奇色彩的是先人们在古时候如何选择在峨嵋岭下这块风水宝地生根的美丽传说。

裴氏家族的始祖陵，周僖王时封在城，他的后裔们为了选择一个好的地方生存发展，在当时条件下只能请观天相识风水的先生察看地脉，于是裴家先后请了十几位风水看风识水，走遍了山西境内，最后落脚在涑水河畔的峨嵋岭下。他们一致认为：“这个地方西靠峨嵋岭，嵋岭为阳；东依凤凰垣，凤垣为阴。紫金山上的泉水沿着凤凰垣淌过，是阴阳相配、紫气东来的象征，九个山峰环绕排开成“九凤朝阳”之势，董泽圣湖千年相传是‘董父豢龙’之灵”，这些

裴晔定居裴柏村

得天独厚的大自然景观，构成一个完美的风水宝地。有位风水先生说："你们家族如果居此风水宝地，定会出'一斗芝麻'之多官吏。"于是，裴氏家族就从本县的城（现在的裴村）迁到了现在的裴柏村。

从此，裴氏家族紫气旺盛，人才辈出，先后出过宰相59人，大将军59人，中书侍郎14人，驸马21人，七品以上的官员历朝不下三千人。在历史的长河中，这种风脉变成了有目共睹的活生生现实。

在近年出土的裴氏墓葬中，唐朝大将军裴绍业的墓志铭记载："北有吕梁山和汾河，南有中条山和涑水河为依托。"这就印证了这些传说并非无稽之谈。

东方地图明星裴秀

历史上祖孙三代分别在三个朝代，做同一职务的大官，这是少有的。裴秀（224—271）及其祖，其父却是这样。裴秀是河东闻喜（今属山西）人，他的祖父做过东汉的尚书令。在东汉，尚书令直接对皇帝负责，是总揽一切政令的首脑。魏晋时，尚书令和在皇帝身边掌管机制的中书监、中书令同为中枢大臣。

裴秀走上官场一帆风顺，但做了尚令书就不怎么顺当了。官场中倾轧成风，老是有人找他的岔子。他有个旧交郝诩给人写了一封信说："尚书令裴秀是我的老相识，你如有什么事要他帮助关照，我给你去说说，这点面子他总会给的。"这封信落到别人手后，就作为罪证诬告到晋武帝跟前，说裴秀假公济私，身为尚书令尚且这样，叫文武百官怎么办？晋武帝为裴秀辩解而未加罪。不久，司隶校尉李熹又告发说"刘尚替裴秀强占官田。裴秀有罪，应该关押。"晋武帝虽然待裴秀不错，但经不起朝中有人一再攻击裴秀，晋武帝把四十多岁的裴秀调为官位虽高，但实权却不大的司空。

司空的职责之一是掌管各地的道路。古代政府为了掌握国内道路的情况，都测绘过地图。可是古代的地图不仅没有经纬度，也没有比例尺的计算，距离远近和土地面积很难测定。早在魏末，裴秀曾随司昭士兵讨伐诸葛诞，跑了不少地方，由于地图错误，吃了很多苦头。明明地图上似乎很近的两个地方，但跑了几天也没见到影子。明明地图没有山也没有水的标记，但真正到那个地方，却冒出连绵的山岗或汹涌的河流来，这时赶紧要逢山开路，遇水架桥，火燃眉毛抓了瞎，真是急死人。尤其宫廷宝藏的那份地图，是几十匹绸子制成的，那么大的地图使用起来也十分不便。

裴秀发奋钻研，决心改革地图，不再让错误百出、害人非浅的东西传下去。他首先运用了简缩的技术，用"一分为十里，一寸为百里"的比例，把幅几十匹绸子做的巨大的晋地图，缩画成"地形方丈图"，用起来就方便多了。

以后，裴秀又提出了绘制地图的六个基本要点，即比例尺、方位、交通路线的实际距离、地势起伏、地物，除了经纬度和等高线外，已经包括了现代化制图的基本技术，成为我国古代地图学上的“东方明星”，被尊称为“地图之父”。

裴昭明不负众望

裴昭明，南朝宋齐时人，《南齐书》入编《良吏列传》。永明三年（485年），南朝齐孝武帝萧赜派他出使北魏时说：“你有将命之才，具有善于谈判的高超口才和敏捷思维，这次出使一定会取得圆满成功，待到凯旋时，朕当以郡相赏，封官晋爵！”裴昭明依靠个人的才智，出使北魏取得重大成功，满载而归，世祖萧赜提升他为始安（今广西桂林）内史。

裴昭明走马上任后，听说当地有一个叫龚玄宣的人胡说什么神给了他玉印、玉版书，不用笔往纸上写，只要用口一吹，就会成字，谁要是不尊重他，他就请神灵来降服谁，并自称“龚圣人”，以此来搜刮民财，老百姓对他恨之入骨。裴昭明偏不信邪，将这个“龚圣人”抓了起来，定他为妖言惑众之罪，关进了牢房，并治了他的罪。裴昭明为官清廉，他的指导思想也很明确。他在始安内史任上，破除迷信，惩治妖罔惑众的“龚圣人”，从而树立了他的形象。

裴昭明在历任多职中都有勤政之绩，他常对人说：“人活在世上，为什么要聚财积富呢，一身之外还要什么呢？子孙若不成才，我聚他散，子孙若能自立，不如掌握一部经书。”所以他一生不积蓄家产，在他离开郡守职务时，十分贫困。世祖萧赜说：“裴昭明从始安离任后，结果连住的地方都没有了，我不熟读史书，不知古人中谁是这样的。”这个小故事说明了裴昭明不负众望，因才治政之道和清廉为官之道，这些都是值得后人向他学习的，也是裴氏家族长盛不衰的门风之道。

廉白自居的裴子野

南北朝时期，中书通事舍人这一官职是十分重要的，朝廷的事权可以说大都落在这些人身上。他们在皇帝左右，可以直接代皇帝发布诏令，有的甚至分别担任各部门的政务，尚书反须受其指导，因而“势倾天下”。裴子野在位中书省十几年，一直担任中书通事舍人这一官职，后来梁武帝又很赏识器重他，说他是个大权在握的人，应不为过。但他能正确对待和使用手中的权力，从不用它来谋一己之私利。

据史书上记载，他为官清正廉洁，不谋私利，从没有向朝廷上提过任何要求，或请求解决什么困难。他的外祖母家里和表兄弟家里生活十分穷困，他就拿自己的俸禄接济他们。由于俸禄大都给了亲戚，自己家里的生活也就过得相当艰难。他生活俭朴，淡泊自守，终身“饭麦食蔬”，以致妻子“恒苦饥寒”。对于妻子的叫苦，他总是温言劝谕。说来更让人难以相信，他在朝廷里当这么大的官，家里却连住房都没有，后来借了两亩官地，建了几间茅屋，才得以栖身。他的孩子和侄子，对他“奉若严君”，十分敬畏。他去世前，还反复告诫子女，要“俭约，务在节制”。其高风亮节，连梁武帝都十分感动，闻其死讯而流泪，下诏即日举哀，赞誉他“文史足用，廉白自居”。

像裴子野这样清正廉洁的官员，不要说在南北朝这样一个生活奢侈腐化、官吏贪污成风的社会里不多见，就是在整个封建社会，也可以说是凤毛麟角。他之所以能做到这一点，大概有三个原因。一是他信佛；二是家庭的熏陶和影响；三是他注重自我修养。

南朝佛教流行，很多人相信“因果报应”，迷信“来生”。认为今生多受些苦难，死后就不会被打入地狱。裴子野笃信佛教，于是“持其教戒，终身饭麦食蔬”。裴子野的父亲裴昭明，是一个当官清勤、不置产业的人。据《南史》记载：裴昭明历郡皆清勤，甚贫罄。齐武帝曰：“裴昭明当罢郡（太守），还遂无宅，我不读书，不知古人中谁可比之。”裴昭明自己也常对人讲：“人生何事须聚蓄，一身之外亦复何须。子孙若不才，我聚彼散；若能自立，则不如一经。”故终身不置产业。俗话说，有其父，必有其子。裴子野为官清正廉洁，受其父的影响无疑也是一个原因。但最主要的还是他注重自我修养。《南史·宋本纪》载：南朝宋文帝元嘉二十二年（公元445年），一次宴会前，宋文帝“敕诸子且勿食”，说是到时将赐给他们丰盛的肴馔。天色已晚，而“食不至”，皇子们皆面露饥色。宋文帝这才告诉他们：“汝曹少长丰佚，不见百姓艰难，今使尔识有饥苦，知以节俭期物。”裴子野在《宋略》中也记了此事。但他不是记罢了事，而是借此大发议论：“善乎太祖（宋文帝庙号‘太祖’）之训也！夫侈兴于有余，俭生于不足，欲其隐约，莫若贫贱！”（《资治通鉴》卷一百二十四）。言为心声，从中不难看出裴子野之为官清廉，乃是有其思想基础的。

裴子野的品德和修养好，还表现在他对待朋友和同事心胸宽大、气度恢宏方面。梁天监初，裴子野步入仕途不久，在他担任右军安成王参军时，曾兼任过廷尉正这样一个司法官职。当时的诉讼案件，必须三官署名才有效。有一次裴子野不在，同事就把他的名字签在狱牒上，报上去没有得到批准，怪罪下来，把裴子野的所有官职给免了。有人劝子野去说清楚，就会复职的，他一笑置之，不去解释，情愿为同事朋友分担责任。这次免官，使他赋闲了很长时间，但他对同事始终不抱怨恨。

裴子野还是一个清高自爱的人。梁代齐后，和沈约齐名、时人号为“任笔沈诗”的南朝著名文学家任昉，时任义兴太守等职，颇负盛名。有意仕途的年轻人经常出入其门下，希望得到他的引荐。任昉也是个奖掖后进、爱才如命的人，对来访者，只要有才学，堪任用，他一概向上推荐。而经他推荐的人，又都受到任用。任昉的母亲是裴子野的堂姑母，两个人是堂表兄弟，裴子野当时并没有任职，却从不去拜访任昉，求其推荐，使任昉感到非常遗憾。裴子野的所作所为，在现今的某些人看来，也许会觉得他太清高、太要面子了，殊不知正是他的清高自爱，才使得别人更加尊重和佩服他。

异曲同工木马计

古希腊大军围城特洛伊十年之久，苦于没有攻城良策。希腊联军将领奥德修使出锦囊妙计：把精兵藏在一匹木马腹中，佯作退兵。特洛伊人兴高采烈地将木马作为战利品掳入城内。晚上伏兵越出，打开城门，希腊大军一拥而入，攻陷了特洛伊城。特洛伊木马计从而成为古代战争史上里应外合的典型战例。

有趣的是，在我国唐代也有人用相似的计谋出奇制胜，打败敌军。调露元年十月（679 年）突厥阿史德温傅部叛乱。阿史德温傅屡次劫掠唐军运粮车，唐军饥不过腹，连连败北。于是，朝廷派遣礼部尚书裴行俭为定襄道行军大总管，平叛乱军。到朔州后，裴行俭得知唐军屡败的原因所在，下令秘密改装运粮300辆，每辆车藏猛士5人，持大刀劲弩，并在险要初处布下伏兵。

裴行俭"粮车藏兵"

叛军看见运粮车队，又来攻夺。运粮士兵稍做抵抗便弃车而逃。叛军抢得粮车刚要取粮，伏在车上的猛士突然跃起，叛军大惊，慌作一团，不知所措。此时，埋伏在险要处的士兵里应外合，四处的喊杀声震天动地，即刻，叛军全部被擒杀殆尽。此后，叛军对大唐的运粮车，再也不敢轻举妄动。唐军有了粮饷，很快平定了战乱，班师回朝。

裴宽得丽妻

唐代的润州刺史韦诜，家族兴旺，他曾经为女儿挑选女婿。虽然许多名门子弟和当时颇有名气的公子们上门相求，韦诜都不满意，统统拒绝了。

转眼到了年底，除夕这天，他闲暇无事，就和随从们登上城墙观赏风景。偶然看见城中有一家的园圃中有几个人在挖坑埋东西，他感到奇怪，就叫随从去查问那是谁家的园圃。随从回来报告说："刚才看到的是参军裴宽的住所。"韦诜就命令把裴宽叫来问话。裴宽到来后，韦诜问他刚才在园中埋藏了什么，裴宽解释说："我曾经给自己定了戒律：不以包苴污家，不以肉类为食。今天过年，有人给我送来了鹿肉，放下就走了。我不能自己欺骗自己，所以就把鹿肉埋在了后园中，以此来保全自己曾经许下的誓愿。没想到却被太守大人看见了，请大人恕罪。"韦诜听后，走下台阶对裴宽说："裴宽啊，君子一言，驷马难追。你愿意为誓言而埋掉鹿肉。今天，我有个女儿，愿意把她嫁给你。"裴宽再三推辞不过，便拜谢离去。

第二天，韦诜通知裴宽来家中相亲，裴宽岂敢违背太守大人的一番美意，不料，韦夫人和女儿垂帘窥视，当看到裴宽身穿绿袍，身体瘦弱细长，家人们都戏谑地称呼他为"碧鹳鹊"时，韦诜的夫人竟然在帘后哭泣起来。裴宽走后，韦诜安慰夫人说："既然我们爱自己的女儿，就应该让她成为贤良的公侯之妻。可是那些长相白皙、漂亮的公子们都是胸无大志、游手好闲的奴才料啊，怎么能以貌取人呢？"

就这样，韦诜把女儿嫁给了裴宽。后来，裴宽奋发图强，官居显位，成为开元、天宝年间声望最大的一位贤臣。他与妻子皆健康长寿，过着幸福的生活。

裴度的故事

裴度乃唐朝著名贤相，一生历相宪宗、穆宗、敬宗、文宗四朝，三起三落，几度入相，几度出藩，以身系国家安危、时势之轻重者三十年，官至上国柱、司徒、中书令，爵封晋国公，他的一些事迹，甚至被后人编成传奇故事，在民间广为流传。

不信“圣水”

裴度当了丞相后，汴、宋观察使令狐楚禀报说：“外面传言亳州一带出现了什么圣水，如果人们喝了这水就可以治病。”裴度听了以后不以为然，并告诉手下说：“妖由人兴，水不自作。这些谣言惑众，他们借着水的名义来敛财，欺骗百姓，真是太可恨啦。”随即下令在全城贴出告示，叫大家千万不要相信。过了一段，这些谣言不攻自破，大家对裴度多了一份崇敬。

何人平蔡州

罢相后的裴度，穿着普通老百姓的衣服外出旅游。一天他游到洛中，登上天津桥，看见两位老人靠着桥柱站立并谈论着，其中一个问道：“蔡州之乱不知何时才能平叛？”另一个摇摇头，叹了叹气说：“国无良将啊！”正说期间，看见裴度走来，两人惊愕得退在一旁说：“刚才咱们还忧虑蔡州，我看必须得刚才过去这个人为宰相才行。”手下的人立

裴度平淮西得胜归朝

即向裴度禀告了两位老人的对话，晋公笑着说：“他们看见我老态龙钟，故意说说笑话而已，你们何必当真呢？”

巳酉破蔡州

裴度再次出任宰相后，力主平藩，并亲自督军出征讨伐叛军吴元济。到了蔡州地界，安营下寨，挖地发现一石廖上有“鸡未肥，酒未熟”六个大字。众不解其意，请教裴度，晋公解释说：“鸡未肥，无肉也，肥去肉为巳；酒未熟，无水也，酒去水为酉。我们攻破蔡州，大败叛军的时刻就在‘巳酉’啊。”形势的发展，果然不出晋公所料，官军雪夜除夕下蔡州，终于在“巳酉”时分攻下蔡州，活捉贼首吴元济，平定了淮西之患。

自题肖像

裴度晚年常常感叹自己沉浮的身世，一天他与同僚们说起这些，便说：“我自己为自己画了一幅肖像，不知你们认为怎么样啊？”大家一看，纷纷称赞，原来上面写道“尔身不长，尔才不扬，胡焉为相，胡焉为将，灵台一点，丹青莫状。”意思是我身也不高，才也不扬，数年为将，数年为相，就是再好的画家也画不出我的真实状况啊！看来裴度有时也很幽默。

裴度失印

裴晋公在位时，一天他的手下忽然发现放在书房内的中书大印丢了，手下急得不得了，连忙跑去告诉晋公。大家都纷纷议论，所有知道这个事情的人都大惊失色，不知道裴晋公会怎么处置他们。

然而，晋公却饮酒自如，不动声色。手下的人三番五次地请示他，他才慢慢地放下筷子，对着院内大声说道："这必然是府内小蟊贼偷了大印，如果急追的话，他就会手足无措，说不了还会损坏或投入水火之中，这对我们很不利。但这种大印即便是偷走了，用也没地方用，卖也没人敢要，所以，用不了多久那个偷印的人会自然送回来的。"果然，第二天早上，在书房内又发现了大印，大家又急忙禀报了裴晋公，裴晋公会意地点点了头。人们都十分佩服他的胆识。

裴度射雁

坐落在曲沃、绛县、闻喜三县交界处的紫金山，奇峰挺秀，松柏蓊郁。当年，夏秋两季来这里游山观景的人很多，于是三县的绅士们合计好在峰顶修盖一座魁星庙，给名山再嵌一颗明珠。工程初始，三个县齐心协力，每县还赶来一千多只羊，在羊背上搭两块砖往山顶运。工程进行得很顺利。此时，来了个风水先生道："山门向哪个县开，哪个县就要出大官，大的封侯拜相，小的也是五品。"三个县便争起庙门要朝自己县开的问题来了。闻喜县的张绅士说："庙宇坐北朝南是老规矩，庙门当然应该朝闻喜县开。"绛县的王绅士说："古书上写着'紫气东来'，庙门朝我县开最合适。"曲沃县的李绅士一听着了急，抓耳搔腮想出个理由："既然是魁星庙，北斗星最亮，自然应该朝北开。"各说各有理，争执不下。

吵嚷之间迎头碰上巡察的绛州知府。知府大人停轿问明情况，心想，这种事情在皇家律条上也找不出根据，怎么能判定庙门应该朝哪县开？正在作难的时候，凑巧裴晋公骑马过来了。裴大人听了知府的禀报，微微一笑，叫闻喜县的张绅士上前答话。裴大人说：

裴度射雁

“毫末小事，何苦如此争得伤了和气？三县人情同手足，不论哪一县出了人才，都是三县人的光彩；依老夫之见，我们就让了他们吧。”张绅士一听茅塞顿开，还是晋国公站得高看得远，通晓大义，他就拱手相让了。绛县的王绅士脑子灵活，也跟着道：“庙门就朝曲沃县开吧！”曲沃县的李绅士倒觉得不好意思了，也谦让了起来。

裴度一看，刚才是你争我夺，现在是你谦他让，比六月的天变化还快。可庙门朝哪个县开的问题，究竟该怎么解决？眉头一皱，计上心来，他在马上拈弓搭箭，对着天上飞过来的雁行说：“我射落其中的一只雁，掉在地上后，它的头朝哪个县，庙门就朝哪县开。”大家认为只好这样。后来，这座庙盖成了，在山门上挂了一块“三谦庙”的金字大匾，同时也留下这么一个故事。

车把式书碑

明清之际，传说有一年暮春，有一车把式驾车路过裴度故里，看见路旁平放着几块石碑料，已经打磨好准备书丹。他停车一打听，有人告诉他，这是裴家的大官为其祖上镌刻功德碑，已从外地聘请来有名的书家，上等酒宴招待。已来数天，却不见动静，听府内的人说说人家笔兴不开，车把式愕然，稍事休息便往南奔去。

数日之后，车把式返程又路过这里，见到才写了两通又停了下来，不知是何缘故？车把式一时性急，便让人通报东家：“我车把式啥时候笔兴都开着，让我写咋样？”东家听说有个赶车的为写碑的事毛遂自荐，觉得他有点狂妄，但不便拂其意，索性让他试一把，是骡子是马拉出来遛遛就知道了，写好了供人观赏，写不好是他自讨没趣。东家吩咐准备好笔墨，让仆人一边伺候，只见车把式把头巾往鞭干上一搭，挽起袖子，手握笔管龙飞凤舞。但见行草书法，时疾时徐，如行云流水。围观者越来越多，无不瞠目结舌。不一会，连书四通，意犹未尽，称赞声此起彼伏，东家所聘高手也自叹弗如。东家厚礼以赠，车把式坚辞不受，待问高姓大名，车把式大声说道：记住赶车的就行。

这四通碑最早笔直地矗立在官道西边通往村中的路旁。风雨沧桑，年复一年。后来得知，这位车把式是被人冒名顶替而落榜、才高八斗的进士及第者。车把式书碑的这个故事已经传了多少代，小时候就听别人经常说起，也听裴氏家族的人们说过，但现在的碑已不存在了。据老人们说过，60年代被“破四旧”砸碎烧了石灰，真的很惋惜！

车把式书碑

裴母爱吃煮饼

闻喜煮饼是历史特产，酱褐色，表皮上满满一层芝麻，内馅由深栗色到浅白，层次分明，即便把它掰开，一粘仍能恢复原状，纤细的密丝能拉数寸之长，金黄透亮，气味芳香。不必吃，就是看上一眼，也会令人垂涎欲滴。关于闻喜煮饼，当地流传着一个与裴氏家族有关的耐人寻味的故事。

说的是唐穆宗的宰相裴度，原籍闻喜裴柏村，他自幼丧父，家境贫寒。拜相后，将老母（裴度少失双亲、视姨母为母）接到长安宰相府。照理说，从茅屋进天堂，老人家该是欢欣了。万没想到，自抵京都后，老母整日闷闷不乐，寡言少语，时常独立窗前，眼望着院中树上的喜鹊出神。忠孝的裴度千方打听，也难以得晓老母的心事。天长日久，老人家日渐消瘦，裴度心如火燎，万般无奈。有一日，裴度将皇帝恩赐的闻喜贡品煮饼孝敬老母，老人家格外欢喜，爱不释手，喜了又喜，将已经掰开到了嘴边的煮饼又复原如初，供奉于祖宗牌位前，舍不得食用。裴度把这件事写成奏折，呈于皇上。皇帝闻奏，立刻下旨，召闻喜匠师入京献艺。未曾料到来者个个露丑，无奈，皇帝又令宫中名师木之、文十、丘三一行三人前往闻喜取经。

裴母吃煮饼

不几日，丘三自以

为学会制作煮饼，首先辞师返京献艺。他做的煮饼果真与闻喜煮饼看不出两样，皇帝大喜。裴母吃后很不合意，说是外表儿象，内馅儿硬，硌的人牙痛。但丘三仍凭着这般表面功夫也混了个八品官儿。

接着文十又急切出师返京。文十较丘三技高一筹，出自他手的煮饼，色、香、味、形俱佳，朝中文武百官无不赞扬。还是裴母心中有数，不再上当。她将煮饼放置不用，没过几日，果真发霉变硬，不堪食用。看来，文十的煮饼与闻喜的煮饼仍有天壤之别。

唯独木之，出师之后，就地办铺，不回京城，他上书皇帝道："闻喜煮饼，源远流长，学工艺易，取水土难，非闻喜水土，无闻喜煮饼，宫廷享用，只能赖岁岁进贡。"皇帝遂以不回京复命治罪于木之。木之为避灭顶之灾，削发为僧，在闻喜县城南香山寺出家，法名诚意和尚，并嘱死后就葬在闻喜的凤凰岭。

人们为了纪念诚意和尚，将他开的煮饼铺起号"诚意祥"。店铺后来的师傅们为感激木之的"诚意"，在制作煮饼时，选料考究，从不马虎，精益求精，以至"诚意祥"成了闻喜煮饼的正宗。他们还别出心裁地设计了"喜鹊登梅"包装盒，取意于裴母望儿思乡那件事。据道，后来裴度在木之死后的第一个清明节返回故乡，给父亲和木之坟头分别添加了新土，以示生我养我的土地是祖宗留下的，只能增加不能减小。直到今天，晋南一带还保留着清明节在祖宗和亲友坟头加土的习惯。

裴秀才出联择佳偶

在闻喜县峨嵋岭下，流传着一个裴秀才出联择偶的美丽故事。

裴秀才从小家境贫寒，但聪明过人，十五岁便考中了秀才。本

裴秀才出联择佳偶

村一姓杨的财主，见他才貌双全，就想招为东床，托媒人前去提亲。裴秀才的父亲见财主上门攀亲，受宠若惊，便有心答应这门亲事。秀才得知父亲的意图后，对父亲说：“父亲大人，请听孩儿一言，我这里有一上联，不论谁家的姑娘，即便杨家财主的女儿，不管她的才貌如何，只要能对出下联，我就娶她为妻。这上联是：容貌如春花朝露，怎能长驻？对不出便罢。”

父亲无奈，便让媒人将对联带给杨家小姐，杨小姐虽然天生丽质，穿金戴银，吃的是山珍海味，但不学无术，一个字也对不上，只好干瞪眼作罢。

裴秀才出联择偶的消息很快就在四方传开了，上有大家闺秀，下有小家碧玉，不少姑娘冥思苦想，均未对出下联。邻村有一王姓少女，才思敏捷，素有“才女”之称。她想：“区区一副小联，对对何难？”她细品了裴秀才的上联用意，很快便对出下联：“品行似碧玉明珠，定会永存！”并托人带给裴秀才。

秀才见了下联，大为惊讶，继而庆幸自己觅得知音。两人相见以后，更为倾心。至此，裴秀才对王姑娘加倍地爱慕和敬佩，双方父母为其择选吉日良辰，为他们举办了婚礼。至此，裴秀才出联择偶，在当地传为佳话。

裴五公过寿

裴五公是闻喜著名士族大家裴门后裔，因排行第五而得名。

裴五公虽处裴门鼎盛时期，并且满腹文墨，却不屑涉足官场，平素远离那些皇亲国戚，很少相通来往。可是很喜欢与平民百姓一起交流，他不仅喜欢平民百姓憨厚诚挚的性格，更羡慕他们把不宽裕的光景经管得井然有序的本领，众乡亲也为能攀上这么个高门大户的贵人感到三生有幸。

裴五公已近古稀之年，膝下三个儿子，其秉性酷似他们的父亲——不爱做官。但不同的是他们都不愿待在家里，喜欢外出经商。三个儿媳虽不算什么名门闺秀，却也个个贤惠聪颖。

农历七月初七是个大吉的日子，偏巧又逢五公的七十大寿，那繁盛和热闹的情景自不必细说了。祝寿必带贺寿礼，不同身份的人礼品显然不同。五公藐视皇家国戚、高朋贵友那些貌似贵重而又堂而皇之的礼品。认为众乡亲送来的七个馒头、八个鸡蛋却是他们的一颗心！给贺礼的人回礼也是人之常情。不料，五公把贵客们送来的奇珍异宝、金帛玉绢全部拿出来，作为回礼，分赠给平民百姓。他的性格人们知道，既不能阻挡他的行动，又不得不接受他的馈赠。

裴五公过寿

只见落座在大厅正中，被众人簇拥着的老寿星裴五公，满面红光，笑容可掬，向着宾客频频点头示意。这时，五公长捋白髯，若有所思，回头让佣人传三个儿媳妇到厅前来。

大媳妇张氏，满身的珠光宝气，

踏着碎步走上厅前；二媳妇文氏雍容华贵，举止文雅也走上厅前；三媳妇王氏衣着朴素，却不失大方，很有礼貌地走上厅前和两位嫂嫂一起拜见公公。

五公让他们坐定，然后说："你们三个进裴门好多年了，功德各有所长，今天是我七十大寿，众亲前来贺寿，我都回了礼，就剩下你们三个了。"接着，拿出三颗麦粒，每人分得一粒，众宾客惊呆了：这个怪老头，怎么能对儿媳这样啊？大家不禁都在想，五公这葫芦里卖的是什么药？

大媳妇是个直性子，心里老不高兴，但又不敢驳公公的面子，转脸偷偷把麦粒扔了，二媳妇性情温柔，觉得既是公公赐予的礼物，就当妥善保存，于是把麦粒拿回家，珍藏在珠宝盒里，三媳妇王氏揣着麦粒想来想去，只是觉得它意义非凡，但终不解其意何在。

转眼到了第二年七月初七，当众宾客和乡亲拜寿完毕，裴五公向三个媳妇索要去年赐予的礼物，大媳妇张氏当着众人面，自是拿不出来，只好硬着头皮说："公爹不必认真，一颗麦粒又不是一粒珍珠，既然……"没等她说完，五公已转脸向着文氏，二媳妇恭恭敬敬地递上一个纸包，里面珍藏着去年的一颗麦粒；三媳妇也向公公递上一个纸包，里面却不是一颗麦粒，五公正要问，三媳妇连忙解释说："请父亲恕罪，为媳很珍视您老的礼物，只是觉得一颗麦粒怎么保存也只是一粒，不如种上可以以少变多。没曾想到这一颗种子结了九穗麦，各个穗大粒饱，每穗结六八四十八颗子，九穗共结四百六十二粒，请父亲大人过目。"

面对这三个儿媳妇，裴五公只是频频点头，既没责备也不赞赏。众乡亲更糊涂了，五公到底要干什么？

一眨眼，时光又跨过了两个七月初七。寿席宴前摆着五十石麦子。裴公当众宣布："这五十石麦子就是四年前，我赐予三媳妇王氏的那颗麦粒，今天我把它还给王氏；二媳妇文氏，因迟种一年，如今也收了二年，我也还她，大媳妇看不起一粒麦，不过我还是赐予她一粒麦。"

这时，只听三媳妇再三推让，不要公公恩赐，如果公公实在要给，她请求把粮食存到粮庄上，每年可从中获得一点利息。五公满口答应。紧接着又宣布一个人们意想不到的决定：从即日起，我老五家的万贯家私、千亩良田以及家中里里外外一应杂事均交予三媳妇王氏来掌管。

众人立刻茅塞顿开，原来裴五公四年前葫芦装的就是这个药！好哇！大家纷纷竖起大拇指，称赞五公慧眼识珍珠，治家显雄才。

二媳妇对老三十分钦羡。大媳妇悔当初不多长个心眼，完全让老三钻了空子。王氏呢，正与姐妹们欢天喜地，准备着走马上任。

众人欢快地为五公祝寿，更为他有了称心如意的接班人而庆幸！

抗日英雄裴崇纲

裴崇纲于1908年生于裴柏，从小受家庭传统教育，热爱祖国，以天下为己任。15岁时考入太原新民中学。1926年毕业，又考入太原北方军官学校。军校毕业后，1931年经原傅作义部营长安春山介绍，参加其35军101师436团三营六连当上士，由于才能出众，训练刻苦，作战勇敢，很快升为排长。不久又升为四连上尉连长。当时，正值日本帝国主义侵略中国年代，国土沦陷，民不聊生，百姓流离失所，裴崇纲忧心似焚，经常激励全连战士，英勇杀敌，

抗日英雄裴崇纲

抗日报国，并对战士讲述“一家大，还是一国大”的思想。大家深受启发，故而全连上下斗志倍增，冲锋陷阵，常获胜仗，被誉为“长胜连”。1937年的9月，在忻州的忻口战役打响后，裴崇纲奋不顾身，亲带士兵与日军展开了殊死搏斗，一次次粉碎了日寇的进攻。9月17日，日寇为夺取他们所占领的南怀化高地，穷凶极恶地用重炮猛烈轰击，裴崇纲在指挥战斗中壮烈牺牲，年仅29岁。47年后，到1984年，人们终于清楚了裴崇纲为国捐躯的事实，后被追认为抗战革命烈士。自此以后，裴柏村里的男女老少每逢年过节，都要祭奠这位英年早逝的裴氏先烈，以教育后人，寄托他们的哀思。

第二节　轶　闻

香山还带

香山古寺，位于闻喜县城东南角三里许的坡岭顶端。有一年春末夏初，年仅十三岁的裴度，到香山脚下的小庄村（俗称“兔儿沟”）去看望外祖母，顺便去距小庄一里之遥的香山去游玩。裴度在香山寺正玩得高兴，忽然看见一位素衣妇人骑快马而来，在寺门外的神像前将腰间的一个小包裹迅速解下，供在神像前的栏杆上，立即叩头并祈祷着：“求神灵保佑我一路平安，按期返回长安，解救家父之难及周家三百多人的性命……”那个妇人祈祷完毕，急忙跨鞍上马扬长而去，却将放在栏杆上的包裹遗忘未拿。裴度好奇将小包裹拾起打开，发现里边包着一条镶嵌着珠宝的玉带，便去追赶那位妇人。但那位妇人早已不见踪影了。裴度一直等至傍晚，还不见那位妇人返回。于是只好将玉带缠在衣下腰间，回到外祖母家。

晚上，裴度想着庙中那位妇人说的话，怎么也难以入眠。次日天刚亮，他便向外祖母禀告一声，又来到香山寺，守候在寺门之外，等那位妇人回来。一直等到午后，才见那个妇人哭着骑马匆忙赶来。裴度急忙将玉带送还给了他。那位妇人再三拜谢，说出了由这条玉带所引起的不幸……

裴度香山还带

原来，当朝有个姓周的忠良大臣，是晋中人氏，因为赤诚报国，很得皇上青睐，特赐周公玉带一条。周公为感皇恩，不舍得系佩腰间，而将玉带拿回晋中老家，让家人高置在先祖的神阁楼内，日日敬奉，天天朝拜，一可铭记皇恩，二可光宗耀祖。忽有一日临朝，一位佞臣诬告，说是“周某狗胆包天，无视皇恩，不愿称臣，竟将御赐玉带砸毁，暗中串通同党，企图谋反夺位。”

皇上闻听大怒，立即传来周公质问此事。周公急忙跪地表明原委。皇上还是怒气不消。一方面传旨将周公拘禁起来，一方面传旨派此佞臣赴晋中察看虚实，限期半月返回，否则，便要将周公满门抄斩，九族三百余人全部杀害。周公之女得此讯，怕此佞臣从中作祟，便连夜乘快马回晋中老家，带好玉带，策马回返，过平阳，至闻喜，途径香山脚下，不幸急中出错，将玉带遗失。当他她快到黄河边时，一摸腰中，发现玉带丢失，一时惊得魂飞魄散。今见玉带失而复得，含泪道谢：“公子大恩，重如泰山，我们全家将永世不忘！”道谢毕，遂将自己的犀带解下赠送裴度，裴度不受。又拿出白银要酬谢裴度，裴度仍然不受。拜谢后，匆匆而去。

由于裴度拾带不昧，那个周公的女儿及时复旨，周公和他的九族才免去一场大祸，得以保全性命。裴度去世后，后人为了纪念他，在香山建立了裴晋公祠。

裴晋公义还原配

唐宪宗皇帝李纯元和十二年（817年），裴度领兵削平了盘踞淮西达四十年的反贼吴元济，获胜还朝后，又拜为宰相，并进爵晋国公。不久，两个尚未收复的藩镇，都惧怕裴度的威名，上表献地赎罪。宪宗皇帝看见贼寇渐平，天下无事，于是便滋长了自满情绪，准备大兴土木，兴修龙德殿承晖殿，又听信山人柳泌的蛊惑，在四海之内寻找长生不老药，劳民伤财，耗费巨大。裴度屡次劝谏，都被宪宗挡了回来。当朝有个名叫皇甫缚的佞臣，凭借自己执掌盐铁转运使的大权，搜刮百姓钱财，专供宪宗奢靡生活的巨额花费。由于这两个佞臣迎合宪宗的心意，宪宗将他们先后提拔为同平章事。裴度不屑与奸臣同列朝堂，上表请求退隐。宪宗皇帝不许，渐渐对他产生了疑忌之心。裴度自思自己功名太盛，唯恐得罪了皇帝，招来横祸，从此便很少谈及朝政。他在洛阳城南穿山凿池，修起了一座绿野堂，终日纵情诗酒，以乐余年。不明真相的四方郡牧，便四处寻访歌儿舞女，有的重价购求，有的强掠豪夺，然后饰以鲜衣美饰，教以歌舞；要么多假称是自己的家妓或者是自己的侍女，想方设法献给裴晋公。裴晋公也只好假戏真做，来者不拒，统统接纳。

才艺出众的黄小娥

花开两朵，各表一枝。有个晋州万泉人，姓唐名璧，字国宝，普举为孝廉。最初做过括州龙宗县尉，后来又任越州会稽丞。当初在家乡时，唐璧聘了位太学的女儿黄小娥为妻。只是当时小娥在稚龄，不适婚嫁。等到小娥成长，唐璧却两任游宦，都在南方，如此时日蹉跎，至今未成婚配。如今小娥年方二九，生得面似堆花，体如琢玉，又精通音律，凡箫管琵琶之类，无所不工。

晋州刺史为了奉承裴晋公，想要选取一群美貌歌姬进奉，已经有了五人，但还缺一个绝色掌班的。闻得小娥之名，又想小娥乃太学之女，不可轻视，便捐钱三十万，嘱托万泉县令求聘小娥。黄太学回道："小娥已经聘了人家，实在不敢从命。"县令再三强求，太学一直没有答应。

时值清明，黄府举家扫墓，独留小娥一人在家。县令探听到消息，亲自到黄家搜出小娥，用肩舆抬着，派出两个稳婆相陪，直接送到晋州刺史衙门，硬将三十万钱撇在黄家，作为小娥的身价。等到黄太学回来，才知道女儿被县令抢走了。他急忙赶到县里，小娥却已被送往州里。他又赶到州里去求见刺史。刺史说："你女儿才色过人，一入相府，必定会得到相爷的恩宠，不比嫁给别人做个黄脸婆强吗？况且你拿了我的聘礼六十万钱，何不把这些钱给你那准女婿。让他再找一个，另行婚配。"黄太学说："县令趁我去扫墓，把钱强行留下，并未当面交付给我。况且那钱只有三十万，现在一人不少的全在这里。我只要我的女儿，不要这钱。"刺史拍案大怒："你得财卖女，却又瞒过我的三十万钱，还要在这里强辩，是何道理！你女儿现在已经被送到晋国公府中了。你自己去找你女儿吧，再在这里搅乱公堂，没你什么好处！"黄太学见刺史发怒，又出言图赖，再也不敢开口，两眼含泪而出。他在晋州守了数日，想要见女儿一面。可一直没有女儿的音信，只得离开晋州，苦兮兮地回县里去了。

却说刺史花重金置买异样服饰、宝珠璎珞，将那六个女子打扮得天仙一样，整日在衙中操练舞乐。等到晋公生日将近，亲自将她们呈献，以作贺礼。那刺史费了许多心机，破了许多钱财，就是要博取相国一个欢心。谁知相国府中歌妓舞女成行，名地所献美女无数。这六人也只能凑个热闹，相国也无意看在眼里，记在心上。

再说唐璧在会稽任满，应该得到升迁。想起黄小娥如今已长大成人，不如先回家完婚，再赴京复命也不晚。拿定了主意，他当下就收拾宦囊，先赶回家乡。到家次日，唐璧就去谒见岳丈黄太学。黄太学知他为婚事而来，不等他开口，便将小娥被抢一事，一五一十说了。唐璧听后，如五雷轰顶。他呆了半晌，咬牙切齿地说道："大丈夫浮沉薄宦，连自己的妻子都保不住，还活着干什么？"黄太学劝道："贤婿英年才望，将来自会有一场好姻缘。我女儿没有这个福气，遭此强暴；贤婿也不要过分伤心，有误自己前程。"唐璧愤怒不已，要到州官县衙理论。黄太学又劝道："人已经被抢了。再去，也没什么好处？况且此事涉及裴相国，如今他一个之下，万人之上，倘若失去了他的欢心，恐怕不利于贤婿的前程呀。"于是命人将那三十万钱抬出，交给唐璧，说："将这些钱权抵婚聘之费。当初您以一件玲珑美玉作聘礼。如今，该物尚在小女身边，我也还不得你了。还望贤婿以前程为重，不要因为这一挫折，误了自己的大好前程。"唐璧双泪横流道："我如今已年三十，又失此佳偶，我这辈子就这样了。浮名薄利，实在误人呀。从此，我怕是再难进取了！"说完，唐璧悲痛欲绝，黄太学也伤心痛哭起来。唐璧哪里肯要这些钱，径自回家去了。第二天，黄太学亲自到唐璧家，再三解劝。让他早日赴京听调，得了官职，然后再寻良姻。唐璧自然不肯，此后黄太学连日解劝，他自思在家气闷，不如到长安先走一遭，也好排遣一下。于是，唐璧便匆匆起程。黄太学将三十万钱暗中放在他的船上，嘱咐下人："开船两日后，再将此事告知你家主人，让他拿这些钱在京中计个美缺。"两日后，唐璧见了这些钱，又是一场伤感，他吩咐手下："这是黄家卖女之物，一文钱也不能动。"到了长安，雇人挑了行李，在裴相国府侧，寻了个店房，以便打探小娥的消息。过了一夜，第二天一大早，他便到吏部报到，将历任文簿查验过后，回店吃饭，便又到相府门前守候。可是，一直守了一个多月，哪里能传得进去半个字。真是侯门深似海，从此萧郎陌路人啊。

一日，吏部挂榜，唐璧授湖州录事参军。这湖州地处江南，是唐璧熟游之地，倒也乐意前往。有了诰敕，上任有限期，延误不得。他只好先放下小娥之事，收拾行李，径自雇船出京。真是天有不测风云，刚行到潼津，唐璧便遭到了抢劫。原来全是那三十万钱惹的祸。这伙强盗从京城一直跟到潼津，背地里串通了船家，等到夜深人静，便一齐下手。也是唐璧命不该绝，当时他正在船头，看见形势不对，便急忙跳水，上岸逃命。这伙强人劫了钱，连船也撑了去。可怜那苍头也不知是死是活。被劫走了那三十万钱和行囊，倒还是事小，要命的是赴任文簿和朝廷诰敕，都丢了，官也做不成了。唐璧一时间上天无路，诉地无门。自己暗自思量："我怎么如此倒霉，一事无成！若回家乡，又有何面目见家乡父老？再回京师，向吏部衙门投诉，奈何身边没有半文盘缠，这可如何是好？这里又没有认识的人能够借些盘缠，难道让我乞讨不成？"他想到了投河一死，了此一生，但又想道：“堂堂男子汉，难道就落个如此结果！不甘啊，不甘！”他思前想后，不禁潸然泪下。他哭了又想，想了又哭。左盘右算，还是无计可施。

可世上还有绝处逢生一说。唐璧正在那里饮泣不已，不期，有一位拄拐杖的老者过来问道：“官人为什么如此伤心？”唐璧便将赴任被劫一事告诉了老者。老者道：“原来是一位大人，失敬了。舍下不远，请到舍下一叙，再作计较。”老者道：“老汉姓苏，儿子名叫苏凤华，现任湖州武源县尉，正是大人属下。大人赴京，老汉愿资助你盘缠。”便命人准备酒饭招待，又取出一套新衣，让唐璧换上。

唐璧又返程到京，到吏部门上，将情由禀知了吏部。那吏部堂官说：“诰敕、文簿都丢了，毫无凭据，难辨你的真伪。”唐璧一连去求了五日，也没个结果。身边的银两，也都在衙门中花光了。回到店中，心中叫苦，泪眼汪汪，心乱如麻，坐在那里发呆。

此时，只见外面走进一人，约莫五十余岁，头戴软翅纱帽，身穿紫裤衫、挺带、皂靴，好像个押衙官的模样，踱进店来。见了唐璧，相互作了个揖，然后对面坐下，问道：“阁下何方人氏？到此有何贵干？”唐璧道：“官人不问犹可，若问我，一时间也诉不尽我胸中苦情啊。”一句话还没说完，早已泪流满面。紫衫人说：“你碰

黄小娥花园情思

上什么事了？说与我听，也可商量一下，出个主意。”唐璧便把遭遇说了一遍。紫衫人道：“中途被劫，并非己过，何不将情由告诉吏部，重给告身。这有什么难的？”唐璧道：“去求了几次，无凭虚言，谁会信我。紫衫人道：“当朝裴晋公屡次救助落难之人，你为何不去求他？”唐璧听后，哭得更加凄然，他道：“您快别提裴晋公这三个字，提到他，更让我心如刀割呀！”紫衫大人惊，道：“阁下何出此言？”唐璧道：“我幼年时定下一门亲事，因屡次任职南方，所以至今未曾完婚，不想却被州县夺去，献给裴晋公。此事虽不怨裴晋公，但是裴公受之，不也是他拆散了我们夫妻吗？如今我怎么去见他？”紫衫人问道：“您的原配姓甚名谁？当初的聘礼是什么？唐璧道：“原配姓黄名小娥，聘物是碧玉玲珑，现在就在她那里。”紫衫人道：“我是裴晋公的亲校，能够出入他的内堂，我帮你访查一下。”唐璧道：“既入侯门，怕再无相见之日。只求您帮我给她带个信，让她知道我的心意，我死也瞑目了。”紫衫人道：“先生暂等。明日此时，一定给你个好消息。”说罢，拱手道别，出门而去。

唐璧左思右想，懊悔起来，“想必那紫衫押衙官，肯定是裴晋公的亲信，晋公派他出来打听事情。我方才不合时宜，议论了晋公几句，颇有些怨愤之意。倘若让晋公知道，激怒了他，那可惹祸不小！”心中好生不安，辗转难眠，一夜也不曾合眼。好不容易捱到天亮，梳洗罢，便去裴府打探消息，也只听说裴公休假在府，未曾外出。虽见文书来往，奔走不息，却不见昨天的那个紫衫人。天晚回店，正欲歇息。突然外面匆匆走进两个官差打扮的人，来人开口便问：“哪一位是唐璧参军？”吓得唐璧躲在一边，不敢应答。店主人走来，问道：“二位何人？”那二人答道：“我们是裴府堂吏，奉令公之命，来请唐参军到府讲话。”店主人指着唐璧道：“这位便是。”唐璧只得出来相见，说：“我并未要见令公啊，为何召我？不去行吗？”堂吏说：“令公现在等着您呢，参军不要推托。”三人一起前往裴府。到了裴府堂外，堂吏说：“参军稍坐，容我等禀过令公，即可相见。”两个堂吏进去，不多时，又出来道：“令公请您进去相见。”唐璧跟着，一路拐弯抹角走来，只见灯火辉煌，照得如同白昼。到了厅堂，只见两列纱灯，中堂立着便服主人，拱立而待。唐璧慌忙拜伏在地，汗流浃背，不敢仰视。令公命人扶起唐璧道：“咱们私下里相见，何来那么多礼节？”便教看坐。唐璧拿捏着坐了旁侧。偷眼望时，令公竟是昨天遇到的那个紫衫人。愈加惶恐，捏着把汗，大气也不敢出。

原来裴令公没事时，常在外面微服私访。昨天偶尔进了那家客店，碰到了唐璧。他回府便查黄小娥其人，唤来一见，果然十分好姿色。令公问她来历，与唐璧所说无二，又让她拿出碧玉玲珑一看，只见她紧紧地戴在胳膊上。令公甚是怜悯，问她：“你丈夫在此，想见他一面吗？”小娥流泪道：“红颜薄命，必是无缘。见与不见，只在令公一念之间，岂是贱婢能定的。”令公点头，且让她退下去，秘密吩咐堂吏，为小娥准备千贯嫁妆，又准备好了一份空头诰敕，填了唐璧的名字，差人到吏部查了他的履历，又授予他湖州参军官诰。这些事都做好后，才把唐璧请了来。唐璧满腹狐疑，哪知这是裴令公的一片美意。

裴令公对唐璧说：“昨天听你一番倾诉，方知是老夫误了你们琴瑟之乐，老夫难辞其过呀。”唐璧离席下拜，道：“鄙人身遭颠沛，心神颠倒，昨日言语，多有冒犯，自知死罪，还望令公海涵。”令公扶起唐璧道：“今天就是个好日子，老夫权做主婚，与阁下完婚，还有点薄礼，聊表老夫赎罪之意。”唐璧想问赴任之事，忽然听得室内一阵乐声嘹亮，来了红灯数对，两队女乐前导，几个押班老妈和养娘，簇拥着如花似玉的黄小娥下来。唐璧慌得又想躲避。只听老妈道：“请二位新人就此行婚礼。”养娘铺下戏毡，黄小娥和唐璧站在一起，朝上拜了四拜，令公在旁答揖。肩舆早已在厅堂外伺候，小娥登舆，一路抬到店中去了。令公吩咐唐璧完婚之后，快快赴任，勿误良期。

唐璧回到店中，听得人声鼎沸。举眼看时，只见店中摆列得绵帛盈箱，金钱满箧。有个堂吏守着，等唐璧来亲自交与。又有个小箧子，是晋公亲封，拆开看时，是授予唐璧湖州司户参军的官诰。唐璧当夜就与黄小娥洞房花烛，自是喜不自胜。

唐璧此时就像是十八层地狱的苦鬼，直升至三十三重天上去了，要不是裴令公仁心慷慨，怎得此十分圆满？次日，唐璧又到裴府拜

裴度义还原配

谢，令公早已吩咐门吏不劳相见。唐璧回到店中，与小娥收拾好行装，在京中又买了几个僮仆跟随，顺道先回家乡报喜。小两口儿回到家乡，拜见岳丈黄太学。一家人好似枯木逢春，欢喜无限。过了几日，夫妇二人相偕赴湖州上任。唐璧夫妇感念裴令公大恩，将沉香木雕成令公小像，朝夕拜祷，愿他福寿绵延。后来令公寿过七旬，子孙蕃衍。古人都以为这是令公广积阴德所致啊。

裴航遇仙记

河东裴氏家族有个叫裴航的秀才，他考试落榜后，在湖北一带出游。在拜访老朋友崔相国时，赠钱二十万，因而他有钱雇用大船游玩于襄阳和汉水一带。同船的樊夫人生得天姿国色，裴航很爱慕她，常常隔着帷帐与她交谈，但却无法深入交往。有一天，裴航贿赂侍女袅烟，将写好的一首诗转给樊夫人，诗云：

同为胡越怀恋想，况与天仙隔锦屏。

倘若玉京朝会去，愿随鸾鹤入青云。

诗送去后，许久不见回音。裴航几次问袅烟，袅烟说：“娘子见你的诗好像没见一样，我有什么办法？”裴航无可奈何，又沿路买了一些好酒和水果送给她。

铜镜上的裴航遇仙故事

一日，樊夫人相邀裴航进来陪酒，拉开窗帘，只见夫人肌肤如玉，面如桃花，云鬓低垂，蛾眉淡修，行为举止，十分得体，眼睛久久地凝视着他。夫人说："我的丈夫在汉南，他想弃官隐居山林，这次是叫我来道别的，我很高兴与你同舟而行。我们开玩笑的话，请你不要放在心上。"裴航喝完酒就回去了。夫人后来写了一首诗，叫袅烟转达给裴航，诗曰：

一饮琼浆百感生，玄霜捣尽见云英。
蓝桥便是神仙窟，何必崎岖上玉清。

裴航读了，不理解诗中含义。后来夫人便不愿再见他，只是叫袅烟转达几句问候话而已。

到了襄汉后，夫人和她的女仆们不辞而别。裴航到处打听不到她们的下落。后来在蓝桥驿附近，他因口渴找水喝而来到了几间又低又矮的茅屋前，有一个老太婆在屋里织麻布。裴航向她行礼讨水喝。老太婆叫道："云英，拿一罐水来。"裴航感到惊讶，想起樊夫人的诗中有"云英"一词，当时还不理解。一会儿，苇篷下面一双洁白的手捧着瓷罐。裴航接过来喝了，真是琼浆玉液，味道好极了。同时，他还闻到一股子屋里飘来的香气。裴航送还瓷罐时，突然揭开苇篷，见一个女子，面如白玉，发似乌云。她扣着脸，遮蔽着身子，幽谷的红兰也比不过她的芬芳和美丽。裴航惊讶不已，他的脚像生了根似的迈不动了。他对老太婆说："我的仆人饿了，马也乏了，想在您家中休息，若能答应，将感激不尽。"老太婆说："请自便。"于是按照她的吩咐为仆人做饭，又喂了马。

过了一会，裴航向老太婆说："说实在的，我看见这位云英姑娘，姿色艳丽惊人，所以舍不得离开这里，我愿以重礼来迎娶她，不知老妈意下如何？"老太婆说："我现在年老多病，只有这一个孙女，昨天有神仙给我一些灵丹，说是用玉杵臼捣碎，一百天后才可以吞服，从此可以长寿。你想要我家孙女，若能送我一个玉杵臼，我就答应这桩婚事。"裴航向她拜谢时说："我在一百天内，一定把玉杵臼拿来，你不要将孙女另许他人。"老太婆说："当然。"

裴航回到京师，全不把应考放在心上，只是在街坊闹市高喊求购玉杵臼，但一无所获。有时遇到老朋友也像陌生人一样，不打招呼，大家都以来他疯了，都称他狂人。一个月后，他偶然遇到一个卖玉的老翁，老翁说："最近虢州药铺卞老给我来信说，他有个玉杵臼要卖，你这么急切要买这件东西，你去找他吧。"裴航到了虢州，找到了卞老。卞老说："不给我二百吊钱我不卖。"裴航把袋里的钱全掏空了，把仆人和马也都卖掉了，才凑足了这个数目，他步行回到蓝桥。

老太婆笑道："有如此守信的人，真难得。我应该好好酬谢你！"老太婆从腰间把药拿出来，裴航接过来就动手捣碎。他白天干活，晚上休息。夜里老太婆把药藏在屋里。裴航又听到捣药声，他偷偷往屋里瞧，只见一只玉兔拿着杵臼，满屋通亮，毫芒可见。于是，裴航的意志更坚定了，就这样捣了一百天，老太婆拿去吞服了。他说："我要到小洞中告诉亲戚们，为我孙女准备嫁妆。"她带着孙女进山之前告诉裴航说："你在这里稍等片刻。"不久，马车仆人将裴航接走了，裴航看见一个深宅大院连接着天上的彩云，镶着珠宝的大门在阳光下闪烁。里面有帷帐屏风，翡翠古玩应有尽有。仙童侍女，引导裴航进入帷帐就座。裴航拜见老太婆，感激得热泪满面。老太婆说："你本是清冷裴真人的子孙，已到成家立业的时候了，不必感谢我这个老太婆。"裴航见到的宾客多是仙界中人，后面有一个仙女，头扎云鬟，身穿紫衣，自称妻姐。裴航拜见后，仙女说："裴郎不认识我了吗？"裴航问："我们以前是亲戚吗？怎么从未曾拜见呀。"侍女说："你还记得在湖北同舟共行的事吗？"

裴航大为惊叹，诚恳地表示感谢，后来别人告诉他："那是小娘子的姐姐，刘纲仙的妻子云翘夫人，他是玉皇的女儿。"老太婆将裴航和他的新婚妻子安排在玉峰洞中，给他服下绛雪仙丹，裴航的身子和性格都渐渐变得清虚起来，毛发青绿，被超度为上仙。

裴舜卿与李慧娘

这是一个凄凉而悲壮的故事，这是一场正义与邪恶的搏斗，这是一对凤龙相配的美丽传说，这是一曲生死相恋的颂歌。

《李慧娘》剧照

北宋靖康蒙难，中国的两个皇帝被金国掳去，成为奇耻大辱。山西境内更是惨遭金兵铁蹄践踏之苦，百姓处于水深火热之中。闻喜裴柏村的裴彪和邻村的李虎、贾似道三个青年，自幼一起嬉笑玩耍，一起上山打柴，下河摸鱼，成为形影不离的好友。由于家境贫穷，贾家未能娶亲。裴李两家换亲，才各自完婚。两对夫妻恩爱，裴家喜得贵子，取名舜卿，希望在长大后在朝为官，仿效舜帝，为百姓谋幸福。李家一年后喜添千金，从小聪明伶俐，长得十分秀美，同她的名字“慧娘”一样美丽。裴李两家亲上加亲，舜卿和慧娘更是两小无猜，亲密无间，长到十几岁，青梅竹马的他们各自心中久存爱意。

裴彪、李虎、贾似道都是热血青年，眼看山河破碎，民不聊生，便告别家人，结伴投奔岳家军，抗击金兵，保家卫国。在军中裴李二人冲锋在前，英勇杀敌，都被提升为将军。一次战斗中，裴彪面对强敌，勇猛冲杀，英勇牺牲，而贾似道却贪生怕死，无耻地投降了敌军，金国派他返回南宋首都杭州，作为内应。由于他钻营取巧，献媚取宠，深得高宗的赏识，加之他陷害身为西路军主帅的李虎，取得李虎叛国通敌的“罪证”，以莫须有的罪名将李虎杀害于红梅亭。贾似道为了得到美若天仙的李虎夫人裴氏，又假惺惺地救出裴氏夫人和慧娘小姐，私藏于府中，好一个歹毒的一箭双雕之计。由此，他爬上了一人之下万人之上的平章宝座，成为权倾朝野的相爷。

贾似道依仗权势，贪污贿赂，买卖官爵，强占人妻，霸占田产，无恶不作，过着极端奢侈的生活，自认为十分得意。但他无论怎样对裴夫人用心，裴氏都不为所动，相反裴夫人还得到了贾似道叛国投敌的重要证据。贾似道惊恐不已，将裴夫人残酷地杀害。这时李慧娘已年满十四岁，探知父母被害原因，决心忍辱负重，寻找母亲收藏贾似道投敌的罪证，为父母申冤。她在贾府认真读书，努力习武，针织刺绣，琴棋书画，弹唱歌舞，无所不能。长到十七岁，貌若天仙，成为贾府歌姬班的领班。

再说裴彪将军为国捐躯，舜卿母子得到朝廷关照，母子居住杭州，日子虽然清苦，倒也能让舜卿进学堂读书，舜卿潜心读书，与母亲李氏相依为命。他十分争气，十五岁便中了秀才，十八岁就中了举人。加上他风流倜傥，一表人才，且为人正直，疾恶如仇，深为世人折服。他耳闻目睹贾似道的罪行，就上书朝廷，参了他一本，从此成了贾似道的眼中钉。贾碍于裴舜卿少年得志，父亲又是功臣，才不敢贸然对舜卿下毒手。

这年中秋过后，贾似道带上歌姬班，登上楼船画阁，泛舟西湖，与其帮凶们狂酒欢歌，声色犬马，搞得西子湖乌烟瘴气。

裴舜卿与同伴在西湖堤岸上以文会友，见湖中情景，怒发冲冠，指名道姓大骂贾似道，历数他的罪行。这时歌姬领班李慧娘，听到少年书生怒斥权奸，心中十分畅快。循声望去，只见堤岸上的青年眉清目秀，白皙的脸上因怒愤而涨成红色，似是表兄裴舜卿，不禁脱口而出："美哉！少年。"

贾似道荒淫无耻，一心想得到酷似母亲的慧娘，多次被慧娘机智地逃出魔掌而免受凌辱。贾听到慧娘称赞大骂自己的舜卿，不禁暴跳如雷，兴致全无，急命回府，来到他的逍遥宫——半闲阁。贾似道留下慧娘问道："那个骂我的小畜生名叫裴舜卿，是你的表兄，你与他如何？"慧娘坚定地回道："我的心已许裴郎，生是裴家的人，死是裴家的鬼，我心不二！”贾说：“老夫全成你们，与你们做主完婚如何？”慧娘答曰：“若能如此，我心甘矣。”贾说：“不过你要给我一样东西。”慧娘问：“什么东西？”贾道：“就是你母亲生前藏着，被你找到的东西！”慧娘暗想：那可是你叛国的罪证，但口中答道：“我不知是什么东西！”这时贾似道撕下了假面具，恶狠狠地说：“那东西，你交不交？”慧娘义正严词：“我不知道！”贾恼羞成怒，狠狠一巴掌打得慧娘口鼻流血，继而摔倒在地。

李慧娘不屈地从地上爬起来：“呸！你要东西，休想！”一口血水吐在贾的脸上。贾疯狂至极，抽出宝剑，凶狠地将慧娘刺死。又残酷地将慧娘的首级割下，装在木匣里，去恐吓一班歌姬们。将慧娘尸体埋在红梅亭下，此是后话。

贾似道一不做二不休，再生奸计，仿造慧娘书信，骗裴舜卿半夜进贾府后花园。黑暗中，舜卿绊倒在慧娘尸体上，摸到胸部血迹，大叫起来。这时灯火齐明，众恶将进入陷阱的舜卿绑住，立即升堂，拷问夜闯官衙，以逼舜卿留下刺杀朝廷命官的口供。这时舜卿已十分清醒，知道贾似道的恶毒用心，因而正气凛然，至死不招，反而破口大骂贾似道的滔天罪行。贾无计可施，只得将舜卿囚禁于府中。

李慧娘冤魂不散，见裴郎折磨得遍体鳞伤，不禁怨气冲天，直入地府到处闯荡，连声大喊：“冤啊、冤！”也是苍天有眼，地府开门，慧娘遇上了正直的明镜判官带一班小鬼在值夜巡查，听完了冤魂慧娘的哭诉，大起恻隐之心，决心帮慧娘救出裴郎，昭雪李虎一家三口的沉冤。立即赐给慧娘法力无边的神扇一把，送慧娘返回人间。

李慧娘怕吓到裴郎，化装成白天领班的模样，神扇打开囚室，拜见表哥舜卿，说明父母冤情，诉说相思之苦，俩人抱头痛哭。这时三更鼓响，慧娘更加悲愤不已，五更前必须返回地府。在舜卿的反复追问下，无奈何，慧娘只用神扇将他救醒。舜卿清醒之后，更加仰慕慧娘的烈性，发誓道：“慧娘，是鬼，我也要同你一起！”于是二人对天地拜了几拜，结为夫妻。正在深情拥抱之际，四更鼓响，贾似道派爪牙已到，挥刀行刺舜卿。慧娘眼疾手快，用神扇挡住，拼命保护裴郎，同刺客英勇搏斗，战胜刺客，将其打死。并将刺客手中的火把扇起大火，将贾贼的逍遥宫——半闲阁烧毁。

慧娘和舜卿在贾府一片混乱之中，取出母亲收藏的贾贼叛国投敌的罪证。慧娘一手摇动神扇，一手抱起裴郎，飞奔午门。击鼓请出高宗，呈上贾贼的罪证，面奏皇上。高宗闻奏，龙颜大怒，即诏令御林军包围贾府，捉拿钦犯贾似道。同时安抚舜卿、慧娘二人。赐舜卿为进士，封翰林院编修，封慧娘为诰命夫人。重修李虎、裴彪夫妇陵墓，彻底平反，昭雪沉冤。

舜卿、慧娘二人又将慧娘已成贾贼剑下之鬼的实情奏出，高宗实为惊异，继而深为感动，下诏在红梅亭旁修建高大的忠贞烈女牌坊，再立“裴府李氏慧娘诰命夫人”墓碑一座，旌表慧娘的功德！此时五更快到，慧娘叩头谢恩，又拜别裴郎，将身一转，只见一缕缕青烟，簇拥慧娘忠魂腾空而去，既而消失。舜卿悲痛欲绝，哭倒在金銮殿上。高宗亲手扶起，再三抚慰。

几个月后，贾似道被绑缚在忠贞烈女牌坊前斩首示众，取下首级，供在慧娘的墓碑前，奠祭慧娘的忠魂。舜卿在红梅亭下修建小屋三间，供上慧娘的灵位，早晚拜祭，长年厮守，终身不娶。

几十年过去，那天是慧娘五十周年忌日，雷电交作，狂风暴雨。十分苍老的裴舜卿顶风冒雨，跌跌撞撞来到慧娘墓前祭拜，只听得一声震耳欲聋的炸雷过后，坟墓裂开，慧娘徐徐走了出来，和跪倒在地的舜卿拥抱在一起，随后变成一只金色的凤凰盘旋在舜卿头上。舜卿摇首一变，成为小白龙，龙凤飞舞，直上九天。美丽的西子湖，几百年来，留下裴舜卿和李慧娘的美丽传说。正是：

闻喜三人，彪虎道，年少志高。战沙场，裴李争俏，贾投敌靠。国仇家恨誓死报，忍辱负重强欢笑。李慧娘，烈女训尔曹，英气豪。

裴舜卿，私心抛，勤发奋，喜迎考。斥权奸，敢叫恶者发毛。生死相恋传佳话，人鬼厮守多美好。悲壮曲，颂龙凤呈祥，到今朝。

第三节　传　说

裴度显灵

在裴柏村的方圆百十里，很多人都看到过这样一个神奇的景观。每当春夏初交，天气晴朗之际，在太阳冉冉升起的时候，站在晋公祠前，向西遥望，在裴柏村的南岭上有一株千年古柏，这也是裴柏村的历史象征，但故事就发生在这株古老的树上。每逢此时，就可看见在这个柏树的第一个树杈之间，踡坐着一个长发飘飘的白须老翁，慈眉善目，微微含笑，似在看书，又似在倾诉着什么……最初发现的人们感觉十分神奇，以为是幻觉，可越是仔细看，越觉得神似。一传十，十传百，大家都争相前来观看，有的还不止一次看到了这个奇异的景象。人们纷纷猜测，说这是裴度宰相显灵了。都说是裴度闻听太平盛世要开发裴氏文化，重建故里，十分高兴，便自现身形，想要告诉大家什么。裴度博古通今，仿佛看见他正查阅古书，观其地理以定开发整体布局；也有的说裴度精通医术，这些年灾祸不断；各种疫情流行，危害百姓健康，便显灵感泽盛世，要行医救民，为故里做点贡献。听说裴度显了灵，当地的裴氏后裔和广大群众，都纷纷自发前来拜谒。人越传越多，事越传越神。人们便把这颗古柏奉为神树，披红挂彩，年年前来为裴度接灵，尤以清明之前为盛。就在最近几年，人们还常常能看到这种景观的出现。因此，这棵树下常常烟雾缭绕，求医拜药者络绎不绝，使一度冷落的村里热闹起来了。

神柏“罹难”

裴柏村古时因柏树成林而得名，流传至今。经千年沧桑，绝大部分的古树都陪同裴氏家族的风流人物随历史而远去。仍有几株蔚蔚长青，在昭示着裴柏村往古的神奇。金鸡岭就因有其中一株古柏状似鸡冠而得名。这棵古柏虽历数千年的磨难，至今仍挺拔青翠，成为裴柏村的象征。

但就是这颗柏树，在20世纪90年代又经历了一场灾难，有的人提及这件事现在仍心有余悸，因为现在还有很多人记得。那是一个刚入秋的下午，邻村偏店村的几个顽童十分淘气，玩要时相跟来到了金鸡岭上，当时地里还没有瓜果梨桃，玩了一会玩不出劲，他们几个一商量、一会意，就将从家里带的一瓶柴油灌进已经空心的这颗树干中，然后点燃了。熊熊的烈火从下面看映红了半边天际，在地里干活的人们一看柏树着火了，纷纷挑水直奔岭顶。但油性的柏树加上柴油的威力，水浇上去反倒是火势不减。情急之下大家用铁锹剜土以掩火势。随着上来的村民越来越多，又是浇水，又是填土，柏树总算是保住了。可是大家一看，这颗老柏树只剩下了树干和无奈向前延伸，光秃秃的树枝，十分凄惨。

神柏“罹难”

当地裴氏后裔看在眼里痛在心里，认为这颗象征着裴氏先祖自强不息的精神支柱无端地给毁了，决心要找纵火者算账。可是一打听，都是邻村的几个十岁左右的小孩子，他们也无法追究。因没保护好的先祖遗物，心中隐隐作痛，悔恨交加，无力回天。肇事的孩子们的长辈，听说了此事，知道惹了大祸，先是把他们狠狠地揍了一顿，然后又是磕头，又是烧香，以求得到裴氏先祖的保佑和后裔们的原谅。事已至此，他们只有在心底默默地祈祷先祖们有灵庇佑这颗老柏，能重焕新姿。为此，裴氏后裔们不知往岭上跑了多少趟，打探消息，都无功而返。

冬去春来，岭上忽然传来消息，说是这颗柏树的北边枝头有发芽的迹象，大家奔走相告，急拜先祖有功，天佑裴门。而今，这颗裴柏精神的化身，虽经历了这场罹难，一半已被烧毁，只有一半又呈现出当年的郁郁葱葱景象，挺拔屹立，生机勃发，见证着裴氏家族的古往今来，受到世人敬仰。

金山寺与法海洞

在江苏镇江的金山寺有一古法海洞，又名裴公祠，传说是纪念裴头陀的，他的法号叫法海。

在神话故事《白蛇传》中，法海是一个阻挠破坏青年美满婚姻的恶僧，可历史上的法海却是一位有德有为的高僧。他父亲裴休是唐朝宣宗皇帝的宰相，十分信佛，认为富贵荣华不如出家好，因而决心送子出家为僧。裴头陀出家在江西庐山，取名号为法海。在庐山参禅修炼了悟之后，决心找一个山清水秀与世隔绝的古刹，念经修行，弘扬佛法。他离开庐山，乘船来到镇江，但见此处有山有水甚合心意，便弃舟上山。可到山中一看，见寺庙已破败残缺，一片凄凉。经过询问才知道，原来有一条白蟒盘踞在半山悬崖的洞里，经常出来伤害香客和游人，造成香火稀少，寺庙败落。法海决定在此驱赶白蟒，直到把白蟒赶到东海里去以后，他自己在这个山洞住了下来，发誓修复这座古寺，并染指一节，以铭心志。一天他与众僧在江边挖土，挖出一批黄金，上报朝廷后，唐宣宗将这批黄金赐给法海，作为修复庙宇之用，并敕名金山寺。

法海圆寂后，肉身不腐，徒弟门把他的肉身装金，供在洞中让世人瞻仰。后来因社会混乱，肉身损坏，人们又雕了一尊法海石像供在洞中。宋代名士张商英来金山寺游览后，作诗一首赞誉法海和尚：

半间石室安禅地，盖代功名不易磨。
白蟒化龙归海去，岩中留下老头陀。

裴氏大坟无碑之谜

在闻喜县城东二十多公里处，北自峨嵋岭，南至中条山，绵亘数十里的凤凰岭上，状如小丘般的坟冢大概九十六座，全系我国古代第一大姓——裴氏家族的坟墓。这么多的坟冢，全是光秃秃的，既没有一具石人石兽，更没有一块墓碣碑文，这究竟是何人的墓冢呢？

闻喜裴家自汉唐以来，做丞相的就有五十九人，大将亦有数十员，像裴秀、裴松之等科学家、文学家亦是为数不少。最为显赫的要数唐朝的名相裴度了，裴度历任唐朝宪宗、穆宗、敬宗、文宗四代宰相，世传他曾十拜相诏，四登师垣，五领节度，三任军中主帅。有诗曰：策平淮西一千里，身系唐朝三十年。他生前对唐朝既有这么大的丰功伟绩，人传四代帝王对他的赏赐当然也很多了。死后，人们猜疑他的殉葬物一定不少，但他究竟葬于何地？谁也难说清楚，有的说京城长安：有的说淮西汝南；有的说河南洛阳，还有的说就在故里闻喜。可是一人的尸棺只能埋葬在一处，其余定是衣冠冢了。唐文宗开成四年（839 年）裴度故后，于是在裴度故乡这前有董泽湖之碧波，后有紫金山之岗阆。条山似屏嶂，涑水如环带，钟灵毓秀的凤凰垣上自裴茂、裴松之之后也新添了裴度之墓。

唐朝末年，沙陀李克用自恃平乱（镇压黄巢农民起义）有功，专横跋扈，不可一世。他出任河东节度使时，一日闲暇无事，竟想发掘裴度之墓。人们告诉他说：“闻喜的裴度墓乃一衣冠冢。”可李克用说：“凭裴度生前之显要，尽管是衣冠冢，其中也定有不少殉葬财宝，反正我已定下此意，非将其掘出不可。”一天他以狩猎为名，领了大队人马，朝辞河东，暮到闻喜。看看天色已晚，索性就在闻喜县衙安歇，以期明早到凤凰垣掘墓。谁知到了夜里，乌云密布，电闪雷鸣，狂风怒吼，飞沙走石。一夜之间，绵亘数十里的凤凰垣上，竟然由于沙土的掩埋，新坟旧冢无法辨认。更认不得哪个是裴度之墓了。当此消息传出后，人人称奇。早有人将此消息报于李克用得知，李听了后，惊奇之余，亦很失色。又派探子探了虚实，他暗自思忖：此必是上天有灵，令我勿掘裴公之墓。李克用乃一大野心家，于是他一反常态，令随从备下祭物，亲自到裴柏村裴氏祠堂对裴度进行了祭奠。祭文中竟大颂裴度之功绩以及对其崇拜之敬意。之后他又率领人马仍以狩猎为由，从凤凰原绕行而过，眼瞪着那状如小丘般的大冢，连连兴叹，只得扫兴而去。至此，裴度墓逃过一劫。

在“文革”后期，“大批促大干”的年月，东镇公社仓底大队为了搞什么“人造小平原”，组织全村男女全部劳力，瞅准一个坟冢狠狠挖去。大队的头头们说：“看看能否挖出点什么东西来。”结果，几百号人，几十辆小平车，大挖了一冬一春，只挖了一个大坟的五分之一，也没挖出一点眉目。因怕塌方伤人而告终。

如今那些状如小丘的大冢，在1960年左右平田整地时已经夷为平地，今人更不知那些墓冢是何人了。不过也有人说：“裴氏家族世代居官在外，那些墓群虽有名人之墓，但不树碑石，为防后世人盗墓，在显要人物安葬时，默默派军兵封锁，在埋新坟的同时，差夫役设同样的冢丘，名为疑冢。使后世为非作歹者无法下手。”更有的人说:“裴氏宗族自汉到唐显赫千余年，名人层出不穷，凤凰原上裴氏墓冢无陵园营造，无墓碣碑石，一可免遭他人循名盗墓，二可为国家节约大量钱财，一举两得。此或裴氏家族定的族规，亦是显示了裴氏家族的开明之处。”这些都是有历史原因的。

凤凰原裴氏墓群

慈禧拜谒裴晋公祠

1900年，八国联军侵入北京后，慈禧太后弃城逃往长安。途径闻喜裴柏村时，她知道裴氏家族在历史上非常显赫，两千年间将相接武，是中国历史上的一个传奇的家族；又听说这里曾经出了59

慈禧拜谒裴晋公祠

个宰相、59个大将军和一斗芝麻官。一贯骄横的慈禧，面对“国破山河碎”的狼狈处境，多么渴望有能将良臣为她支撑门面，于是下旨要拜谒裴晋公祠。她走下凤辇，环顾四周，在听取了当地官员介绍裴氏家族和当地的人文景观、风情地貌时，不禁惊讶并啧啧称赞：这里的“董父豢龙”和“九凤朝阳”是龙凤呈祥的上等风水，裴氏家族在此发祥，是上天的安排啊！在晋公祠里，他在“平淮西”碑前站立了很久，当得知该碑文就是体仁阁大学士兼军机大臣祁寯藻所书、大文豪韩愈所撰裴度平定天下的功绩时格外感慨，便说：“果然群英荟萃啊，真是一朝天子一朝臣，如果当今朝中的这些大臣都都能像裴晋公一样，我就不会落到今天这样的地步了。”说完，眼圈一红，流下了几滴泪花。

第五章　文化遗产

第一节　裴氏碑刻

裴柏村是裴氏家族的祖居地，历代在这里竖立和收藏的碑刻很多，由于历史久远，大多遗失。当今，我们能看到的首先是村东紧靠二级公路西边矗立的“唐晋公裴度故里”碑。此碑东面约1000米的地方竖立着“宋丰公赵鼎故里”碑（原来两碑相向约10米而立，赵碑2013年移动），形制和字体完全一致，同为闻喜“邑令河朔古陟州李如兰立”。两碑之间，正是古代官道通过的地方。裴柏村在官道旁边，给生产和生活带来了诸多的方便，更有利于裴氏通过这条宽阔的官道，走南闯北，走向中国社会的大舞台。裴度和赵鼎这两位唐宋的名相，是这一方热土造就出的历史名人，两块故里碑长年累月默然地站立在旷野上，无言地激励着他们的子孙后代。

1975年，省、地、县文物管理部门出资在裴晋公祠遗址上圈筑了围墙，修建了门楼，新添了一座碑馆，将原来散落在宗祠遗址上的碑刻全部有秩序地竖立在碑馆里，保护了这批历史和艺术的珍宝。碑馆里的碑刻现有十余通，包括有神道碑、红事碑、功德碑、墓志铭等，这些都是研究中国历史，特别是研究裴氏家族史的珍贵石质文献。所记载的内容，多数可以弥补正史之不足，除此之外，在文物方面，还有其极高的文学、书法、美术等研究价值，可谓裴氏家族遗产之精华。较为重要的有：北周裴鸿碑、唐裴镜民碑、唐玄宗御书裴光庭碑、平淮西碑、金刻裴氏家谱碑，清刻裴氏家谱碑，还有几通明清时期的宗祠重修记碑。1993 年又从村口出土了“裴氏兄弟积德流芳序碑”，放置在院内。随着裴氏文化的不断开发，不久的将来，裴氏碑馆将以崭新的面貌向世人展示它的不朽历史价值。

碑 刻

裴鸿碑 全称“周故开庭高邑侯裴使君之碑”，是裴氏碑馆内成碑年代最为久远的石刻，距今 1400 多年。裴鸿碑为书法名碑，碑高 154 厘米，上宽 67 厘米，下宽 184 厘米，上厚 25 厘米，下厚 27 厘米，正文隶书有方界格，二十九行，满行 63 字，宽 2 厘米见方，全碑 1770 余字，碑上部严重剥蚀，字迹漫漶不清，识者寥无几字，下部尚好，能辨认者不识半数，难于句读，无法贯通，但书法工丽，堪称碑刻佳品。

益州总管司马裴君碑 又名“裴镜民铭并序碑”，20 世纪 70 年代已被列为“全国书法艺术名碑”。此碑刻于唐贞观年间，距今 1360 余年。由唐初历史学家、官居宗正卿的李百药撰文，行尚书金部员外郎殷令名书丹。1300 多字，楷书工整，史称“不减欧虞”。

裴光庭碑 全称“大唐故光禄大夫行侍中兼吏部尚书裴光庭碑”，是裴柏碑馆的镇馆之宝。刻于唐开元二十四年（736 年），已有 1270 多年历史。此碑是由张九龄领旨撰文，裴耀卿题御书字，李林

裴鸿碑

裴镜民碑

甫题额，褚庭晦磨勒，这些人物全是当朝的重臣名士。碑早年遭破损，下部多半截及碑额、碑座遗失，碑身只剩上部少半截。残高 120 厘米，宽 135 厘米，厚 43 厘米。碑阴阳两面，均镌刻唐玄宗御书。阳面为《裴光庭敕碑》。文为张九龄撰，八行，每行 8 字，共 64 字，字径 10 厘米左右。碑文赞扬裴光庭承当国家重任，能徇忠节。碑阴为《裴光庭碑》。行书，三十行，每行 26 字，字径 3.5 厘米。《山右

裴光庭碑

古石刻丛编》，据拓本录有碑之全文，除上半截，每行26字外，下半截每行还有约46字，这样碑之每行是72字左右，全碑约记2200余字，现存只不过750余字。碑文概述裴光庭之家世及生平历官事迹、颇明晰。经与史校、内容互有详略、相互参证，可窥裴光庭生闰全貌。至其书法，结体风格质朴，运笔潇洒，自然飘逸。站在碑前，可领略和感受一代唐皇的书气神韵。可见唐玄宗不但善于隶书，而且行书更为妍媚动人。

平淮西碑 清咸丰元年（1851年）立。由四通巨碑组成，高2.54米，宽0.92米，一连四石，为方座，全碑中肯地歌颂了唐代贤相裴度力挽狂澜、削平淮西藩镇吴元济叛乱的卓著业绩。唐宪宗元和十二年（817年），裴度以宰相兼淮西宣慰处置使兼彰义军节度使，请韩愈为行军司马，平淮西吴元济。功成，诏撰平淮西碑，多叙裴度事。李愬之妻唐安公主要为愬鸣不平，告了御状。宪宗诏令拽倒碑身、磨去碑文，命段文昌重撰。唐代诗人李商隐有长篇《读韩碑诗》，为韩文叫绝。另有一首《临江驿》诗曰：淮西功业冠吾唐，吏部文章日月光。千载断碑人脍炙，不知世有段文昌。《平淮西碑》重立，既到了清代咸丰元年。道光三十年（1850年），光禄大夫、体

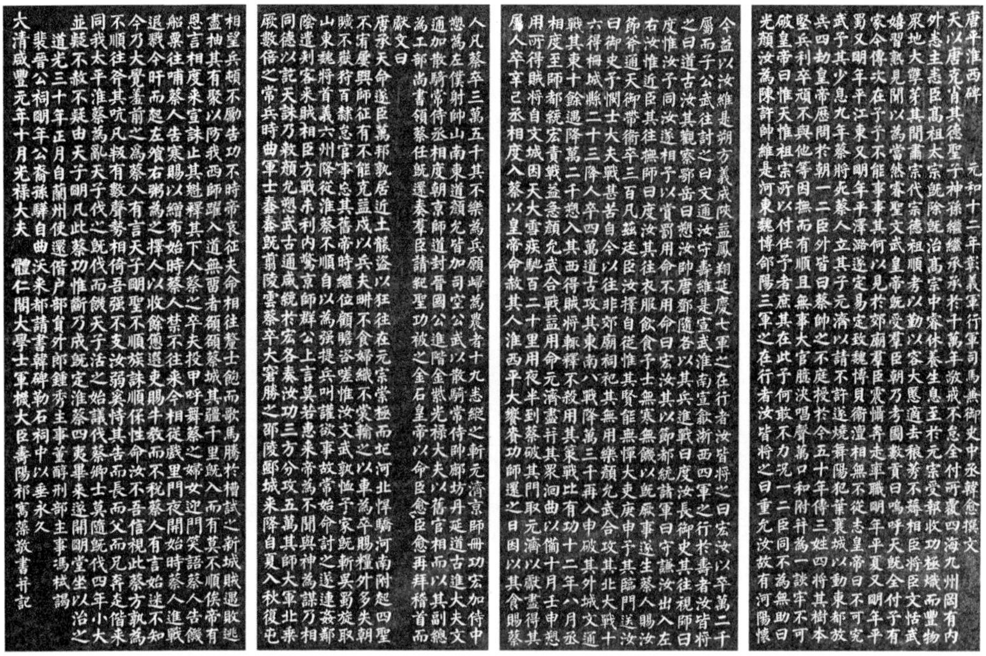

平淮西碑

仁阁大学士、军机大臣寿阳人士祁寯藻与同僚谒晋公祠。次年，咸丰元年，裴氏后裔自曲沃赴京都，请求他书写韩碑，勒石祠中，以垂永久。这就是裴柏村裴晋公祠内平淮西碑的由来。平淮西碑重立天地间，终于吐出了千余年来堵在正直人们心口上的冤气，人心大快。世传此碑为“三绝碑”，即裴度的功绩、韩愈的文章、祁寯藻的书法。祁寯藻（1793—1866），山西寿阳人，是清代道光咸丰时一位十分正直的宰臣。他雅好书法，出颜柳，入山谷（黄庭坚），达到了“大书深刻”之境界。观平淮西碑，四石相连，字体厚重端平，典雅壮丽，或谓字如其人，观者无不惊叹叫绝。

附：

平淮西碑

天以唐克肖其德，圣子神孙，继继承承，于千万年，敬戒不怠，全付所覆，四海九州，罔有内外，悉主悉臣。高祖太宗，既除既治。高宗中睿，休养生息。至于玄宗，受报收功，极炽而丰。物众地大，孽芽其间。肃宗代宗，德祖顺考，以勤以容。大慝适去，稂莠不薅，相臣将臣，文恬武嬉，习熟见闻，以为当然。睿圣文武皇帝既受群臣朝，乃考图数贡曰："呜呼！天既全付予有家，今传次在予。予不能事事，其何以见于郊庙？"群臣震慑，奔走率职。明年平夏，又明年平蜀，又明年平江东，又明年平泽潞，遂定易定，致魏、博、贝、卫、澶、相，无不从志。皇帝曰："不可究武，予其少息。"九年，蔡将死，蔡人立其子元济以请。不许，遂烧舞阳，犯叶、襄城，以动东都，放兵四劫。皇帝历问于朝，一二臣外皆曰："蔡帅之不庭授，于今五十年，传三姓四将，其树本坚，兵利卒顽，不与他等。因抚而有，顺且无事。"大官臆决唱声，万口和附，并为一谈，牢不可破。皇帝曰："惟天惟祖宗所以付任予者，庶其在此。予何敢不力？况一二臣同，不为无助。"曰："光颜！汝为陈许帅，维是河东、魏博、郃阳三军之在行者，汝皆将之。"曰："重胤！汝故有河阳、怀，今益以汝。维是朔方、义成、陕、益、凤翔、延庆七军之在行者，汝皆将之。"曰："弘！汝以卒万二千，属而子公武往讨之。"曰："文通！汝守寿，维是宣武、淮南、宣歙、浙西四军之行于寿者，汝皆将之。"曰："道古！妆其观察鄂岳。"曰："愬！汝帅唐、邓、随，各以其兵进战。"曰："度！汝长御史，其往视师。"曰："广度！惟汝予同，汝遂相矛，以赏罚用命不用命！”曰：“弘！汝其以节都统诸军。”曰：“守谦！汝出入左右，汝惟近臣，其往抚师。”曰：“度！汝其往，衣服饮食予士。无寒无饥，以既厥事。遂生蔡人，赐汝节斧，通天御带，卫卒三百。凡兹廷臣，汝择自从。惟其贤能，无惮大吏。庚申，予其临门送汝。”曰：“御史！予悯士大夫战甚苦，自今以往，非郊庙祠祀，其无用乐。”

颜、胤、武合攻其北，大战十六，得栅城县二十三，降人卒四万。道古攻其东南，八战，降万三千。再入申，破其外城。文通战其东，十余遇，降万二千。愬人其西，得贼将，辄释不杀；用其策，战比有功。十二年八月，丞相度至师，都统弘责战益急，颜、胤、武合战亦用命。元济尽并其众洄曲以备。十月壬申，愬用所得贼将，自文城因天大雪，疾驰百二十里，用夜半到蔡，破其门，取元济以献。尽得其属人卒。辛巳，丞相度入蔡，以皇帝命赦其人，淮西平，大飨赉功。师还之日，因以其食赐蔡人。凡蔡卒三万五千，其不乐为兵，愿归为农者十九，悉纵之。斩元济京师。册功，弘加侍中，愬为左仆射，帅山南东道。颜、胤皆加司空，公武以散骑常侍帅鄜坊、丹、延，道古进大夫，文通加散骑常侍，丞相度朝京师，道封晋国公，进阶金紫光禄大夫，以旧官相，而以其副总为工部尚书，领蔡任。既还奏，群臣请纪圣功，被之金石。皇帝以命臣愈。臣愈再拜稽首而献文曰：

唐承天命，遂臣万邦；孰居近土，袭盗以狂。往在玄宗，崇极而圮，河北悍骄，河南附起。四圣不宥，屡兴师征，有不能克，益戍以兵。夫耕不食，妇织不裳，输之以车，为卒赐粮。外多失朝，旷不岳狩，百隶怠官，事忘其旧。帝时继位，顾瞻咨嗟；惟汝文武，孰恤予家。既斩吴蜀，旋取山东，魏将首义，六州降从。淮蔡不顺，自以为强，提兵叫谁，欲事故常。始命讨之，遂连奸邻，阴遣刺客，来贼相臣。方战未利，内惊京师；群公上言，莫若惠来。帝为不闻，与神为谋，乃相同德，以讫天诛。乃敕颜胤，愬武古通，咸统于弘，各奏汝功。三方分攻，五万其师，大军北乘，厥数倍之。常兵时曲，军士蠢蠢，既翦陵云，蔡卒大窘。胜之邵陵，郾城来降，自夏入秋，复屯相望。兵顿不励，告功不时，帝哀征夫，命相往釐。士饱而歌，马腾于槽，试之新城，贼遇败逃。尽抽其有，聚以防我，西师跃入，道无留者。额额察城，其疆千里，既入而有，莫不顺俟。帝有恩言，相度来宣：诛止其魁，释其下人。蔡之卒夫，投甲呼舞，蔡之妇女，迎门笑语。蔡人告饥，船粟往哺；蔡人告寒，赐以缯布。始时蔡人，禁不往来；今相从戏，里门夜开。始时蔡人，进战退戮，今旰而起，左飧右粥。为之择人，以收余惫，选吏赐牛，教而不税。蔡人有言：始迷不知；今乃大觉。羞前之为。蔡人有言：天子明圣，不顺族诛，顺保性命。汝不吾信，视此蔡方；孰为不顺，往斧其吭。凡叛有数，声势相倚，吾强不支，汝弱奚恃？其告而长，而父而兄，奔走偕来，同我太平。淮蔡为乱，天子伐之，既伐而饥，天子活之。始议伐蔡，卿士莫随，既伐四年，小大并疑。不赦不疑，由天子明。凡此蔡功，惟断乃成。既定淮蔡，四夷毕来。遂开明堂，坐以治之。

裴氏相公家谱之碑　又称“金大定谱序碑”。此碑为唐碑金刻，是由金代裴氏族人裴再兴利用唐代的一块无字碑，将他珍藏的唐代闻喜县令裴滔编撰的《裴氏家谱》刊其上而成碑。距今已近千年，是目前裴氏家族现存最早的家谱。碑额题为《裴相公家谱之碑》，碑文由“里人靳愿书并题额，石匠杨卞刊”。碑文刊刻在碑阳和碑阴两面，现碑阳基本可读，碑阴则漫漶不清，多不可辨认。碑阳前面是“闻喜裴氏家谱序”，末云“金大定十一年八月晦日里人彭城刘若虚序”。家谱正文题为《裴氏家谱》，署名为“唐将仕郎试秘书省校书郎闻喜县令裴滔”。这份重刻唐代裴氏家谱具有十分重要的内容和独特的排列方式。它以河东裴氏在《贞观氏族志》中的等第为主要线索，罗列裴氏族人。据碑文，裴氏在《贞观氏族志》中占有等第的共13人清晰可辨姓名的有五人。他们是裴汉，第二等；裴世矩，第三等；裴怀节、裴神安、裴世清，第四等。每载一人，都要说明该门有宰辅、入省、三品、皇后、王妃、驸马的人数，然后谱列这一门中诸人物及其官爵著述等。这份金刻唐代裴氏家谱，对于河东裴氏、《贞观氏族志》，乃至谱学史的研究都有重要的价值。

裴氏相公家谱碑

清刻裴氏家谱碑 清咸丰七年（1857年）所刻裴氏世系源流考碑，由四石组成，蔚为壮观。序文移用金刻裴谱之序，因清刻裴谱所记三眷世系有至宋、明的，所以这个署名只能是借用的。这份裴氏三眷世系是经综合文献资料整理而成的，为河东裴氏自发源至宋明时期最为系统完整的族谱。它列有东眷裴自汉至明共36世，中眷裴自魏至唐共20世，西眷裴自魏至宋共24世。这份裴氏家谱碑对

清刻裴氏家谱碑

于研究河东裴氏的历史有很重要的史学意义。此碑刻工精细，字迹清晰，保存完好，确属一部裴氏家族不可多得的族谱史料。

重修唐裴晋公祠堂记 刻于明嘉靖二年（1524 年），御史朱寔昌撰文，御史王秀篆额，御史张英书丹，碑文记载了明嘉靖元年闻喜县令张问行主持重修唐裴晋公祠堂一事。全碑通高 180 厘米，宽 92 厘米，厚 21 厘米，碑文总计 798 字，有颜体风格。

重修唐晋国文忠公祠堂及学田记碑 刻于清乾隆五十六年（1796 年），垣曲安清翰撰文并书。碑通高 180 厘米，宽 79 厘米，厚 15 厘米，碑文总计 694 字，记叙了乾隆年间裴志灏劝族人重修裴晋公祠一事。

重修先晋国文忠公祠堂碑 刻于清乾隆五十六年（1796 年），曲沃裴氏后裔志灏撰文并书。碑通高 175 厘米，宽 70 厘米，厚 15 厘米，碑文总计 707 字，记载了乾隆年间裴志灏劝族人重修裴晋公

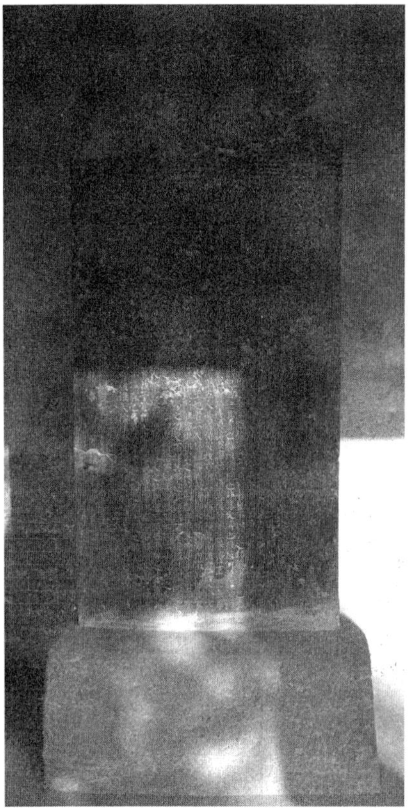

明重修唐裴晋公祠堂记碑

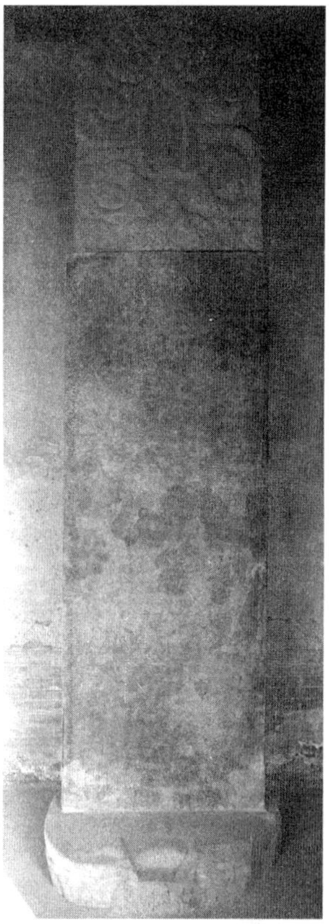

清重修唐晋国文忠公祠堂及学田记碑

祠，并在明御史何赞为晋公祠捐奉置田30亩的基础上，又入地60亩，建学延师，以教化族人之事。

裴氏兄弟积德流芳碑并序　1993年，裴柏村的裴氏后裔又从村口发现并挖掘出一通裴氏的清碑，现置于裴氏碑馆院内。此碑为康熙皇帝诰授分守湖广湖南岳常道布政使司参议裴冲度、内阁撰文中书舍人裴衍度、朝议大夫户部浙江清吏司郎中裴（亻率）度世德永垂碑，立于康熙四十九年（1710年）二月十二日，贡生赵挺元撰文，庠生丁梦良书丹，碑通高190厘米，宽90厘米，厚25厘米，前面冠以“裴氏兄弟积德流芳序”。裴冲度、裴衍度和裴（彳率）度是三兄弟，排行为老五、老六、老七。这裴氏三兄弟属曲沃裴氏，在裴柏村正北50里之外。清代，曲沃裴氏最盛，但是他们不忘裴氏的祖居地，把功德碑立在了裴柏村。这为研究清代河东裴氏，提供了宝贵的资料。碑文记载和歌颂了清代曲沃裴氏后裔衍度、冲度、（彳率）度兄弟三人造福桑梓，修葺祖庙，里人衔恩慕义，勒石纪德之事。

墓志铭

裴玑墓志　志石共一盒，分盖、志二部分，盖呈录顶形，无字，志42厘米见方，厚8厘米，字间有界格，竖排17行，行满18字，除去缺行，计260字。据墓志记载，裴玑为北周骠骑将军，于周保定五年（505年）十一月五日葬于闻喜东凉原（现凤凰原）。

裴休义墓志　志石共一盒，分盖、志二部分，盖呈录顶形，无字，志41.5厘米见方，厚8厘米，字间有界格，竖排16行，行满17字，除去缺行，计246字。

据墓志记载，裴休义，北周人，与裴玑为兄弟，13岁卒，于周保定五年（505年）十一月五日葬于闻喜东凉原。

裴君墓志 全称“大唐裴君墓志铭并序”。志石共一盒，分盖、志二部分，青石质料，盖呈录顶形，边长59厘米，宽57厘米，厚10厘米，中刻篆书“裴君墓志”，字边及斜坡刻有缠枝花纹，四周刻有12生肖及花纹，均为浅浮雕。志文共21行，行满32字，除去缺行，计656字。据墓志记载，墓主裴义暹为隋慈州长史裴雄之子，卒后于唐垂拱二年（685年）十月一日归葬于闻喜东凉原故茔。

裴绍业墓志 全称“大唐左鹰扬卫将军检校左羽林军上柱国正平县开国男裴公墓志”。志为一石，宽84厘米，高83厘米，志文共34行，行满36字，除去缺行，计1186字。据墓志记载，墓主裴绍业，唐普、博二州长史裴规之子，卒后于唐垂拱三年（686年）归葬于闻喜东凉原故茔。

裴绚墓志 全称“大孝女裴氏墓志铭”。志石共一盒，分盖、志二部分，盖呈录顶形，长、宽各 60 厘米，厚 8 厘米，中行楷书三行，行三字，中格无字，文曰“大孝女裴氏墓志铭”，盖文边阑四周为纤刻廊线，里有两层缠枝花纹，为浅浮雕。志文共 25 行，行满 26 字，除去缺行，计 619 字。据墓志记载，墓主裴绚，唐河间县令裴文感之女，卒后于唐景龙三年（687 年）归葬于闻喜东凉原故茔。

裴皓墓志 全称“宫府大夫兼检校司驭少卿裴府君（皓）墓志”。裴皓墓志 1987 年 2 月出土于闻喜县东镇仓底村。志石共一盒，分盖、志二部分，汉白玉质料。志盖呈录顶形，厚 10 厘米，基本是正方形，边长分虽为 49.5 和 59.3 厘米。录顶中线刻篆书四行，行四字，并界以线阑，文曰：“大唐故宫府大夫兼检校司驭少卿裴君墓志铭”。盖文边阑四周为 7.5 厘米宽的纤刻廓线，里面刻有两层花纹图案。内有卷叶缠枝花纹宽 3.5 厘米。外有缀联桃状花纹，宽 1.5 厘米。录顶四坡云气纹中间分别饰朱雀、玄武、青龙、白虎四神。志石竖排 37 行每行满 37 字。少行 11 字，共 1263 字。

第二节 裴氏墓地

裴氏家族的墓地，在裴柏村村东十余里的凤凰原上，北自紫金山，南至涑水河，东至牛坞村，西至鸡鸣山中，包括永青、仓底、赵村、坡底、柳泉、居台、爱里诸村地域。民国初年，尚有大冢 200

余所，碑记60余座，石人石虎数十对。永青东有享亭一所，在爱里和裴家寺各有一座守坟寺。清康熙年间所修《裴氏世牒》和乾嘉年间所修《裴氏世谱》，记载了墓区内各村墓地所葬先祖的名字。

由于自然和人为碰坏，往日的墓冢、享亭、守坟寺等，已被夷为平地，默默地躺在地下，只有裴行俭神道碑仍然在旷野里傲然挺立着。1965年12月，山西省人民委员会宣布省级第一批文物保护单位中，有裴行俭墓，包括裴光庭、裴镜民二墓及镜民墓碑并所有石刻等附属文物，并树立了“山西省重点文物保护单位裴行俭墓”的标志。

裴氏先贤们安息之地分别是：

永青墓地

晔、武、开、松之、骃、昭明、天明、万彪、双虎、三虎、仲穆、熙载、熙绩、居道、居士、铃士、仁基、行俨、行本、行俭、光庭、元运、思庄、虚己、虚舟、修己、复己、世清、凤敏、嘉、元

裴氏后裔在永青墓地祭拜先贤裴行俭

质、藏、令仪、真隐、有邻、稹、倩、倚、伯仲、伯受、铣、天恩、天寿、怀节、怀 、怀感、怀俭、高、复堂、上贤、奉先、譔、谂、廻、沼、藏明、皓、昭、皎、贞、伯言、延庆、子仪、授、承禄、淑、炎、晟、敬彝、弘猷、克谐、令简、宽、锡、眺、公尹、行方、郁、询、京掾、世举、物、允、弘业、世节、守真、耀卿、侨卿、休。

仓底墓地

潜、辑、绾、秀、杰、颀、邈、双硕、元本、齐游、齐立、寿孙、承先、万石、万顷、郧、确、纲、兢、梧、梓、式微。

爱里墓地

徽、永、骏、宣明、思训、净论、仲初、颖、周南、巽、祖思。

赵村墓地

开、汉、苞、镜人、镜民、义符、瞿昙、宾、淑、儆、瑾、孝源、知礼、嗣、大感、定、庆之、参元、桢、恩、延庆、思义、觉、克念、矩、义方、思叔、泰、元进、度。

坡底墓地

黎、康、嶷、淑义、振、润、邦基、鼎、宣机、讬、裕、青、之礼、正己、崧、季通。

横水岭墓地

良、仲规、希仁、希庄、夙、佃先、宣、渥、运、嵩、彻。

裴家寺、荆村、阴庄墓地

子野、髦、鉴、相。

上吕、南支村墓地

珪正、藏曜、藏晔。

居台庄墓地

宣化、宣机、善政。

柳泉墓地

脩、聿、蕴、构。

羊村墓地

绰、兴、瓒、宪、遐、邃、仲将、垍。

峪南村墓地

楷。

第三节　诗赋联语

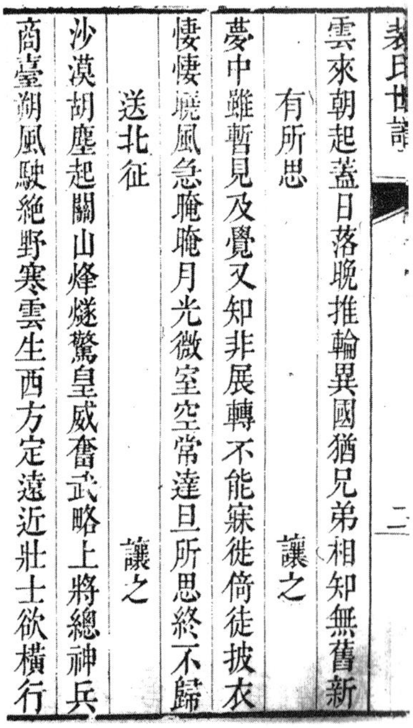
裴氏世譜　二

雲來朝起蓋日落曉推輪異國猶兄弟相知無舊新

有所思　讓之

夢中雖暫見及覺又知非展轉不能寐徙倚徙披衣

悽悽曉風急晻晻月光微室空常達旦所思終不歸

送北征　讓之

沙漠胡塵起關山烽燧驚皇威奮武略上將總神兵

商臺朔風駛絕野寒雲生西方定遠近壯士欲橫行

族贤诗词

隆隆裴氏人物不仅有权倾天下、叱咤风云的文臣武将，而且有气吞山河、妙语连珠的诗文大家，如裴让之、裴迪、裴休、裴说等。仅据《裴氏世谱》所载，裴氏人物的诗词有147首，赋14篇；与文人名士的赠答诗166首。或指点江山，发思古之幽情；或描摹事态，抒家国之情怀；或描绘景物，表物我之感触；或阐发哲思，寓宇宙之天机，使人们从中获得感悟和教益。他们目光犀利，文思敏捷，出言直率，自成风格，其造诣令人叹服。尽管本节只选录部分作品，但也足以折射出裴氏先贤豪迈的爱国情怀和儒雅的翰墨风采以及丰富的社会生活。

河东裴氏家族诗人辈出。北朝的裴让之，时称“能赋诗，裴让之”，可见他在当时诗名远播。这些诗作坚持追求个人艺术修养的升华，追求生动活泼、新颖向上、乐观浪漫的思想境界。他的诗有的描绘地理形胜、有的描绘心理变化、有的描绘将士出征，首首发人深省，篇篇耐人寻味。

现将他的诗作三首兹录于后：

《诗馆宴酬南使徐陵》

嵩山表京邑，钟灵对江津。
方域殊风壤，分野各星辰。
出境君图事，寻盟我恤隣。
有材称竹箭，无用忝丝纶。
列乐歌钟响，张旃玉帛陈。
皇华徒受命，延誉本无因。

《有所思》

梦中虽暂见，及觉又知非。
展转不能寐，徙倚徒披衣。
棲棲晓风急，晻晻月光微。
室空常达旦，所思终不归。

《送北征》

沙漠胡尘起，关山烽燧惊。

皇威奋武略，上将总神兵。

高台朔风驶，绝野寒云生。

匈奴定远近，壮士欲横行。

在诗歌黄金时代的唐朝，裴氏家族自是诗人辈出。在《全唐诗》中，收有裴度诗一卷，裴夷直诗一卷，裴说诗一卷，还有裴迪诗 29 首，裴潾诗 15 首，其余收录一二首的裴氏诗人还有 41 人。

唐朝宰相裴度先后两次任太原尹、北都留守，他题有：

《太原厅题壁》

危事经非一，浮荣得是空。

白头官舍里，今日又春风。

草书裴度《太原厅题壁》

《夏日对雨》

登楼逃盛暑，万象正尘埃。对面雷嗔树，当阶雨趁人。

檐疎蛛网重，地湿燕泥新。吟罢清风起，荷香满四隣。

唐进士裴夷直，历仕文、武、宣三朝。他曾同白居易中秋夜在洛河玩月赋诗。他的别离诗写得很出色，情真意切，十分感人。如：

《席上夜别张主簿》

红烛剪还月，绿尊添又满。

不愁前路长，只畏今宵短。

《酬唐仁烈相别后喜阻风未发见寄》

离心一起泪双流，春浪无情也白头。

风若有知须放去，莫教重别又重愁。

裴迪，初与王维、崔兴宗居终南山，互相唱和。天宝后，为蜀州刺史，与杜甫、李颀过往甚密。他的《辋川集》20首写出了他在开元盛世中悠闲生活。

《与卢员外象过崔处士兴宗林亭》

乔柯门里自成荫，散发窗中曾不簪。

逍遥且喜从吾事，荣宠从来非我心。

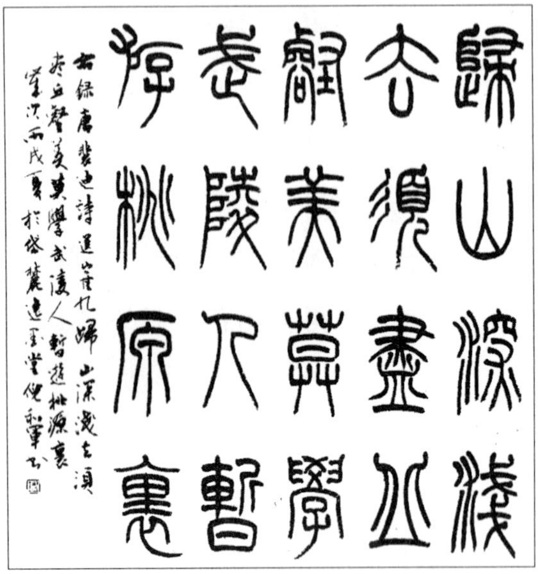

篆收裴迪《送崔九》诗

《送崔九》

归山深浅去，须尽丘壑美。

莫学武陵人，暂避桃源里。

《春日访吕逸人不遇》

恨不逢君出荷蓑，青松白屋更无他。

陶令五男会不有，蒋生三径枉相过。

芙蓉曲沼春流满，薜荔成帏晚霭多。

闻说桃源好迷客，不如高卧盼庭柯。

裴潾，历宪、穆、敬、文四朝，官至兵部侍郎。他的《平泉山居诗》14首，写尽了一座官行苑邸的豪华风光。唐末状元裴说，他的诗中有着更多的对于时局危难的感慨和无奈。有的诗句分明是一个国亡落魄者的“怅望”。如：

《送进士苏瞻乱后出家》

因乱事空王，孤心亦不伤。
梵僧为骨肉，柏寺作家乡。
眼闭千行泪，头梳一把霜。
诗书不得力，谁与问苍苍。

《旅行闻寇》

动步忧多事，将行问四邻。
深山不畏虎，当路却防人。

《乱中偷路入故乡》

愁看贼火起诸峰，偷得余程怅望中。
一国半为亡国烬，数城俱作古城空。

裴氏族人的诗歌与时代紧密结合，有的格局高开，长于气势；有的神游八极，想落云外；有的雄放遒健，气象肃烈；有的匠心独具，引人入胜；有的俚俗谐趣，灵动可亲，融入浓浓的人情和社会风貌，使之实用性、思想性、艺术性自然统一，既表达了心中感情，又塑造了生动形象；既表现了裴氏人物的生活状态，也反映了当时的社会状况。

慕裴诗词

文人与名士交游，是我国古代的一种时尚。在裴氏家族两千多年历史中，表现得更加突出。翻开《裴氏世谱》即可发现，历代文坛泰斗、诗文大家多与当时的裴氏名人官宦交往深厚。他们频频相互馈诗赠文，书来信往，或以诗酒相聚，高歌低吟，你唱我和为后世留下了数以千计的文学瑰宝和历史佳话。单就唐诗就有李白诗13首、杜甫10首、王维11首、韩愈18首、刘禹锡19首、白居易42首、刘长卿11首、孟浩然5首、张籍10首，还有王勃、李商隐、岑参、高适、王昌龄、秦观、罗隐等，唐代最负盛名的诗家，不少人留下了大量的“涉裴”诗歌。今天细细读来，仍旧能够体味到共中真挚火热的情感交流和跨越时空的文学魅力。

无诗不成唐，唐代盛行诗歌。“初唐四杰”之一的卢照邻为怀念远在益州做官的好友裴录事，写有赠诗，表达了卢照邻无限的思友之情。

忽忽岁云幕，相望限风烟。
停酒变霜露，对酒怀故朋。

诗仙李白在被流放到夜郎的途中还念念不忘老友裴隐，作了《流夜郎至西塞驿寄裴隐》寄给他。李白还在《送裴十八图南归嵩山二道》（其二）中满怀深情地写道：

思君颍水绿，忽复归嵩岑。
归时莫洗耳，为我洗其心。

洗心得真情，洗耳徒买名。
谢公在一起，相与济苍生。

诗圣杜甫与裴施州友情深厚，在《寄裴施州》中说：

廊庙之具裴施州，宿昔一逢无此流。
自从相遇减多病，三岁为客宽边愁。

王维与裴迪关系非常密切，他向裴迪诉说了自己退隐田园后的生活情趣。他在《赠裴秀才迪》中写道：

寒山转苍翠，秋水日潺湲。
倚仗柴门外，临风听暮蝉。
渡头余落日，墟里上孤烟。
复值接舆醉，狂歌五柳前。

被誉为唐朝中兴贤相的裴度，与韩愈、白居易、刘禹锡等人都交往更非一般。韩愈曾随裴度一起平定淮西，二人唱和之作，《晋公破贼回重拜台司以诗示幕中宾客奉和》诗中，高度赞扬了裴度平淮西的功绩：

南伐旋师太华东，天书夜到册元功。
将军旧压三司贵，相国新兼五等崇。
鹓鹭欲归仙杖里，熊罴还入禁营中。

王维《赠裴秀才迪》诗意图

长惭典午非材职，得就闲官即至公。

他还在《镇州路上谨酬裴司空见寄》中写道：

衔命山东抚乱师，日驰三百自嫌迟。
风霜满面无人识，何处如今更有诗。

当裴度功成身退洛阳赋闲时，韩愈又作《奉和仆射裴相国感恩言志》赠他。在洛阳，裴度与白居易是近邻，也是至交。裴度 70 岁时，被朝廷重新起用，官拜北都留守。白居易作诗给予高度评价：

天上中台正，人间一品高。

休明值尧舜，勋业过萧曹。
始擅文三捷，终兼武六韬。
动人名赫赫，忧国意切切。

唐都长安是当时世界上最繁华的大都市，政治、经济、文化都非常发达。唐王朝与邻邦的外交也非常活跃。特别是日本。隋朝时期，官任鸿胪卿掌客的裴世清作为皇帝的使者出访日本之后，日本人非常仰慕中国的文化，不断派遣来使到达中国，至唐朝时达到极盛。这时裴氏家族与日本的一些诗文大家也开始频繁交往，由此产生了许多诗书文章。比如日本国官至太史的阪上今继的《和渤海裴大使见寄之作》、岛田忠臣的《继和渤海裴大使见酬》《酬裴大使答诗》等。菅原道真的《重依行字和裴大使被酬之诗》《依言字重酬裴大使》《酬裴大使留别之诗》等。另外还有大江朝纲、藤原雅量等日本名家给裴氏家族的赠答诗文。

明清时期，文人墨客的“涉裴”诗文大多表现对裴氏家族昔日辉煌的仰慕之情。如明代兵部右侍郎喻时的《过晋公祠》：

苍苍城郭绕西川，旧日中书今尚传。
绿野迢遥看度鹤，香山寂寞听啼鹃。
策平蔡地一千里，身系唐朝三十年。
欲仰高风在何处？黄河水曲太行巅。

王传的《谒晋公祠》，表达了后人对裴度的敬仰。

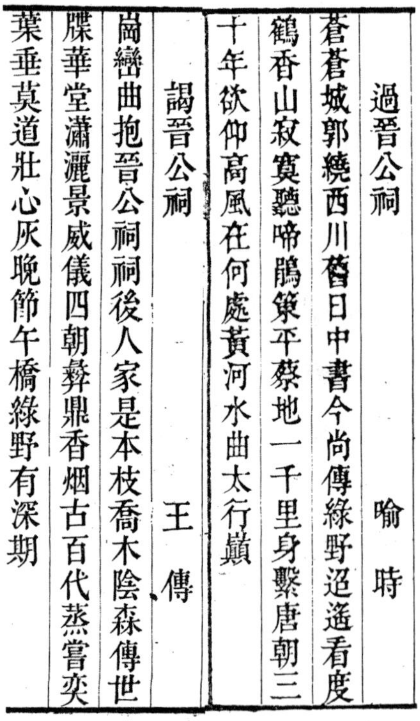

過晉公祠　喻　時

蒼蒼城郭繞西川舊日中書今尚傳綠野迢遙看度鶴香山寂寞聽啼鵑策平蔡地一千里身繫唐朝三十年欲仰高風在何處黃河水曲太行巔

謁晉公祠　王　傳

崗巒曲抱晉公祠祠後人家是本枝喬木陰森傳世牒華堂瀟灑景威儀四朝彝鼎香烟古百代蒸嘗奕葉垂莫道壯心灰晚節午橋綠野有深期

冈峦曲抱晋公祠，祠后人家是本枝。
乔木阴森传世牒，华堂潇洒景威仪。
四朝彝鼎香烟古，百代蒸尝奕叶垂。
莫道壮心灰晚节，午桥绿野有深期。

历代诗文大家以各种形式创作的赞美裴氏家族的诗词文章不胜枚举。而裴氏家族与这些社会贤达、文人雅士的密切交往，弘扬并定格了家族的高尚人格、优秀精神、光荣传统和阳刚正气，在家族内部逐渐形成了一种浓厚的文化氛围和鲜明的道德约束，成为一种代代相传的无形接力棒。这对于裴氏家族子孙后代的成长发育，起到了很好的促进作用。

赋　体

赋，是一种以对偶、用典、声律、辞藻、意境、言志、抒情、形式等为特范的语言文学形式。赋，一般表现为品评、鉴赏、传播和认知的普遍性，而裴氏谱牒中所记录的赋都是以裴度为主，大多表现了裴度强烈的社会使命感与和当时忧国忧民的思想抱负，哲理深刻，文辞优美，情感丰富，表现力强，所展现的时代精神有着积极而深远的历史意义。

裴度少年时期，正值“安史之乱”刚刚平定不久，各地藩镇割据依然很严重，彼此之间征战不断，老百姓流离失所，民不聊生，裴度目睹这种社会状况，深感忧虑，二十七岁便满怀激情地写下了《铸戟为农器赋》。原文如下：

皇帝嗣位之十三载，环海镜清，方隅砥平，驱域中尽归力穑，示天下不复用兵。于是销锋镝而假南亩，庤钱鎛而平秩西成。所以殄凶器降嘉生，收祸乱之根本，致兆庶之丰盈者也。既而清天步虚武库，剑锷销戟铓露。当时出匣挥犷，俗以来宾，今日在镕，唯良工之所铸。长锻倏而从革，覃耜忽焉而中度。废六月之揣征，兴三时之盛务。观乎聚而改煎，歘飞燄而涌烟。从而再造，将分地而用天

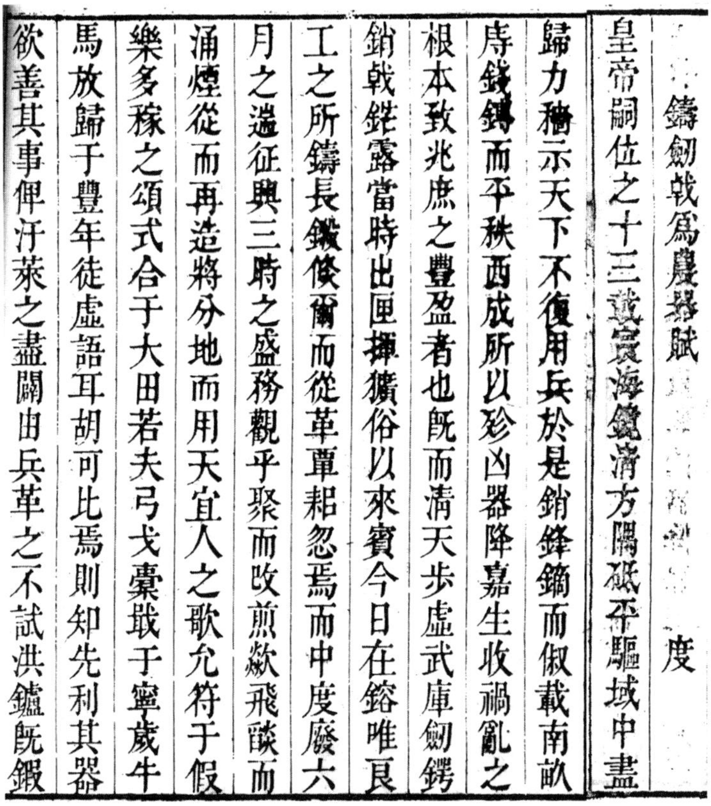
鑄劍戟爲農器賦　度
皇帝嗣位之十三載寰海鏡清方隅砥平驅域中盡
歸力穡示天下不復用兵於是銷鋒鏑而假載南畝
庤錢鎛而平秩西成所以殄凶器降嘉生收禍亂之
根本致兆庶之豐盈者也既而清天步虛武庫劍鍔
銷戟鋩露當時出匣揮獷俗以來賓今日在鎔唯良
工之所鑄長鑱倏爾而從革覃耜忽焉而中度廢六
月之遄征興三時之盛務觀乎聚而改煎歘飛燄而
涌煙從而再造將分地而用天宜人之歌允符于假
樂多稼之頌式合于大田若夫弓戈櫜戢于寧歲牛
馬放歸于豐年徒虛語耳胡可比焉則知先利其器
欲善其事俾汙萊之盡闢由兵革之不試洪鑪既鍛

宜人之歌，允符于假乐多稼之颂。式合于大田。若夫弓戈櫜戢于宁岁，牛马放归于丰年。徒虚语耳，胡可比焉。则知先利其器，欲善其事，俾污莱之尽辟，由兵革之不试。洪炉既鍜，失似雪之锋铓，绿野载耕，伫如云之苗穟。昔用之而有所，虽弭之而不弃。矧国家以教令为车徒，故器械可得而无。以道义为封域，故战争可得而息。由是执帝尧之允恭，复后稷之训农。理化资于地力，福祥致于天宗。此乃庆自一人，风行九野。建中于上，返本于下。下臣系而称曰：秦金狄兮未仁，周无射兮非雅。岂若我后之重谷，尽济群生于良冶。

此赋强烈地体现了青年裴度忧国忧民的思想，他一心希望天下太平，将打仗用的兵器化铸为农具，然后，兵士解甲归田，农民安居乐业，这也是古代仁人志士理想的一种社会。

元和初年，裴度追随武元衡参与了平定剑南刘辟的叛乱，在此期间，他和柳公绰一起随武元衡游览武侯祠。在祠内，裴度借诸葛亮抒发自己的政治抱负，写下了洋洋洒洒、流传千古的《蜀丞相诸葛武侯祠碑》，原文如下：

尝读旧史，详求往哲，或秉事君之节，无开国之才，得立身之道，无治人之术，四者俻矣，兼而行之，则蜀丞相诸葛武侯其人也。公本系在简册，大名盖天地，不复以云。当汉祚衰陵，人心竞逐，取威定伯者，求贤如不及，藏器在身者，择主而后动。公是时也，躬耕南阳，自比管乐，我未从虎，时称卧龙。诗曰：潜难伏矣，亦孔之昭。故州平心与元直神交。咱乎三顾而许以驰驱，一言而定其机势。于是扶翼刘氏，缵承旧服，结吴抗魏，拥蜀称汉。刑政达于荒外，道化行乎域中。谁为阻深，般为强国；谁为遂脆，励为劲兵。则知地无常形，人无常性，自我而作，若金在镕。九州之地，魏有其七，我无其一。由僻陋而启雄图，出封疆以延大敌。才用足而不曰浚我以生，干戈动而不曰残人以逞。其底定南方也，不以力制，而取其心服；震迭诸夏也，不敢角胜负而止候其存亡；法加于人也，虽死徒而无怨；德及于人也，虽奕叶而见思。此所谓精义入神，自诚而明者矣。若其人存政举，则四海可平，五服可倾。而陈寿之评，未极其能事；崔浩之说，又诘其成功。此皆以变诈之略，論节制之师；以进取之方，语化成之道。不其谬歟。夫委弃荆州，不能遂有三郡，此乃务增德以吞宇宙，不黩武以争寻常。及出斜谷，据武功，分兵屯田，为久驻之计，与敌对垒，待可胜之期。杂乎居人，如适虚邑，彼则丧气，我方养威。若天假之年，则继大汗之祀，成先生之志，不难矣。且权倾一国，声震八纮，而上下无异辞，始终无愧色，苟非运膺五百，道冠生知，曷以臻于此乎！故元德，知人之明者，倚仗曰：鱼之有水，仲达，奸人之雄者，嗟称曰天下奇才。度每迹其行事，揆其用心，愿奋短札以排群议，而文字蚩鄙，志愿未果。元和二年十月，圣上以西南奥区，寇乱余烈，罢畉未息，污俗未清，辍我股肱，为之父母。乃诏相国临

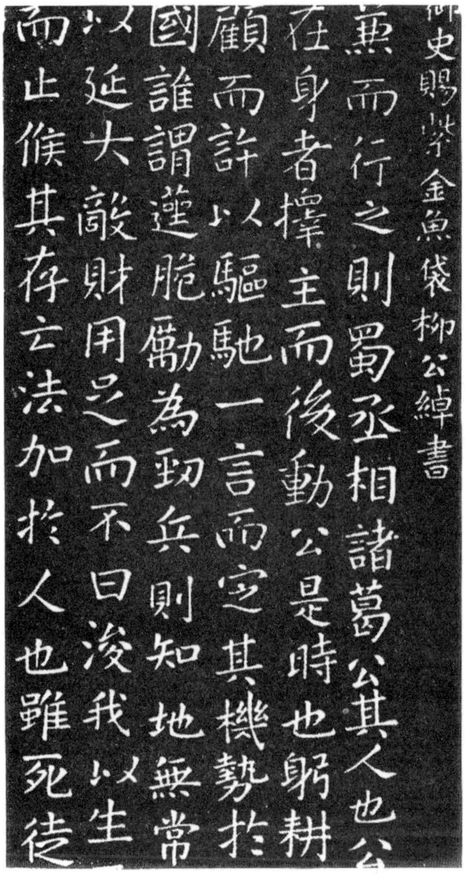

裴度撰《蜀丞相诸葛武侯祠碑》文

淮公由秉钧之重，承推谷之寄。戎车乃降，藩服乃理，昭明帝道，陬落绥怀，溥畅仁风，闾闾滋殖，府中无留事，宇下无弃才，人知乡方，我有余地。诸葛公在昔之治，与相国当今之政，异代同辙矣。度谬以庸薄，获忝管记。随旌旄而爰止，望祠宇而修谒。有仪可象，以赫厥灵。虽徽烈不忘，而碑表未立。古者或拳拳一善，或师长一城，尚流斯文以示来裔。况如在之歎终古不绝，其可阙乎。乃刻贞石，庶此都之人，存必拜之感云尔。铭曰：昔在先主，扰攘靡依，英雄无辅。爰得武侯，先定蜀土。道德城池，礼义干橹。煦物如春，化人如神。劳而不怨，用之有伦。柔服蛮落，铺敦渭滨。慑迹畏威，杂居怀仁。中原旰食，不测不克。以待可胜，允臻其极。天未悔祸，公命不果。汉祚其亡，将星中堕。反旗鸣鼓，犹走司马。死而可作，当小天下。尚父作周，阿衡佐商。兼齐管晏，总汉萧张。易代而生，易地而理。遭遇丰约，亦皆然矣。呜乎！奇谋奋发，美志夭遏。吁嗟严立，咸受谪罚。闻之痛之，或泣或绝。甘棠勿剪，骈邑斯夺。繇是而言，殊途共辙。本于忠恕，孰不感悦。苟非诚慤，徒云固结。古柏森森，遗庙沉沉。不殄禋祀，以迄于今。靡不骏奔，若有照临。蜀国之风，蜀人之心。锦江清波，玉垒峻岭。入海际天，知公德音。

清代康熙年间，著名学者顾炎武非常仰慕裴氏先贤之辉煌，亲临裴柏村瞻仰裴氏根祖发祥地，考察其人文地理、文化遗迹后，结合当时所处的政治形势，写下了这篇《裴村记》，原文如下：

呜呼！自治道愈下，而国无疆宗，无疆宗是以无立国，无立国是以内溃外畔，而卒至于亡。然则宗法之存，非所以扶人纪而张国势者乎！余至闻喜县之裴村，拜于晋公之祠，问其苗裔，尚一二百人。有释耒而陪拜者出，至官道旁，读唐时碑载其谱谍世系。登陇而望，十里之内，邱墓相连，其名字、官爵可考者，尚百数十人。盖近古氏族之盛，莫过于唐。而河中为唐近畿地，其地重而族厚，若解之柳，闻喜之裴，皆历任数百年，冠裳不绝。汾阴之薛，凭河自保于石虎，苻坚割据之际，而未尝一仕其朝。猗氏之樊、王举义兵以抗高欢之众。此非三代之法犹存，而其人之贤者，又率之以保家，亢宗之道，胡以能久而不衰若是。自唐之亡，而谱谍与之俱尽，然而裴枢辈六七人，犹为全忠所忌，必待杀之白马驿。而后篡唐氏族之有关于人国也如此。至于五代之季，天位几如奕棋，而大族高门降为皂隶。靖康之变，无一家能相统帅以自保者。夏县之司马氏举宗南渡，而反其里者未百年也。呜呼！此治道之所以日趋于下。而一旦有变，人主无可仗之大臣，国人无可倚之巨室，相率奔窜以求苟免，是非其必至之势也与？是以唐之天子贵士族而厚门荫，盖知封建之不可复，而寓其意于士大夫以自卫，于一旦苍皇之际，固非后这人主所能知也。予尝历览山东、河北、自兵兴以来，州县之能不至于残破者，多得之豪家大姓之力，而不尽恃乎其长吏。及至河东

裴柏村壁书顾炎武文

问贼李自成所以长驱而下三晋之故，慨焉伤之。或言曰：“崇祯之末，辅臣李建泰者，曲沃人也，贼入西安，天子临朝而叹，建泰对言：“臣郡当贼冲，臣请率宗人乡里，出财百万为国家守河”。上大喜，命建泰督师，亲饯之正阳门楼，举累朝所传之御器而酌之酒，因以赐之。未出京师，平阳、太原相继陷，建泰不知所为，师次而定，而贼已自居庸人矣。此其人材之凡劣，固又出于王铎、张濬之下。而上之人无权以与之，无法以联之，非一朝一夕之故矣。乃欲其大臣者，以区区宰辅之虚名，而系社稷安危之命，此必不可得之数也，亦略可见矣。夫不能复封建之治，而欲藉士大夫之势以立其国者，其在重氏族哉，其在重氏族哉！

《裴村记》主要是根据作者在喜闻县裴村的所见所闻，记述了裴氏宗族之与唐存亡的情况，说明了“世族之有关于人国”之道理。山西世族在唐代政治上发挥了重要作用，一方面唐朝皇帝发迹于太原，因此在山西有自己所依靠的豪门世族，但也正是这种世家势力造成了唐中后期藩镇割据势力的膨胀，最终导致了唐帝国的覆灭。顾炎武在此讨论世族制度除对此问题做了宏观的描述外，他的另一个目的还是着眼于世族制度的重建，当然，在顾炎武所处的时代，士人谈论作为制度构建的“世族”时，严格意义上的世族已寥若晨星，取代世族地位的是豪门巨室，是当代的富民。但世族衰落的事实并不妨碍士人论“制度”意义上的世族。他在肯定唐天子“寓封建之意于士大夫”的思想基础上，认为即使不能恢复封建制，但可以依靠豪门势力来建设和维护国家。针对明末清初的实际情况而言，顾炎武的这些主张只能停留在理论层面，在人们的日常生活和政治活动中根本不可能实践。对于不能实践的理论，顾炎武不胜痛切，对于所说的“保家亢宗”“以自卫于一旦苍黄之际”，也应是得自于其易代之际的个人真实感受。

遗世联作

裴柏村碑馆内现存有四副清咸丰元年撰刻的石柱楹联，文化内涵极为深刻，有的是追溯裴氏渊源，有的是歌颂裴氏的根祖文化，有的是颂扬裴氏家族的社会地位，有的是赞美裴氏家族的丰功伟绩，从整体上反映了裴氏后裔对先祖的敬仰之情。读之，心神荡漾；品之，齿唇流香。现摘录如下：

快沃邑重刊，故里新居双古迹；
表晋公前烈，唐贤今相两名臣。

——咸丰元年正月谷旦锡山侯桐敬 题

从古衍椒蕃，三十六传，光前裕后；
历今绵葛庇，东西中眷，异派同源。

世胄重河东，千万年支分派别；
系碑隆庙左，百余代子继孙承。

濡笔咏神功，一代高文光日月；
刊碑昭祖德，千秋遗泽裕云礽。

——阳曲贾克慎敬 题

而今，走进裴柏村，临村前大运二级公路旁边立有清顺治年刻“唐晋公裴度故里”碑一通。2003年创建碑楼，其上联作为：

故里霞辉，正气映天地；

晋公伟绩，遗风照古今。

（横批：浩气英风）

裴氏碑馆廊柱对联

第四节　制命奏议

制、命、诏、诰

制、命、诏、诰通称圣旨，是封建帝王给官员们下达指示的文牍样式。在当时，它既是皇恩浩荡的体现，又是本人甚至是整个家族的一种至高无上的荣耀。据裴柏村老年人回忆，新中国成立前，裴氏宗祠的殿堂内挂满了很多各式各样的黄绫圣旨，这也成为老人们对后人经常谈起的一个引以为豪的话题。《裴氏世谱》卷二共收录了自魏晋以来历代帝王给裴氏人物颁发的诏书、制命120余道。其中主要是褒奖裴氏人物的忠勇事国、聪敏儒雅、功勋业绩，以彰显裴氏人物在历史上的贡献和帝王对他们的评价。

公元265年，晋王司马炎称帝，在这个历史过程中，裴秀发挥了很大的作用，后被任命为尚书令。不久晋武帝下诏：夫三司之任，以翊宣皇极，弼成王事者也。故经国论道，赖之明喆。苟非其人，官不虚备。尚书令左光禄大夫裴秀，雅量弘博，心思通远，先帝登庸，赞事前朝。朕受明命，光佐大业。勋德茂著，配蹤元凯。宜正位居体，以康庶绩。其以秀为司空。裴秀去世后，晋武帝非常悲痛，又诏曰：司空裴秀。经德履哲，体蹈儒雅。佐命翼世，勋业弘茂。宣猷敷制，为世宗范，不幸薨殂，朕甚痛之。其赐秘器朝服一具、衣一袭、钱三十万、布百匹。谥曰元。

南梁裴子野，以文采出众，举国闻名。所著《宋略》二十卷，精于叙事，擅长评论，就连《宋史》的作者沈约也自叹不如。北宋史学家司马光著《资治通鉴》关于刘宋王朝的历史皆取决于《宋

略》。公元530年，裴子野不幸病故，梁武帝闻讯十分哀恸，不由掉下泪来。下诏：文史足用，廉白自居，劬劳通事，多历年所。奄致丧逝，恻怆空怀。可赠散骑常侍，赙钱五万，布五十匹。即日举哀，谥曰贞子。史家对裴子野的评述是："居官不求富贵，济贫则常为之""家素清贫，时逢水旱，二担米为薄粥，仅得遍焉。""家传素业，世习儒史，园圃经藉，游息文艺"。著《宋略》《方国使图》《丧服集注》《百官九品志》等等，成为著名的史学家。梁武帝普通七年，王室北伐（伐北魏）子野受诏，为此次行动发布檄文，武帝特别重视，子野凭其敏捷思维，下笔如神，立马写成《移魏文》武帝与群臣惊叹不已，夸奖道："其形甚弱，其文甚壮。"

唐高宗时中书令裴炎，在高宗临终时受命辅佐太子，因反对武氏篡权，不幸遇害。景云元年（710年），睿宗李旦重新登基，感叹裴炎一代忠烈，赠为太尉、益州大都督。诏书写道：中书令裴炎，望重国华，才堪人秀。唯几成务绩，宣于代工。偶居无猜义，深于奉上。文明之际，王室多

虞。保父朕躬，实著诚节。而危疑起衅，仓卒罹灾。岁月屡迁，邱封莫树。永言先正，感悼良多。宜追贲于九原，俾增荣于万古。可赠益州大都督。

唐玄宗天宝年间，礼部员外郎裴遵庆明察秋毫，任人唯贤，同僚们称他吏事为天下第一。天宝末年，奸相杨国忠当权，裴遵庆被排挤出朝。“安史之乱”后，唐肃宗李亨继位，怀念先朝遗老，特下旨调裴遵庆会朝，诏书曰：礼部郎中裴遵庆，清正介直，公才雅望。智能利物，行可检人。今东夏务殷，宰臣任重，是资髦士，以佐蝤轩。宜居驳议之职，仍领铨衡之务。可给事中。又制曰：尚书万事之本，选部五曹之右。以掌邦典，以抡官材。汉、魏以来，多用宿儒高德，盖重其任也。金紫光禄大夫、守太子少傅、集贤待制、上柱国、河东郡开国公裴遵庆，周慎礼节，敬让素居。博学而识，前言懿文，而敦大体。乃者匡弼王室，克和庶政。训导储宫，用弘三善。日新之美，岁晚弥彰。自陶融于元和，不婴拂于俗务。名臣令望，清议攸归。处以铨曹，用澄流品。抑华取实，无俾滞才。可吏部尚书，散官勋封如故，主者施行。

唐玄宗时，裴宽为官清正廉明，刚正不阿，在担任河南尹、太原尹，因政绩卓著，唐玄宗特赐紫金鱼袋，并亲赋诗“德比岱云布，心如晋水清”予以褒奖。744 年，唐中宗下诏授裴宽为户部尚书，其制曰：敬敷五教，保息万人。缺官而择，副相惟允。通议大夫，御史大夫、上柱国、赐紫金鱼代裴宽，器识高明，风规端肃。蹇谔之用，累惊鸟而莫当；操割之能，断犀革而何有亟，登台阁尝拥旌旄。礼乐为从政之文，德刑是戢兵之武。地卿所掌，实伫通才。天宪惟艰，尚资兼领。宜曳尚书之履，仍于大夫之印。可守户部尚书，兼御史大夫，散官勋赐如故。后遭奸相李林甫排挤迫害，被迁为东海太守。但不久，又被征为礼部尚书。天宝十四年，裴宽卒。唐玄宗闻丧后，十分悲痛，下诏追赠他为太子少傅，赠帛 150 段，粟 150 石。可见唐玄宗对裴宽的信任和重视。

唐元和名相裴垍，一生操劳国事，兢兢业业，尽于职守，且举贤荐能，不避亲仇。宪宗皇帝对他很是敬重，只称呼他的官衔，而不直呼其名。元和九年，白居易拟诏，授裴垍为中书侍郎，同平章事。制曰：朕闻后德惟臣，良臣惟圣。在太宗时，实有房、杜，赞贞观之业，在元宗时，则有姚、宋，辅开元之化。咸克右我祖烈，格于皇天。朕祇奉丕图，懋继前烈。思欲贞百度和万邦，建中于久，垂拱而治。惟房、宋之化，寤寐求思至诚。感通上帝着眷右，果赉良弼，辅予一人。正议大夫、行尚书户部侍郎、上柱国、赐紫金鱼袋裴垍，器得天爵，文为国华。行有根源，言无枝叶。忠敬恭顺，辅之以诚心；言洁贞廉，辅之以通识。玉立不倚，扣之有声，垍润色纶言，密参枢务，严重得大臣之体，温雅秉君子之文。每献纳之待，动有直气；当顾访之际，言无隐情。远图是经，大事能断，匡予不逮时，乃之功及领地，官且司邦。赋会计务剧，出纳事殷。投利刃而皆虚，委纷丝而必理。历试兹久，全才益彰。宜登中枢，以允佥望。夫宰辅者，下执邦柄，上代天工。为国著龟，注人耳目。尔尚：降乃以亲百姓，广乃志以序九流，匡朕心而清化源，从欲心以致和气，予欲宣力，汝为股肱。予欲询谋，汝为心旅，予违望于汝弼，勿谓不从汝言。逆于朕心，必求诸道。独立勿惧，直躬而行。明德斯言，敬慎厥位。呜虖！罔俾房、宋专美于前。可守中书侍郎、同中书门下平章事。散官勋赐如故。主者施行。

唐代中兴贤相裴度，一生十拜相诏，四登师垣，文韬武略，功绩卓著。明代思想家李贽赞："其威誉德业可比郭汾阳，而用之不用，尝为天下之轻重。"宪宗、穆宗、敬宗、文宗四朝帝王先后颁发十余道制、诏，褒奖优赏并为其加官进爵。元和六年，唐宪宗制曰：司勋郎中、知制诰裴度，以茂学懿文，润色训诰。体要典丽，甚得其宜。施之四方，朕命惟允。况中立不倚，道直气平。介然风规，有光近侍。台郎满岁，班列当迁。纶阁之职，所宜真授。可中书舍人。元和九年，升任御史中丞，因支持宰相武元衡对两淮用兵的意见，并请命前往前线视察，深得宪宗器重。在武元衡被害后，宪宗又下诏书曰：辅相之任，重作于股肱；经济之才，难注人耳目。苟非虑周物表，识洞事先，则何以出纳中枢，平章大政，询于时论，佥曰汝诸。朝议郎、守御史中丞、兼尚书刑部侍郎、飞骑尉、赐紫金鱼袋裴度，劲直卫道，清通秉彝，文融清华，行茂枝叶，居然廊庙之器，出于领袖之门。西掖司言，南台执宪，常怀远略，屡告嘉猷，实宣力以狥公，况外身而忧国。霜雪无改，雷风有恒。朕欲旋观其能，用试于事。俾历荣阃载驰，使轩王泽涣汗。以遐宣军情，密勿而上达。将议抽擢，因罹震惊。崇道德之藩篱，士有致命；资忠信之甲胄，兵无容刃。人具瞻尔，天方愦予。昆命于龟，爰立作相。而其展四体，坚一心。广其道，以用贤。厚其风，以易俗。五兵未戢，尔惟保定武功；百姓未康，尔惟钦恤人隐。临事必断，当官而行。齐台阶于底平，补衮职之有阙。光膺慎选，其戒之哉。可朝议大夫守、中书侍郎、同中书门下平章事。勋赐如故。元和十二年十月，裴度与大将李愬，制定奇谋，夜袭蔡州，活捉贼酋吴元济，平淮西大捷。宪宗皇帝龙颜大悦，重赏各路将领。十二月初七，下诏

封裴度金紫光禄大夫、弘文馆大学士、上柱国，赐爵晋国公，复知政事。唐穆宗长庆元年，河北藩镇相继叛乱，朝野震惊，八月，穆宗下诏裴度为幽、镇两道招抚使。十月，又下诏裴度为镇州四面行营招讨使。国难之时，裴度担负起了艰巨的历史使命。但由于朝中佞臣当道，裴度也被排挤出朝。唐敬宗宝历二年，裴度重新返回朝廷，敬宗对他恩礼有加，下诏任命他为司空，同平章事，重新执掌朝政。唐文宗太和四年，裴度年事已高，腿脚患疾，请求辞去要职。皇帝不许，不断派御医诊视，待病情稍有好转，让他隔三五日一次到中书门办公，在册封裴度的诏书上，文宗制曰：夫以区区秦伯，而犹念晋国，曰：其君是恶，其人何罪。况朕，均养亿兆，为人君亲。燕人冀人，皆为乳哺而言之者，安忍以豺狼驱协之故，绝其飞走，尽致纲罗。止行犯命之诛，是用开其一面。河东节度观察处置等使、金紫光禄大夫、守司空、兼门下侍郎、同中书门下平章事、太原尹、北都留守、上柱国、晋国公、食邑三千户裴度。昔者区城之中，蜂蚁巢聚。蔡有逆孽，齐有狡童。厥初图征，疑议满野。不慑不惑，挺然披攘。

苟无司南，允罔能济。佑我宪考，为唐神宗。实赖股肱，运用心力。肆朕小子，蒙受景灵。冀服于前，燕平于后。而抚驭失理，盘芽复生。求思弭宁，中夕有得。国老尚在，夫何患焉。是用亟宣恳测之诚，就加招抚之命。于戏！顷者师道、元济乘累代袭授之资，籍山东结连之势，以丞相布画于千里之外，使诸将持重于四封之中。而犹刘悟裂蛇豕之躯，李佑溃鲸鲵之腹。盖逆顺之情异，而忠孝之道明也。况彼幽、镇无名暴征，以丞相近观其宜，以诸将齐奋其力。斧揿之刑坐迫，椒兰之气外薰。谁不自受其生焉，能与乱同死，度宜开怀缓带，以待其归。可依前。守司空、兼门下侍郎、同中书门下平章事、河东节度使，充幽、镇两道招抚使。余如故。

又制曰：傅云："死者不可复生，刑者不可复续。"是以先王斩一枝指，杀一犬彘，莫不伏念隐悼。至于旬时，决而行之，盖不得已也。予于镇人，亦既伏念。俟其悛革，诅止旬时。乃命相臣，招怀抚谕，矜其主误，示以生门。期于尽脱纲罗，岂可驱之陷穽。而豺狼当道，荆棘牵衣。虽欲归于有仁，厥路无由而至。况王师压境，羲勇争先。朕每抑其锋铓，未忍覆其巢穴。是犹爱稂秀而伤稼墙，养病疽以溃肌肤。独怀儿女之仁，虑失祖宗之典。今上台居镇，算画抚遗。操晋阳之利兵，驱屈产之良马。举河东、义武之力，合沧景、泽潞之师，当元翼受命之初，乘田布雪冤之顷。举毛抬芥，其易可知。兼用威恩，尚存招致。宜令河东节度使裴度，充镇州四面招讨使。于戏。以一城之卒，敌天下之师，狗猖獗之徒，抗君父之命。吾哀而辈，死实无名，苟能自新，亦冀容汝。主者施行。

制曰：辅弼之臣，军国是赖。兴化致理，则秉钧以居。取威定功，则分阃而出。所出同君臣之体，一中外之任焉。属者门罪汝南，

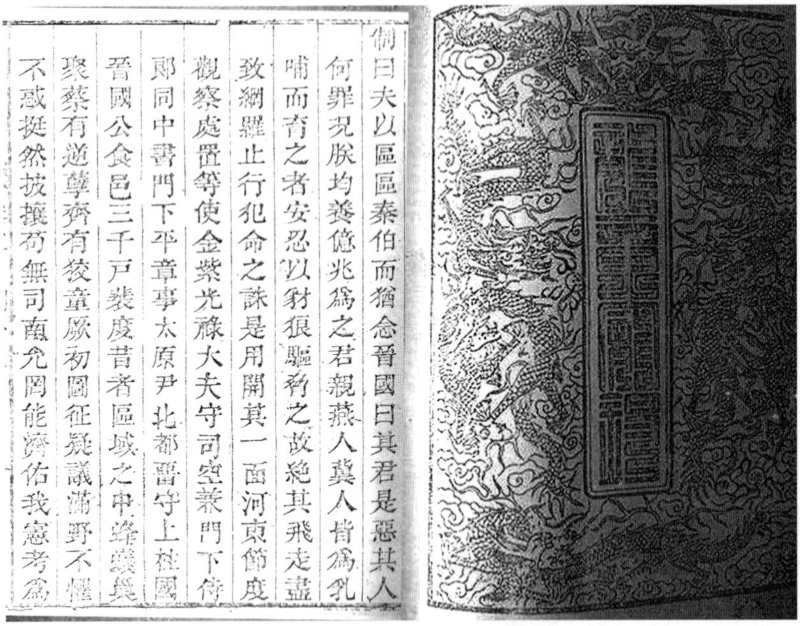
制曰夫以區區秦伯而猶念晉國曰其君是惡其人何罪況朕均養億兆爲之君親燕人冀人皆爲乳哺而育之者安忍以豺狼驅脅之故絕其飛走盡致網羅止行犯命之誅是用開其一面河東節度觀察處置等使金紫光祿大夫守司空兼門下侍郎同中書門下平章事太原尹北都留守上柱國晉國公食邑三千戶裴度昔者區域之中蜂蟻興聚蔡有逆孽齊有狡童厥初圖征疑議滿野不懼不惑挺然拔擢荷無司南允罔能濟佑我憲考爲

唐宪宗诏论理裴度幽镇两道招抚使

致诸淮右。盖欲刷其污俗，弔彼顽人。虽挈地求生者，实繁有徒。而婴城执迷者，未剪其类。何兽困而犹阙，岂乌穷之无归欤？由是遥听鼓鼙，更张琴瑟，烦我台席，董兹戎旗。朝议大夫、守中书侍郎、同平章事，飞骑尉、赐紫鑫鱼代裴度。为时降生，协朕梦卜。精办宣力，坚明纳忠。当轴而才谋老成，运筹而智略前定。司其枢务，备知四方之事。付以兵要，必得万人心。是用祷于上天，练引吉日。带丞相之印绶，所以尊其名。

以上制命，对裴氏的部分官员给予了褒奖，特别是对著名贤相裴度更是礼遇至极，在制命中赞道：“况身外而忧国，霜雪无改，风雷有恒。”“当轴而才谋老成，运筹而智略前定。”“司其枢务，备知四方之事，待以兵要，必得万人之心。”“一心尽忠，百志归正。”“许国身亡，勤亦至矣。”“十拜相诏，四登师垣。”“君臣合符，不可多得，千载一遇，欲为比肩。”裴度佐辅宪宗、穆宗、敬宗、文宗四朝皇帝，史称“以身系国家安危时事之轻重三十年”，“用之则安，舍之则乱”力排众议，力挽狂澜，平定淮西，震慑藩镇，维护国家统一，出现了“元和中兴”的局面。

从历朝帝王对裴氏人物的点评，可以折射出裴氏家族在历史上的光辉。但还有许多人物未能充分地展现出来，如东汉戍边的敦煌太守，一举克敌全师，擒诛北匈奴呼衍王及其部众三千余人，除去西域之灾的裴岑；南梁名将战功赫赫，屯田庶民的裴邃；北齐名将战死沙场的裴之横；隋大业四年率团出使日本，首次建立中日邦交的外交大家裴世清；唐玄宗时被誉为“儒将之雄”，治戍安边的大军事家裴行俭；以韬略著称，日献三捷的裴铣；为唐朝鼎新漕运，除弊立新，排除南粮北调梗阻，解决唐朝演习几十年关中粮荒的裴耀卿；公正无私，举贤荐能，世代奉为楷模的元和名相裴垍……等等。这都是在忠君爱国的旗帜下，立过汗马功劳的文臣武将。

帝王的褒奖，只是站在封建统治者的立场评价裴氏人物，但也是裴氏家族的官员们在历史上建功立业的一个重要标志。

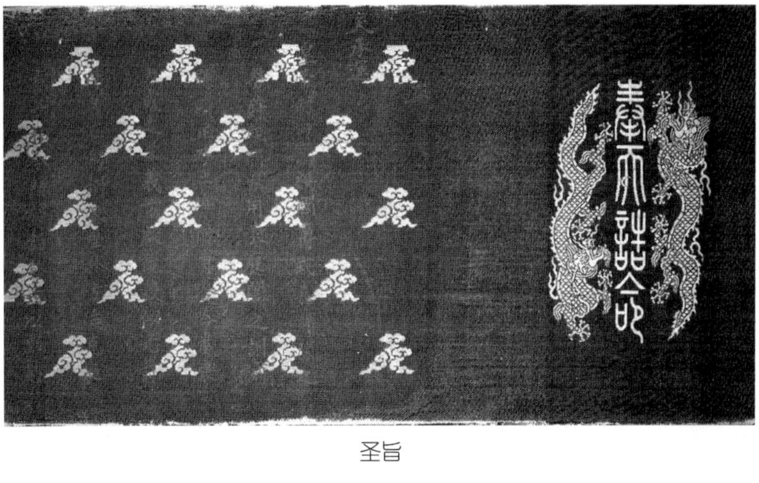

圣旨

奏 议

奏议是古代官员上奏给皇帝的一种文书，类似于现在的申请、报告、建议等应用文体。在清嘉庆版《裴氏世谱 · 卷六》中共收录有裴氏历代官员写的奏议58道。其中裴度11道，裴行立7道，裴宗锡6道，裴（亻率）度、裴次元各5道，裴耀卿4道，裴松之、裴守贞、裴子余各2道，裴秀、裴颀、裴延儁、裴矩、裴衍、裴晃、裴光庭、裴潾、裴灌、裴侃、裴绍宗、裴应章各1道。

西晋宰相裴秀在担任司空之职时，还兼任地官之职，这一职务使裴秀有机会接触到地图，同时也使他产生了浓厚的兴趣。他以严肃认真的科学态度和科学方法，总结前人的制图经验，精心绘制《禹贡地域图》十八篇，完成后他上奏皇帝，得到皇帝的大力赏识。裴秀所提出的“制图六体”在世界绘图史上都具有重大意义，被英国科技史学家李约瑟称为“中国古代地图学之父”。

《进禹贡地域图序》

图书之设，由来尚矣。自古立象垂制，而赖其用。三代置其官，国史掌厥职。暨汉祖屠咸阳，丞相萧何尽收秦之图籍。今秘书既无古之地图，又无萧何所得秦图书，惟有汉氏舆地及括地诸杂图。各不设分率，又不考正准望，亦不备载名山大川，虽有粗形，皆不精审，不可依据。或称荒外迂诞之言，不合事实，于义无取，大晋龙兴，混一六合，以清宇宙，始于庸蜀，深入其岨，文皇帝乃命有司撰访吴、蜀地图，蜀土既定，六军所经地域远近，山川险易，征路迂直，校验图记，罔或有差。今上考禹贡山海川流原隰陂泽，古之九州及今之十六州，郡国县邑，疆界乡陬，及古国盟会旧名，水陆径路，为地图十八篇。制图之体有六焉：一曰分率，所以辨广轮之度也；二曰准望，所以正彼此之体也；三曰道里，所以定所由之数也；四曰高下，五曰方邪，六曰迂直，此三者各因地而制宜，所以校夷险之异也。有图象而无分率，则无以审远近之差；有分率而无准望；虽得之于一隅，必失之于他方；有准望而无道里，则施于山海绝隔之地，不能以相通；有道里而无高下，方邪、迂直之校，则径路之数必与远近之实相违，失准望之正矣。故以此六者参而考之。然远近之实定于分率；彼此之实定于道里；度数之实定于高下、方邪、迂直之算。故虽有峻山钜海之隔，绝域殊方之迥，登降诡曲之因，皆可得举而定者。准望之法既正，则曲直远近无所隐其形也。

魏晋之际，玄学盛行，以何晏、王弼等人为首的大谈“天下万物皆以无为本”，世人受其影响，不务实事，浮散懒惰，空谈成风，裴頠针对时弊，著《崇有论》予以批判。《崇有论》一问世，对当时的学术界无疑是当头一棒，社会上引起了很大的轰动，责难者有之，称颂者有之。总之，《崇有论》对当时荒诞颓废的西晋社会注入了一股清新之风，裴頠也因此被世人称为“言谈林薮”。

《崇有论》

夫总混群本，宗极之道也。方以族异，庶类之品也。形象著分，有生之体也。化感错综，理迹之原也。夫品而为族，则所禀者偏，偏无自足，故凭乎外资。是以生而可寻，所谓理也。理之所体，所谓有也。有之所须，所谓资也。资有攸合，所谓宜也。择乎厥宜，所谓情也。识智既授，虽出处异业，默语殊涂，所以宝生存宜，其

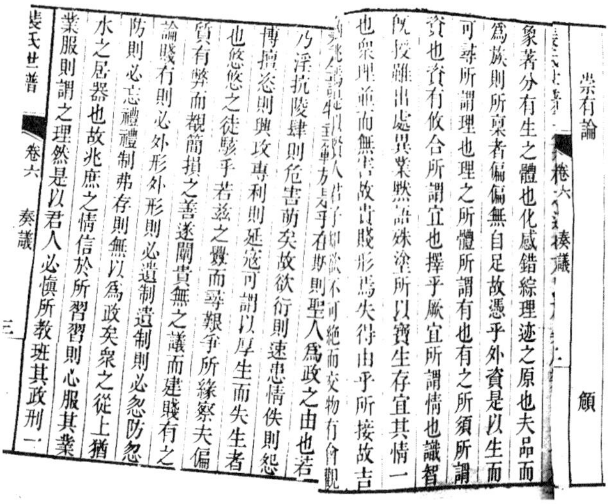
裴氏世譜 卷六 奏議 崇有論 頠

象著分有生之體也化感錯綜理迹之原也夫品而
爲族則所稟者偏偏無自足故憑乎外資是以生而
可尋所謂理也理之所體所謂有也有之所須所謂
資也資有攸合所謂宜也擇乎厥宜所謂情也識智
旣授雖出處異業默語殊塗所以寶生存宜其情一
也衆理並而無害故貴賤形焉失得由乎所接故吉
凶兆焉是以賢人君子知欲不可絕而交物有會觀
乃淫抗陵肆則危害萌矣故欲衍則速患情佚則怨
博擅恣則興攻專利則延寇可謂以厚生而失生者
也悠悠之徒駭乎若茲之釁而尋艱爭所緣察夫偏
質有弊而覩簡損之善遂闡貴無之議而建賤有之
論賤有則必外形外形則必遺制遺制則必忽防忽
防則必忘禮禮制弗存則無以爲政矣衆之從上猶
水之居器也故兆庶之情信於所習習則心服其業
業服則謂之理然是以君人必愼所教班其政刑一

裴氏世譜 卷六 奏議 三

裴谱中载裴頠的《崇有论》

情一也。众理并而无害，故贵贱形焉。失得由乎所接，故吉凶兆焉，是以贤人君子，知欲不可绝，而交物有会。观乎往复，稽中定务。惟夫用天之道，分地之利，躬其力在，劳而后飨。居以仁顺，守以恭俭，率以忠信，行以敬让，志无盈求，事无过用，乃可济乎！故天建厥极，绥理群生，训物垂范，于是乎在，斯则圣人为政之由也。若乃淫抗陵肆，则危害萌矣。故欲衍则速患，情佚则怨博，擅恣则兴攻，专利则延寇，可谓以厚生而失生者也。悠悠之徒，骇乎若兹之衅，而寻艰争所缘？察夫偏质有弊，而睹简损之善，遂阐“贵无”之议，而建“贱有”之论。贱有则必外形，外形则必遗制，遗制则必忽防，忽防则必忘礼。礼制弗存，则无以为政矣。众之从上，犹水之居器也。故兆庶之情，信于所习；习则心服其业，业服则谓之理然。是以君人必慎所教，班其政刑。一切之务，分宅百姓，各授四职，能令禀命之者不肃而安，忽然忘异，莫有迁志。况于据在三分之尊，怀所隆之情，敦以为训者哉！斯乃昏明所阶，不可不审。夫盈欲可损而未可绝有也，过用可节而未可谓无贵也。盖有讲言之具者，深列有列有形之故，盛称空无之美。形器之故有徵，空无之义难检，辩巧之文可悦，似象之言足惑，众听眩焉，溺其成说。虽颇有异此心者，辞不获济，屈于所狎，因谓虚无之理，诚不可盖。唱而有和，多往弗返，遂薄综世之务，贱功烈之用，高浮游之业，卑经实之贤，人情所殉，于是文者衍其辞，讷者讚其旨，染其众也。是以立言藉其虚无，谓之元妙，处官不亲所司，谓之雅远，奉身散其廉操，谓之旷达。故砥矿之风，弥以陵迟，放者因斯，或悖吉凶之礼，而忽容止之表，渎弃长幼之序，混漫贵贱之级。其甚者至于裸裎，言笑忘宜，以不惜为宏，士行又亏矣。老子既著五千之文，表摭秽杂之弊，甄举静一之义，有以命人释然自夷，合于易之损、谦、根、节之旨。而静一守本，无虚无之谓也。损、根之属，盖君子之一道，非易之所以为体守本无也。观老子之书，虽博有所经，而云“有生于无”，以虚为主，偏立一家之辞，岂有以而然哉！人之既生，以保生为全，全之所阶，以顺感为务。若味道以亏业，则沉溺之衅兴，怀末以忘本，则天理之真减。故动之所交，存亡之会也。夫有非有，于无非无，于无非无，于有非有。是以申纵播之类，而著“贵无”之文。将以绝所非之盈谬，存大善之中节，收流遁于既过，反澄正于胸怀。宜其以无为辞，而旨在全有，故其辞曰“以为文不足”。若斯，则是所寄之涂，一方之言也。若谓至理信以无为宼，则偏而害当矣。先贤达识，以非所滞，示之深论。惟班固著难，永足折其情。孙卿杨雄大体抑之，犹偏有所许。而虚无之言，日以广衍，众家扇起，各到其说，上及造化，下被万事，莫不贵无，所存佥同，情以众固，乃号凡有之理皆义之埤者，薄而鄙焉。辩论人伦及经明之业，遂易门肆。頠用矍然，申其所怀，而攻者盈集。或以为一时口言，有客幸过，咸见命著文，摘列虚无不允之征。若未能每事释正，则无家之义，弗可夺也。頠退而思之，虽君子宅情，无求于显。及其立言，在乎达旨而已。然去圣久远，共同纷斗，苟少有仿佛，可以崇济先典，扶明大业，有益于时，则惟患言之不能，焉得静默。及未举一隅，略示所存而已哉！夫至无者无以能生，故始生者自生也。自生而必体有，则有遗而生亏矣。生以有为已分，则虚无是有之所谓遗者也。故养既化之有，非无用之所能全也；理既有之众，非无为之所能循也。心非事也，而制事必由于心，然不可以制事以非事，谓心为无也。匠非器也，而制器必须于匠，然不可以制器以非器，谓匠非有也。是以欲收重泉之鳞，非偃息之所能获也；陨高墉之禽，非静拱之所能捷也；审投弦饵之用，非无知之所能览也。由此而观，济有者皆有也，虚无奚益于已有之群生哉！

宋文帝元嘉五年（428 年），宋文帝下诏让裴松之为陈寿的《三国志》作注。裴松之欣然领旨，他引证 210 余种历史文献，“上搜旧闻，旁掘遗弃，务在同详”，采用“备异闻”“矫正”“惩其妄”和“论辩”的方法，终于在元嘉六年（429 年）完成了这部巨著。他在《上三国志》序中写道：

臣松之言：臣闻智周则万里自宾，鉴远则物无遗照。虽尽性穷微，深不可识。至于绪馀所寄，则必接乎粗迹。是以体备之量，犹日好察与迩言。畜德之厚，在于多识住行。伏惟陛下道该渊极，神超妙物。晖光日新，郁哉弥盛。虽一贯坟典，怡心元赜。犹复降怀近代，博观兴废。将以总括前踪，贻诲来世。臣前被诏使采三国异同，以注陈寿国志。寿书铨叙可观，事多审正。诚游览之苑囿，近世之嘉史。然失在于略，时有所脱漏。臣奉旨寻详，务在周悉。上搜旧闻，傍摭遗逸。按三国虽历年不达，而事关泄汉、晋。首尾所涉，出入百载。注记分错，每多舛互。其寿所不载事宜存录者，则网不毕取，以补其阙。或同说一事，而辞有乖杂，或出事本异，疑不能判，并皆抄内，以备异闻。若乃纰谬，显然言不附理，则随违矫正，以惩其妄。其时事当否，及寿之小失，颇以愚意有所论辩。自就撰集已垂期月，写校始讫，谨封上呈。窃惟绩事以众色成文，蜜蠭以兼采为味。故能使绚素有章，甘逾本质。臣实顽乏，顾惭二物。虽自罄励，分绝藻缋，既谢淮南食时之敏，又微狂简斐然之作。淹留无成，只秽翰墨。不足以上酬圣旨，少塞愆责。愧惧之深，若坠渊谷。谨拜表以闻，随用流汗。臣松之诚惶诚恐，顿首顿首，死罪谨言。

宋文帝阅后，大加赞赏说“裴世期不休矣”！《上三国志注表》奠定了裴松之在史坛上的地位，为历代史学家所推崇。

隋炀帝大业年间，隋炀帝让裴矩负责经营西域，主管西域各国商人与汉人通商事宜。裴矩详细考察了西域各国的民俗、山川、道路等情况，撰成《西域图记》三卷。《西域图记》图文并茂，不仅详细记载了西域各国的情况，还绘制出敦煌到达地中海的三条大道，成为后人研究丝绸之路的重要根据。

唐玄宗开元年间，关中灾情四起，京师粮荒严重，玄宗准备赴东都避难，临行前单独召见裴耀卿，询问救人之术，裴耀卿慷慨激昂，上奏《议赈饥疏》：“臣愿广陕运道，使京师常有三年食，虽水旱不足忧”，建议“请置仓河口以纳东租，然后官自顾载，分入河洛，度三门东西各筑敖仓”。玄宗皇帝遂以裴耀卿为宰相，兼转运使，全面负责整理漕运事宜。裴耀卿不负众望，殚精竭虑，与开元年间彻底解决了漕运问题。另裴耀卿又上《谏防盖嘉运疏》建议皇帝在盛秋丰收季节，加派重兵保护粮仓安全。上《论彝州刺史杨濬决杖表》，进谏玄宗勿滥施刑法，“全生免死，诚为至化。有耻且格，为训将来。”

唐代宰相裴度，在淮西吴元济叛乱后，朝廷多次征讨不克，众臣多持悲观态度、思想动摇时，裴度请缨自到淮西前线巡视，回来后，向宪宗皇帝上奏《论淮西事宜表》，极力陈述淮西必定可取，并亲自带兵前往讨伐，坚定了皇帝平叛的决心。在朝廷奸臣横行、拨乱朝纲之时，他有连上《谏奸党疏》《话请不用奸臣表》等奏章，体现了他忧国忧民、疾恶如仇、不畏权势的鲜明立场。在海清河晏之时，裴度有先后写下了《让平章事表》《让河南道等副元帅表》《让官表》《辞官表》《让将相封爵表》等奏折，这又反映了裴度不恋高位、淡泊名利、为民请命的性格特点。

《论淮西事宜表》

臣某言：臣伏以方岳之任，职主分忧。苟事涉安危，利深社稷，词得专达。臣敢备言，是用轻冒上言。伏惟少纾仅逾数月，朝廷未议所伐。臣恐日长，奸谋彼将胶固，士心必希徼幸。啗利滋蔓，事则难图。当其人情尚摇，足以观衅臣。自闻少阳权主留务，众未甚宁。昨知少诚之子，诱扇其军，又以诛僇夭其，或者剿绝奸类，大振皇纲。陛下得不上顺天心，乘时废置，而又谋之迟久。臣窃为陛下惜之。何则？夫以少诚怙兵偷安，二十余载。恩惠自己，人知素怀。众之所怀，必厚其子弟。其势以分臣。度具闻不舆者半。所以人心持两，至有动摇。以斯观之，或未尽附。少阳又以新杀其子，必有疑众之心。今若及未宁，出于不意，择四方节制之臣，可为其师者，使驰而入之，移少阳于他镇以待之。彼得所安，必效顺诚。而无固众之志，则其党自离心矣。因其所离而制其命，何求而不克哉。易所谓“见几而作，不俟终日”。然以方布大信，不宜隐情。若先命中贵他日奉明。诏将告易位，以诚谕之，从而后行，事可以济。臣又度当今节制，可以处淮西任者，莫若河中节度使王锷，宽厚慎重，练识军情，必能悦慰群心，镇抚疑党。若将移锷于淮西，而俾與少阳不远矣，朝廷立迁授之权，而内足以除奸蠹之本，使少阳感恩以效命，王锷推诚以莅众。是淮西绝继代之业，朝廷存宏贷之德。亦将以息河北狐鼠之势，示去逆效顺之利。自然风靡以承化，从此不希于苟得矣。斯事体大，伏惟陛下行之。议者以为少阳兵戎贼臣，曾居叛党，若将易处于关辅之地，宠任以兵戎之权，何异夫朝四墓三，而终不离其数。是不然也，夫根深者难拔，源长者难绝，彼盘结众根其入久矣，我能绝之使安，植之施于他，以变其所庸，非至计乎。且事不先渐化之道，而欲顿归于大政，亦难矣。方今征承宗以名闻于天下者，岂不恃众违命邀爵乎。若使少阳复而行之，则其罪均矣。不可独赦，则必分师以讨之。当淮楚灾旱之余，征赋耗竭之日。是使苍生兴流亡之叹，甲兵无暂息之时。上以伤陛下子育之心。下以竭邦赋资用之费，得不审慎其举，而保其成算哉。伏以国家艰难已来，河北戎臣窃据州

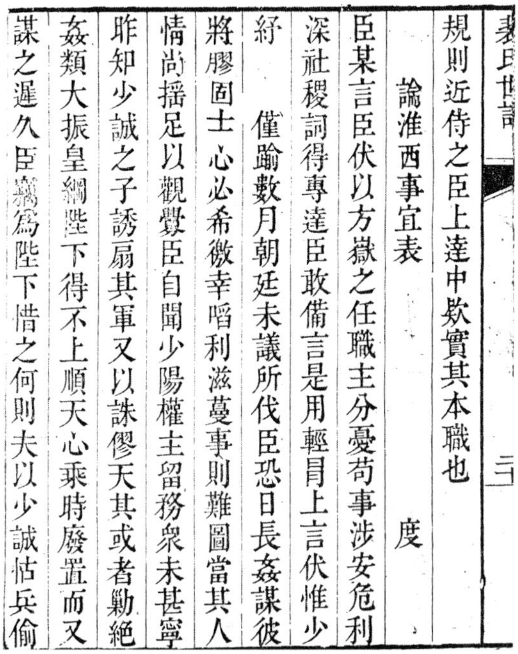
裴氏世譜
三
規則近侍之臣上達中欵實其本職也
論淮西事宜表　度
臣某言臣伏以方嶽之任職主分憂苟事涉安危利
深社稷詞得專達臣敢備言是用輒冐上言伏惟少
紓　僅踰數月朝廷未議所伐臣恐日長姦謀彼
將膠固士心必希徼幸啗利滋蔓事則難圖當其人
情尚揺足以覲覺臣自聞少陽權主留務衆未甚寧
非知少誠之子誘扇其軍又以誅僇天其或者勦絶
姦類大振皇綱陛下得不上順天心乘時廢置而又
謀之遲久臣竊爲陛下惜之何則夫以少誠怙兵偷

《裴氏世谱》中裴度的奏议

郡，父殁子代，兄终弟及。皆朝廷稽缓其事，不时即谋，使生人之心率以沿习，为患久矣。陛下神略独断，超冠百王，事当其机，宜以时革，臣不胜惶悚之至。

《让官表》

臣某言：伏奉今日制书，以臣为朝议大夫，守中书侍郎，同中书门下平章事。承命惊惶，魂爽飞越。俯仰天地，若无所容。臣某诚惶诚恐，顿首顿首。臣少涉经史，粗知古今。天与朴忠，性惟愚直。知事君以道，无惮杀身。慕当官而行，不求利己，人以为拙，臣行不疑。元和之初，始拜御史。旋以论事过切，为宰臣所非。移官府廷，因佐戎幕。陛下恕臣之罪，怜臣之心。拔居侍从之中，遂掌丝纶之重。受恩益大，顾己益轻。苟耳目所闻，知心力所迨。及少关政理，辄以陈闻。于裨补无涓埃之微，而谗谤有丘山之积。陛下知其孤立，赏其微诚。独断不谋，奖待俞量。臣诚见陛下具文武之德，有神圣之姿，启中舆之宏图，当太平之昌历。勤身以俭，于物无私。威怒如雷霆，容覆如天地。实群臣尽节之日，才智效能之时。圣君难逢，重德宜报。苦心焦思，以日继夜。苟利于国，知无不为。徒欲竭愚，未免妄作。陛下不加罪责，更极宠光。既领台网，又毗邦宪。圣君所厚，凶逆所雠。阙于防虞，几至毙踣。恩私曲被，性命获全。忝累祖先，玷尘班列。未知所措，只自内惭。岂意陛下擢臣於伤残之余，委臣以燮和之任。忘其陋污，使佐圣明。此虽成汤举伊尹于庖厨，高宗登傅说于版筑，周文用吕望于屠钓，齐桓起宁戚于饭牛。雪耻蒙光，去辱居贵。以今准古，拟议非伦。陛下有四君之明，行四君之事。微臣无四子之美，获四子之荣，岂可叨居，以彰非据。方今干戈未尽戢，夷狄未尽宾。麟凤龟龙未尽游，郊薮草木鱼鳖未尽被。雍熙当大有为之时，得非常人之佐，然后能上宣圣德，以代天工。如臣等类，实不剋堪伏。愿博选周行，旁及岩穴。天生圣主，必有贤臣。得而授之，乃可致理。乞回所授，以叶群情。无任恳款之至。

清雍正元年（1723年），裴（彳率）度任江西巡抚。在任上，他积极整顿吏治，发展生产，解决流民问题。受到雍正皇帝的嘉奖。雍正三年二月，裴（彳率）度奏报开垦南昌十二个县的荒地五十二顷，有针对当时地方社仓管理制度存在的漏洞，上奏《报行社仓疏》。裴（彳率）度一生宦海沉浮，但始终关注民众之疾苦。去世后遗爱人间，广大百姓怀其功德，为之树碑建祠，以示纪念。

《报行社仓疏》

积贮之法，莫善于社仓，应令州县一乡设立一所。县城虽有官仓，亦设社仓。因地制宜，各随其便。一社之中公举殷实端洁者为社长、社副，给簿登记，司其出入。州县倡捐于前，士民捐轮于后。不拘定数，积少成多。当青黄不接之时，有贫民借谷者，量行借给，每石加息一斗还仓。年终将收放印册缴县存查，如社长、社副公平勤劳者奖励；十年无过，请给八品顶带。至社仓积谷，官不得过问；有勒粜希图侵蚀，许社长呈控详参，併委各道员分司督理。现在各属俱渐次举行，数年后将见蓄积日多，水旱无忧，家给人足。群歌咏尧天舜日矣。

清乾隆三十二年（1767年），裴宗锡任安徽巡抚，经常单舟轻车巡视各地，凡有关国计民生之时，无不悉心询问，仔细权衡并据实入奏，乾隆皇帝对他十分赞赏。三十七年（1767年），裴宗锡又就安徽凤、泗所属州县存在的农田水利问题，上了奏疏《查办凤泗地方农田水利疏》：

奏为敬陈地方办理情形，仰祈睿鉴事。窃照地方守令，皆有牧养斯民之责。凡有一事之有裨民生，一物之可资民用，均宜悉心讲究。至于农田水利，有关教养诸大端，尤宜朝夕讲请求，视同家事，实力举行。臣荷天恩，简畀封疆重任，仰体我皇上宵旰勤民至意。前于入境时，经由凤阳一带，窃见该郡属高冈旷野，弃地颇多，树木蔬果，亦无栽植。当饬该府县亲加督率，以渐垦辟。即其地不宜五谷，亦令各随土性所宜，广栽树木，以资材用。各境内应修塘堰，应浚河渠，亦饬查明次第详办。旋据各州县将劝栽树株造册报查，并将宿州、灵璧、虹县各境内应浚之南北运粮河，凤河、荀家河、搜箭沟、九里河暨凤阳、寿州境内有关蓄泄，年久未修之鹿塘、安丰塘等处分别详请，官修民办。惟安丰塘工作稍繁，甫经报竣，现在另折奏闻，其余皆于上年春夏办理完毕。嗣于上年秋，凤泗所属之九州县卫偶被偏灾。臣亲往各该处周遭察勘，非特地利多遗，即现种田畴亦不知将农功切要之图讲求营治。如高阜之处，别无水源可引，自应多作池塘！低下之处，夏秋水涨，即淹自宜厚筑圩围，以备灌溉，而资捍御。乃该处业佃人等惰窳成习，罔识经营，是以雨泽稍稀即忧干旱，湖河偶涨辄被漫淹，此固天时地利有不齐，实缘人事有未尽。臣于查甚时目槃情形，即详饬地方官留心查办。缘灾赈甫毕，又值东作方兴，未遑办理。兹安省本年仰赖圣主福庇，雨场时若，夏麦秋禾，俱获丰收。而凤泗各灾属收成分数。较之别属更为丰稔，乘此场功已毕，家有盖藏，正宜将农田切要之事，及时督办。臣现在劄饬该府州董，率所属亲历四乡，勤加相度。先将某处地居高阜，应浚池塘若干口，某处地居卑下，应筑圩图若干段，酌定高厚宽深，各丈尺造册存案，并送各上司查考。一面仿照业食佃力之例，剀切劝谕，勉期挑筑。在兴作之始，愚民或未尽乐从，惟在地方牧令不辞劳怨督劝有方。如一时未能并举，则先近后远，先易后难，总期日计有功，始终无倦，俾一乡获利，而四乡皆知慕効。其有不率者，亦即于巡行阡陌之时，惩一儆百。久之当亦自相劝勉。其余广植桑麻，纺绩织纴之事，亦令随宜教导。统俟办有端绪，臣当遴委大员前往查验。如果能实心经理，著有成効，容臣核实奏闻，有应升之缺即予录用，以示奖励。其有怠惰偷安虚应故事者，即将该地方官及不加督察之该府州，一并严参示儆。仍酌定章程，递年遵办。以期仰副我皇上敦本重农，为民兴利之至意。其余江北之安庆、庐、和州，江南之池州、太平各府州，臣于上年夏秋属经亲历，各处民人尚知务本，勤力如无为。太平等处一切堤坝圩围，冬勘春修，皆有久定章程。臣复时加督察，现在官民俱各遵循无误。惟宁国、徽州二府，地居偏僻，臣未经亲到。该二郡人民多以贸易为生，在通省中较为殷富。但如宁国所属之旌德一县，及徽州各属，本地所产常不敷本地民食，虽在丰年，米粮亦不能大减，是否地利人力俱有未尽，非亲历其地确勘情形，未能深悉。省城现无应办要件，今臣于本月二十八日自省起程前赴徽、宁一带察看，地方如有应办事宜，容臣查毕回省据实奏闻，恭请训示。所在地方办理情形及巡查起程日期，理合恭折具奏。

乾隆阅后，特下手谕，嘉奖他留心本职政务。乾隆四十四年（1774年），裴宗锡不幸病故，乾隆闻讯，非常震惊，下谕旨对他的后事进行了妥善安排，并依照功臣惯例，为他举行了国葬。

从以上这些奏折可以看得出裴氏官员忠君爱国、勤于王事的良苦用心，以及治学严谨、不计名利的品德作风。内容有评议时政、学术总结、举荐他人、辞官退让、弹劾奸佞、为民请命等，无一不体现了裴氏人物心怀天下、建功立业的政治抱负和一丝不苟、求真务实的敬业精神。其中所蕴含的深刻的文化内涵，以及先进的思想观点，也是值得后人借鉴和效仿的。

第五节　民俗风情

裴柏村的民俗风情和生活习俗，既有晋南人纯朴善良的本色，又有浓郁的地方特异色彩，勤劳节俭、崇文尚礼、尊老爱幼、敦本儒雅、乐于农商，助人和谐都是裴柏村备受推崇的道德文明。他们的这种文化底蕴反映在传统的婚、嫁、丧、葬、生、辰、奉、礼等各方面的人情礼仪上。其独特的风情风尚，都是裴柏村民健康向上，对美好生活的向往、对劳动成果的热爱、对未来美好日子的憧憬。现在的裴柏村，民风淳朴、包容和谐，村民们依然恪守着“耕读传家”的优良传统，在生活生产、子女教育等诸多方面，无一不体现着裴氏先贤的遗风。

花　馍

每当逢年过节、婚丧嫁娶或其他喜庆时，村民都有捏花馍的习惯。花馍用上等白面为原料，经揉面、造型、蒸笼、点色、插制而成。结婚时，男家除送女家6个重达2斤左右的馒首外，还必须有一对大花馍。每个大如笼盖、重达10斤，只能放在专用的“食箩”里。其中一个以龙为主题，另一个以凤为主题，两个花馍的正面插满了各种面塑，它们造型生动夸张优美、风格朴实、简练大方，实在是一对精美的艺术品，此外还有老虎馍、书包馍、砚台馍、火爕馍，寄托了人们美好的愿望。

锣鼓

裴柏村有一支60人的威风锣鼓队，队内除指挥外，有大鼓、扁鼓、饶钹、铜锣。威风锣鼓队既可在圈地表演，也可在行进中表演，队员身穿着黄色武士服，头戴红色佩巾，威风凛凛；锣鼓声热烈活泼，慷慨激昂，催人奋进。每逢三月三裴晋公庙会或春节、元宵节等喜庆活动时就大显威风，赢得阵阵掌声。

拜 庙

传说女娲娘娘的第三个姑娘出嫁在裴柏。她生前和邻睦里，扶贫济困，深得百姓敬仰。去世后人们为了怀念她，为其修建了“娘娘庙”。每年正月十五夜子时，村里的妇女们带上贡品、香烛，祭拜娘娘。据说只要心诚，就能给全家带来好运。白天各节组织的红火热闹也要先从“娘娘庙”开始，锣鼓、花鼓和表演队伍一番敲打热闹后，才到“宰相广场”会合。

社 火

每年正月十五前后，全村分节都要闹红火。除威风锣鼓队以外，还有舞龙、舞狮、踩高跷、抬阁、跑旱船、秧歌等，晚上还有小型烟火。近年来，人们总还要找一辆中型汽车，上面用广告牌、红旗、彩灯、鲜花和广播捆绑成大型“花车”。车上把每年取得的成绩和下年的目标写在上面，在村里、到礼元镇和闻喜县城，甚至到运城参加“红火表演”，整个队伍锣鼓喧天，彩旗飘飘，非常壮观。

庙 会

自 1994 年以来，裴柏村又恢复了中断 60 年的裴晋公三月三

（裴度的生辰纪念日）庙会。庙会从农历三月三开始，历时三天。从1995年4月4日开始，每年的庙会都由运城市旅游局和闻喜县人民政府共同主办。庙会期间还举办大型文艺表演、唱大戏、风味小吃和物资交流会。每年都有来自全国各地的万余名裴氏后裔到此焚香祭祖，仪式完毕后，又召开“裴氏宗亲联谊会”，大家互相交流各地分会的活动情况，共同为弘扬裴氏文化、建设“中华宰相村”出谋献策。原山西省委书记陶鲁茄应邀参加第一节庙会时还即兴赋诗一首：“裴氏宰相五十九，出生一村世罕见。九凤朝阳天赐美，千年奇柏游人恋。”此后每届庙会都举行祭祖仪式和联谊活动，连唱七场大戏并组织其他项目的活动。

民俗体育

荡秋千是裴柏村传统的民俗体育项目。每逢春节、正月十五，

村里都要绑缚秋千，或单人飞荡，或双人同悠，相互竞赛，达到锻炼与娱乐的双重目的。此外还有深受村民喜爱的“插方”“大炮打洋人”和“砂锅煮鳖”等最接地气的趣味游戏。“如砂锅煮鳖”，双方各执三子（小石头、小木棍即可），在网形盘中交叉运动，将对方逼在一个死角上，就可吃掉，使对方只余一子或吃光就称胜者。这些游戏变化无穷，还不受环境条件限制，田间地头、麦场门道、茶后饭余随时可下，直到现在仍然深受大家喜爱。

冠 笄

冠礼产生于先秦，秦汉以后曾遍推行，历代都很重视。行冠礼的年龄在 15—20 岁之间。行冠礼时，必须没有父母及期功以上的丧事。行冠礼前三天，主人带领将冠者到宗庙去告祖。先在神主前宣读祝文：“维某年某月某日，元孙某谨以酒果之忱，昭告于高、曾、祖、考、妣曰：某之子某年渐长成，将以某日加冠于其首，用申虔告，谨告。”然后辞神，主人送神主归椟中，礼毕。冠礼是人生中童年和成年的界碑，它使一个天真烂漫、事事依赖父母的少年儿童突然跃至成年所举行的仪式，权利和义务都发生了根本的变化，他既可以自强自立，娶妻生子，又必须承担家庭、社会和国家的责任。近年来，很多地方举行 18 岁青年的成人仪式，就是从这里演化的。笄礼的仪式比冠礼简单。《裴氏四修族谱》规定：笄礼在女子将嫁前进行。事前，请姻亲妇女之贤者为宾。届时，宾至，主妇宾人中堂互拜。设宾及笄者位，笄者出房，宾引令人席行加笄礼，即将其头发绾成一个髻，用笄（就是簪子）插入。女子行笄礼后，从此结束了少女时代，可以嫁人。

嫁娶

结婚一般经过“许亲”“通话”“过礼”和“婚礼”四个程序。男女双方经过一段接触，愿意互定终身，就可许亲（意为订婚）。许亲时由男方抬食箩到女家，食箩内放“龙凤馍”、花馍、煮饼、名酒、香烛鞭炮、三牲祭礼（三块猪肉方肘）及部分彩礼，女家收礼后回敬给女婿部分礼物。男方定下婚日后，请媒人通知女家为“通话”，礼品简单。此后“过礼”。这时男方需把答应给女方的剩余彩礼和物品全部备齐，经媒人送给女方，价值往往高于“许亲”。过礼后一个月内举行“婚礼”。20世纪50年代以前新郎穿长袍马褂，戴礼帽，身披红绸骑马迎亲，新娘头戴凤冠，身穿凤袍霞帔上轿到男家，拜花堂后先坐婆婆炕上，然后入洞房吃喜面。1958年后骑自行车穿便装。20世纪80年代以后大都改坐小轿车，嫁妆一般都是电视机、洗衣机、电冰箱和“三金”（金戒指、金耳环和金项链）。彩礼步步上升，宴席也趋于豪华，再不是“六六席”（大小碗各六个）“重八席”，一般都是“十全”（十凉十热）。1990年以后新郎是西装革履，新娘身着婚纱，鼓乐队开道，小轿车列队，场面十分壮观。另有人采用旅行结婚，即在家里简单地宴请双方老人及主要亲友，然后新郎、新娘则到全国名山大川去度蜜月了。

丧 葬

村里一般在老者弥留之际，就要理发、洗脸、穿寿衣，然后用麻绳扎住袖口、裤口，口中放一枚硬币。老人去世后，子孙焚香叩头，哀哭少时，移遗体于桌上，以白布（纸）掩脸，随即在大门左侧挂上丧纸，在门前找一幅旧门板用白纸写好讣牌。重孝及五服以内的小辈族人都要披麻戴孝，七天不得出门，坐草守灵，以尊孝礼。随后请帮忙的人到亲戚家报丧，告知入殓、下葬时间（一般为七天）。由于不能出门，所有事情都交于亲邻好友操办。出殡前夕，子孙分别行“暖床”“取瓦”之俗礼。发葬之日，孝子先出村“迎幛”。出殡前举行祭奠敬献仪式，子女及孙辈各祭饭祭酒为“进食”。然后念祭文，追忆先德，仪式完毕，抬棺于墓地，置于墓穴孝子要入墓穴将棺顶擦净，然后填土垒坟。此后逢七则祭“三七”“五七”“七七”后有“百日”、周年，三年服满。这些礼仪在20世纪60年代曾被大大简化，但是90年代以后又基本恢复了。

撇 草

在裴柏村，还流传有这样一种风俗习惯。谁家媳妇生孩后，娘家要炸油饼送贺。男家将油饼分送给亲朋邻里，并设酒宴庆贺为“散油食”“喝喜酒”。孩子生下三天要“撇草”。“撇草”的风俗出于唐末，是与裴氏家族官员众多有关。裴氏家族人才辈出，仅唐朝就出过33位宰相和为数位的中书侍郎、尚书和大将军等，这引起了世人的极大关注，究其关键，就是他们均出自诗书之家。当时，有户人家生了男孩子，他望子成龙心切，就用带根的谷草，分作十把，交叉扎住，成为一块方格窗户，表示草木之人经十年寒窗苦读，也可以金榜题名。然后手抓泥团用力向谷草固定之处掷去，使泥将草贴墙粘紧，称为“撇草”。其意为草生沃土之中根深叶茂，孩子长大后入学苦读可智慧日增前途光明，但不能忘却故土。最后，在草上窗格的正中间钉上一个碗，一把木勺和一双长竹筷，表示孩子将来步入官场后有吃有喝。由于这个做法寄托了人们对孩子未来的美好希望，大家纷纷效仿。“撇草”就由裴柏逐乡传到全闻喜县，并扩散到晋南各地。

挂旗

孩子出生30天满月要挂旗，挂旗始于明初。一天，裴翁出嫁在本村的女儿生了个男孩，欣喜异常，特地拿上两根喜竹，系上红带，又写了一幅“弄璋之喜”的长方形红绸前往女儿家贺喜。其意是希望孩子长大后，要像竹子那样正直挺拔，要有气节。从此当地人又效仿起来演变

成了“挂旗”。当日不仅要有青竹、“红旗”，而且上面也悬挂着各式各样的物品。有的在旗上挂着书本和蒜瓣，意在孩子长大后著书立说，能写会算；有的挂着红枣和桂圆，是愿孩子长大后蟾宫折桂，独占鳌头；有的在旗上悬挂金属钱币，则是希望孩子长大后高官厚禄，家产万贯；也有的干脆挂上了玻璃镜匾，那就是愿孩子心如明镜，聪慧超人。而今，经过时代的变迁，也为了美观期间，红绸都变成了玻璃镜匾，上的内容也随着时代而演变成“济世栋梁”“英似木兰”“建国英才”“中流砥柱”“祖国花朵”“瑞宅卧龙”等包含个人寄托的时代流行语了。

浇　梁

传统村里有人盖房子、当立木上梁那天，亲朋好友带上鞭炮、煮饼、花馍、美酒前去祝贺。上梁是建房最主要的仪式之一，时间应择于早上太阳升起的吉时，取蒸蒸日上的意思。上梁时如家人生辰时刻与上梁时辰相冲，必须相避。上梁前先祭天祭地祭神灵，祭品有“全猪”（即用猪头一只、猪尾一根，意即全猪），还有其他菜肴廿四碗及各类果品十二盆，置于供桌上端。新建的房门上贴有“上梁欣逢黄道日，立柱巧遇紫微星”之类的吉祥对联。梁之两端

挂红绸，红绸下垂铜钿一枚，取“平安和顺”之意。上梁前，大工师傅要唱上梁歌，边唱边用酒壶浇酒，从梁头浇到梁尾，名为“浇梁”。浇毕，主人给工匠包发“红包”。接着便喊“吉时上梁，大吉大利！”用绳子拉梁慢慢上柱端，梁的东端应高于西端而上，因东首为“青龙座”，西首为“白虎座”，白虎要低于青龙。此时鞭炮齐鸣，待正梁敲进榫内，往下抛上梁馒头，此时儿子、媳妇拉着一条红被面，把抛下的馒头接住，示意传宗接代。而后，主人家办上梁酒，宴请工匠、亲友。上梁当日盼雨，取“及时下雨，生活富裕”之意。这些讲究慢慢都成了当地的风俗习惯。90 年代以后，大部分建房都是用水泥框剪结构，上为平顶现浇。现浇之日，亲友前来帮忙，燃放鞭炮以示祝贺。

升　学

裴柏村历来重视教育，如果村里有学生考上大学，村委会和亲朋好友都要前来祝贺，并希望孩子勤奋努力，早日成才，为家为村争光。20 世纪 90 年代以来，裴柏村就涌现了 3 个研究生和 40 多名大学生，此外还有 30 余名中专生。村里有小学和中学，升学率也远远高于全县平均水平。因此，周围村落的人都愿意把孩子送到裴柏村上学，以期待孩子们也能早日成才。

第六节　裴氏谱牒

裴氏谱牒是目前裴氏文化中最珍贵的历史遗存，它不仅载列了该家族的世袭源流、英贤名宦、德业文章，而且再现了当时的社会史实。因此，与其说她是一部生动的家族史，不如说是一部皇皇的中国封建史！

裴氏谱牒的纂修

裴氏谱牒的纂修最早有记载的是南朝刘宋时裴松之撰修的《裴氏家传》，历代不乏其人修谱，但不是记载简略、世系不详，就是散佚无存。直至清代嘉庆十年的《裴氏世谱》才算有了较完整的版本。据《隋书·经籍志》记载，裴松之撰有《裴氏家传》四卷。《梁书·裴子野传》载，梁中书侍郎裴子野有《续裴氏家传》二卷。《唐书·艺文志》也载有唐户部尚书裴守真编有《裴氏家牒》二十卷。裴氏故里的《裴氏家谱碑》记唐将仕郎试秘书省校书郎闻喜县令裴滔编有《裴氏家谱》，可惜碑文已漫漶不清，多不可辨认。金大定十一年（1171 年），潞州知事裴再兴“搜次残缺，联缀成图”，编修成《裴氏家谱》，但流传下来的只有彭城刘若虚的一个序文。明代的裴氏家谱主要有成化年间的《裴氏家谱》、弘治十六年（1503 年）的《津州裴氏家谱》。

清朝康熙五年（1666 年），福建布政司左布政使翟凤翥“以欧阳公《唐书·宰相世系表》参以家谱，稽诸史传，考诸郡邑志，旁及群书，使三眷十二族井然如水之源流，森然如木之枝干”，并“附以列传诗文”，纂修成《裴氏世谱》四卷，由监察御史朱裴校订。翟凤翥纂修的谱系以颛顼为一世，非子为二十二世，非子六世孙陵为二十七世。而裴（彳率）度认为，陵被周僖王封为解邑君，“除邑从衣，始著裴氏姓。闻喜东五十里有城，其世居也。源远流长，世系

裴（彳率）度祖孙三代续写家谱

井然。”然而“非子以前，号嬴秦，与秦赵同姓，虽出一源，其派攸分，各有姓氏，《史记》详载，人所共祖，既叙入源流考，似不必更列世系矣。”于是，裴（彳率）度以陵为始祖纂修《裴氏世谱》十二卷。其子宗锡任青州知府时，“幸其岁丰无事”，“乃检遗稿，恭加勘定，又得博雅者数人为之助”，对《裴氏世谱》进行了增修，并于乾隆乙亥年（1755 年）七月始刻，至乾隆丁丑年（1757 年）十月告竣。宗锡去世后，其子正文于乾隆五十一年（1786 年）开始，“搜罗其零落于颓垣败壁间”的谱板，“得八九舟，载京师，将期补缀”。增续完家谱，并请光禄大夫太子太傅内大臣文华殿大学士兼礼部尚书议政大臣两江总督高晋作序，连同旧序、跋，编为十四卷。直到嘉庆十年（1805 年），新谱刊印之后，裴正文将之装箱，运回裴柏村祖祠之中。该套《裴氏世谱》成为后世修谱的蓝本。

裴氏家族谱牒，从裴松之所著《裴氏家记》开始，均有人撰修，但比较而言，清嘉庆版《裴氏世谱》，是迄今为止最完整最系统的一部裴氏族谱史料。但是，这部《裴氏世谱》实在来之不易，它经历了一个极不平凡的过程。《裴氏世谱》是继翟凤翥《裴氏世牒》之

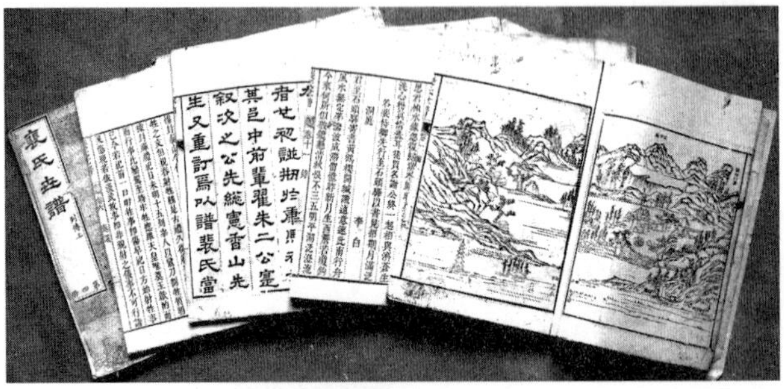

嘉庆版裴谱

后，裴（彳率）度、裴宗锡、裴正文祖孙三代历康熙、雍正、乾隆、嘉庆四朝编辑经历了将近一个世纪的时间，方成书问世的。裴（彳率）度家族属曲沃裴氏。清代曲沃裴氏最为旺盛。裴（彳率）度、裴宗锡父子都是巡抚，有能力承量纂修家谱的重担。

裴（彳率）度（1667—1740），字晋式，号香山，裴氏第六十二世，少为诸生，工诗文，善书画，居官四十年，为人“一意率直，毕生澹泊”，“赋性清介，处事精勤”，“学问人品，卓绝一世”。历仕康熙、雍正、乾隆三朝，官至左都御史。为官期间，深感族谱重要，故参照翟凤翥撰的《裴氏谱牒》旧本，多方搜集资料，续新补漏，纂成《裴氏世谱》十二卷，然而由于宦海沉浮，迁徙不定，书稿虽成，藏于家中二十余年，未能付梓，卒于乾隆十年，终年七十三岁。

其子裴宗锡（1711—1779），字午桥，又字默堂，自号二知。历官右都察御史、直隶按察使、山东青州与济南知府等职。他“为人精敏，有斡局”，为其父长年累月披阅史料、夜难成眠、伏案撰谱的精神所感，秉承父亲遗志，几经校阅、增补、勘定，从乾隆二十一年开始，用整整一年时间将族谱书稿全部刻版。终于在乾隆二十一年（1756年）刻制开工，次年告成。但当谱板刻成不久，未及开印，因公事牵连劫难临身。由于几经转徙逃难，沿途所收藏书版散失很多，至死未能付印又成憾事。

裴宗锡之子裴正文，生卒年不详，字端斋，曾任刑部郎中、中宪大夫等职。在职期间，深感父祖修谱的不易，发奋完成父祖遗愿，立志成书。于30年后的乾隆五十一年（1786年），跑遍其父落难时所经之地，多方收罗书版，十得八九，舟载京师贮藏，至嘉庆七年（1802年）在钱塘江太守的帮助下，又对其父的乾隆谱板进行重辑，在祖、父的基础上，采取“已缺者补之，应续者增之，缀线削蚀，择木选工”。终于在嘉庆十年（1805年）问世，并在裴柏村祖庙内告祭列祖列宗，将其谱板珍藏于裴氏祠堂。

《裴氏世谱》从开始到完工历经87年，在这漫长的岁月中，裴（彳率）度、裴宗锡、裴正文祖孙三代呕心沥血，立志修谱，父死子继，子死孙承，为配氏家族留下了不朽的精神财富，他们的业绩将与世长存。《裴氏世谱》以其内容丰富，史料翔实，受到学术界的推崇。裴（彳率）度祖孙三代，在近一个世纪的漫长岁月中，前赴后继，顽强拼搏，不仅为裴氏后裔，而且为中华文明留下了一笔极其宝贵的精神财富，他们的业绩必将与世永存！他们的顽强奋斗精神也将永昭后人！

裴氏谱牒的种类

1991年以来，河东闻喜裴氏研究会、裴氏碑馆收藏了金、明、清时的裴姓家谱共10种，其中石质家谱2种。

①金大定十一年（1171年）《裴氏家谱碑》。碑额题为“裴氏相公家谱之碑”。碑文前为《闻喜裴氏家谱序》，碑文为《裴氏家谱》。详见本章第一节“裴氏相公家谱之碑”。

②明成化年间（1465—1487）《裴氏家谱》。据清乾隆五十五年

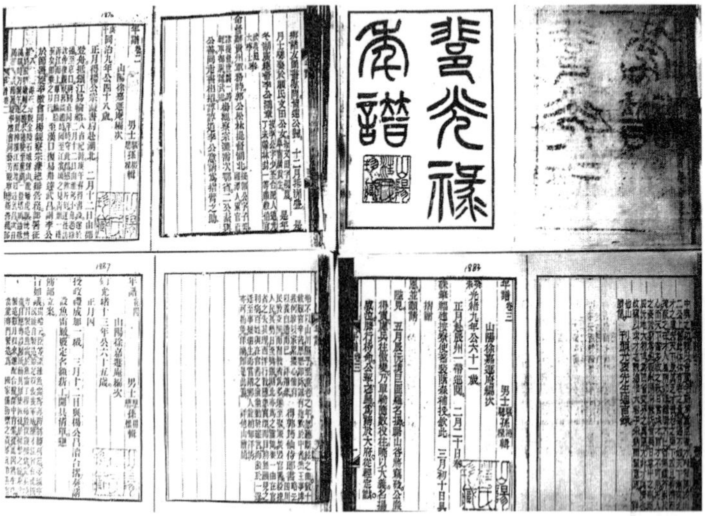

裴光禄家谱

（1790 年）河东裴氏曲沃宗人裴志灏《泽州裴氏序》称："又按逊山公（寀）谱序，伯兄吾山公获闻喜裴氏成化间抄谱刻之，续刻泽州新谱于后。"

③明弘治十六年（1503 年）《泽州裴氏家谱》，手抄本。《泽州裴氏家谱》合抄于《太原裴氏》之后，有序跋四篇：弘治十六年（1503 年）吴兴陆昆序；明万历十七年（1589 年）裴寀跋；清雍正八年（1730 年）裴照跋；清乾隆五十五年（1790 年）裴志灏序。

④清康熙年间（1662—1722）《新安裴氏家谱》，手抄本。河东裴氏东眷自一代裴盖始，至第四十二代裴成，由闻喜迁新安，为新安裴氏。至五十一代进入清朝，裴九章为顺治己亥科进士，康熙甲辰科（1664 年）殿试。新安谱记至第五十二代，据此可知修于康熙年间。

⑤清康熙五年（1666 年）翟凤翥编纂《裴氏世牒》四卷，乾隆时坊刻本。序跋六篇：参加编写的翟凤翥、朱裴、裴之英各一篇，

作于康熙五年；安世鼎、邝奕垣各一篇，作于康熙七年；裴绍文一篇，作于乾隆十八年。本谱体例严谨，第一卷为源流考、庙茔图、世系表、世附、官品、封爵、茔墓、制命；第二卷为列传、女传；第三卷为奏议、杂文、诗、赋、表启书序；第四卷为碑文、诗、事录。

⑥清乾隆二年（1737 年）裴（彳率）度汇辑《裴氏世谱》十二卷。首卷列“协修姓氏”：原纂：翟凤翥；原订：朱裴；重刊：裴宗锡；续刊重阅：裴正文。《世谱》的序文共七篇，《世谱》又录跋、后序七篇。《裴氏世谱》是裴（彳率）度、裴宗锡、裴正文祖孙三代费时 80 年的精心之作。今本《裴氏世谱》为咸丰八年（1858 年）板引，扉页有“咸丰戊午桂月增修，光禄祠藏板”字样。《世谱》将《世牒》四卷扩充为十二卷，体例没有变化，内容大大增加，更加完美地反映了裴氏繁盛时代的浩大规模以及后嗣的赓续不绝，成为一部历史感很强的裴氏总谱。

⑦嘉庆十年（1805 年）裴志灏修《河东裴氏新谱》，手抄本。裴志灏，字汉友，山西曲沃人，安徽宁国府同知，曾参加乾隆六十一年（1796 年）的“千叟宴”。《新谱》共十册：三眷世系表、曲沃世系表（1 册）；曲沃制命、奏议（1 册）、曲沃家传、列女、志表（1 册）、艺文上下（2 册）、曲沃艺文

河东裴氏新谱

上下（3 册），但没有总目录，各册也没有总序次，与《世谱》相比，尚缺源流、庙茔、官品、封爵等内容。《河东裴氏新谱》以记明清时代曲沃裴氏历史为特色。清代裴姓以曲沃裴氏最为发达，《世谱》和《新谱》均出自曲沃裴氏之手。

⑧明末清初裴希度补辑的《太原裴氏家谱》，手抄本。明崇祯十七年（1644 年），裴希度继承父志，修辑家乘，完成了世系表、传记、诰制、行状、志铭。清康熙元年（ 1662 年），他又补辑了家语、杂记，而后刊刻。现存谱序和世系表部分。

⑨清道光二十五年（1845 年）裴际昌撰《河北永年临洺关裴氏宗谱》。临洺关裴氏是明末李自成起义军经过临汾时，临汾裴氏从乔李镇迁至河北永年后形成的。始祖为裴大用、裴国庆、裴国用。修谱时，已至十世。

⑩清咸丰七年（1857 年）《裴氏世系源流考碑》，由四通巨石组成，碑石高 242 厘米，宽 80 厘米，厚 21.5 厘米，座高 34 厘米，蔚为壮观。现存本县裴柏村“裴氏碑廊”。序文是借用金刻裴谱的序。作者署名“唐将仕郎试秘书省校书郎知闻喜县令裴滔”。因此碑所记裴姓三眷世系有至宋、明的，所以这个署名也是借用的。这份裴氏三眷世系是经综合文献资料重新整理而成的，为河东裴氏自发源至宋明时期最为系统完整的一份族谱。它列东眷裴自汉至明共 36 世，中眷裴自魏至唐共 20 世，西眷裴自魏至宋共 24 世。碑文长达 1.3 万余字。

《裴氏世谱》的内容

《裴氏世谱》共 47 万字，分十二卷，内容丰富，篇幅浩瀚，琳琅满目，洋洋大观。第一卷为“源流考”，概述了裴氏家族的起源、姓氏来历、三卷分支和历代封爵的情况，勾画出裴氏家族发展史上大的线条框架及来龙去脉。第二卷为“制命”，载列了历代皇帝给裴氏60余位显要之人颁布的近120道诏书文诰。第三、四卷为“列传”，重点记载了126位裴氏名人的生平事迹与主要历史业绩。第五卷为“列女传”，概要记述了14位女才人的动人事迹。第六卷为“奏议”，是裴氏名臣上呈历代皇帝的50余道表奏章。第七卷为“杂文”，是裴氏自己撰写的各种文体的文章。第八卷为“诗赋”，是历代30余位裴氏名人的诗词歌赋作品。第九卷为“表启”，是唐代名家李商隐、柳宗元、刘禹锡、王勃、韩愈等写给裴氏卿相名宦的书表文章。第十卷为“碑志”，是历代名人名家给裴氏名人撰写的近50篇碑文、墓志、记序等。第十一卷为“赠答诗”，集录了李白、杜甫、白居易、王勃、韩愈等历代80多位诗文大家写给裴氏名宦的近200首赠答唱和诗篇。第十二卷为“事录”，分条记载了130余则裴氏人物的野史轶闻与传说故事。还有首卷与末卷，则分别列载了七篇序言和七篇跋与识。综观《裴氏世谱》全部内容，可以说，它虽名曰家族谱牒，实际上已远远超出了宗谱的范围，它的大部分内

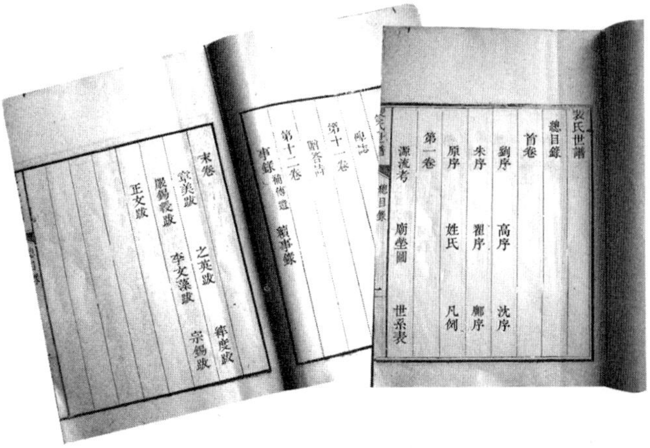

容都同社会历史问题相联系，是当时社会政治、经济、科学、文化兴衰更替的真实记录。因此，《裴氏世谱》不仅是一部珍贵的裴氏族谱史料，而且更是一部独具特色的中华文化宝库。当然《裴氏世谱》作为封建宗法社会的产物，难免有封建性的糟粕，我们在阅读的时候应当批判的接受。

这本《裴氏世谱》是以裴氏的祖居地闻喜县裴柏村为中心，以秦汉魏晋南北朝隋唐的发展鼎盛为主要内容，辅以清代曲沃的部分资料来展开编辑的。对于明清时期迁徙至全国各地的裴氏分布情况，则基本未涉及。重裴姓的祖居地、重裴姓的光辉历史、重编辑者本支，这是《裴氏世谱》的三大特点。裴（彳率）度祖孙三代立足曲沃，仰望裴柏，关注历史，体现了曲沃裴氏敬祖归宗，以裴氏宗族悠久而光辉的历史为荣的家族观念。正因为如此，《裴氏世谱》也成为迁居于全国各地的裴姓分支认祖归宗、寻根祭祖的最重要的家族文献。《裴氏世谱》曾于1994年由山西省古籍出版社出版线装本，书价不菲，但裴氏后裔纷纷认购，满足了他们认祖归宗的心理需求。其他各界人士也很喜欢这部书，则是出于对这个家族人才辈出及其千年传承的兴趣，以及出于对家族文化的关注。

《裴氏世谱》的价值

而今的《裴氏世谱》，是由负创生、周庆义、王午申三位同志校点的嘉庆本《裴氏世谱》的重版本，山西省籍革命前辈裴丽生同志为重版《裴氏世谱》所做的序言中指出："人类的史籍，是人类社会政治、经济、文化兴替的记录，也是人类了解既往、开创未来的教科书，中华民族有一个盛世修史、治史、启迪后人的优良传统。所

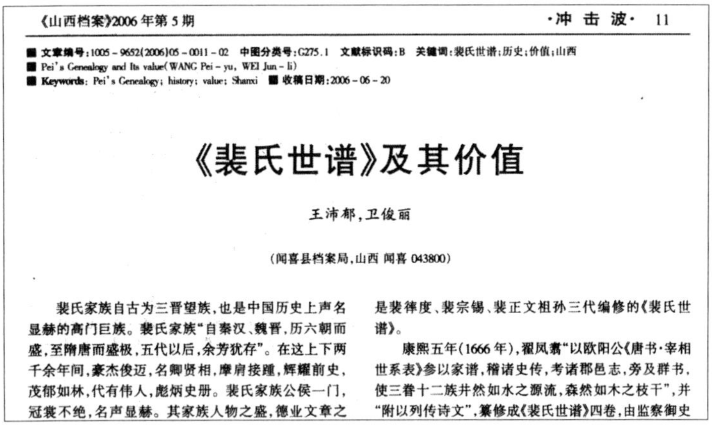
《山西档案》2006 年第 5 期　　·冲 击 波·　11

■ 文章编号：1005－9652(2006)05－0011－02　中图分类号：G275.1　文献标识码：B　关键词：裴氏世谱；历史；价值；山西
■ Pei's Genealogy and Its value(WANG Pei－yu, WEI Jun－li)
■ Keywords: Pei's Genealogy; history; value; Shanxi　■ 收稿日期：2006－06－20

《裴氏世谱》及其价值

王沛郁，卫俊丽

（闻喜县档案局，山西 闻喜 043800）

裴氏家族自古为三晋望族，也是中国历史上声名显赫的高门巨族。裴氏家族“自秦汉、魏晋，历六朝而盛，至隋唐而盛极，五代以后，余芳犹存”。在这上下两千余年间，豪杰俊迈，名卿贤相，摩肩接踵，辉耀前史，茂郁如林，代有伟人，彪炳史册。裴氏家族公侯一门，冠裳不绝，名声显赫。其家族人物之盛，德业文章之是裴徫度、裴宗锡、裴正文祖孙三代编修的《裴氏世谱》。

康熙五年（1666 年），翟凤翥“以欧阳公《唐书·宰相世系表》参以家谱，稽诸史传，考诸郡邑志，旁及群书，使三眷十二族井然如水之源流，森然如木之枝干”，并“附以列传诗文”，纂修成《裴氏世谱》四卷，由监察御史

有史籍的修、治，虽因时因人而情趣不尽相同，但从社会效果来看，或多或少表现这两种作用。”他还说：“我觉得这部《世谱》具有以下研究价值：①对裴氏家族的世袭源流和分地域繁衍脉络的叙述，较之历代裴氏谱牒等均为完整，有益于我国历史人文地理的研究参证。②所述裴氏人物的事迹，多于正史人物传记相参照。举凡有关各代政治军事、财政经济、思想教育、科学文化及治学、修身、齐家和敦睦人际关系等，大率皆有。与各个时代的政治兴替，国势强弱、社会治乱，思想文化昌衰和官风、世风的好坏，多所攸关。可说是饱含智慧，富寓启发性的。

今天的中国是历史中国的一个发展和延续。目前，以社会主义核心价值观为指导，构建“经济、政治、文化、社会、生态文明”五位一体的时代格局，是当今社会发展的主题。而《裴氏世谱》中所涵盖的至今仍有生命力的嘉言懿行及经验教训，以格言和公式作为实现中华民族伟大复兴的中国梦的借鉴，当有其丰富的现实和长远意义。

第七节　治家瑰宝

敬宗睦族

1. 祭祀祖先

一个家族的宗祠，对外是这个家族的象征性标志，对内是祭祀祖先、家族活动的场所。每个家族的聚居地，一般都有祠堂，祠堂是当地最大最好的建筑。裴姓宗祠，不但裴柏祖居地有，而且有全国各地裴姓分支的聚居地也都有宗祠，其堂联和字牌的文化意蕴也很丰富。

闻喜县裴柏村的裴氏祠堂，始建于贞观三年（629 年），后来迭遭兵火，屡废屡兴。明嘉靖元年（1522 年），闻喜县知县张问行见裴氏宗祠颓圮不治，决定重修。重修后，祠三间，大门三间有楼，仪门三间，左右为廊，各三间，四周筑以垣墙，次年竣工，使其焕然一新。题名“唐裴晋公祠堂”，后绍述无人，所以捐俸置地 30 亩，设立学校，培养后人。清雍正十年（1732 年），江西巡抚、曲沃裴（亻率）度出资将唐裴晋公祠移建于裴柏村北高敞地，门、堂、室俱备。乾隆五十六年（1791 年），安徽宁国府同知、曲沃裴氏传人裴志灏集资重修旧祠，裴晋公专祀，祀正室。晋公以上祖先合祀，移前宅三楹于正室后。鉴于裴氏衰落后近千年少有闻人，鉴于何赞所置之 30 亩地收入只够宗祠祭祀之用，学校又废；裴志灏捐资置地 60 亩，延师训课，教育子弟，裴晋公祠才得烟不绝，代代延绵。1947 年裴氏宗祠被拆毁，直至 1975 年才在人民政府的帮助下重建祠堂五

间，以保护裴鸿碑、隋益州总管府司马裴镜民碑、唐宰相裴光庭碑、韩愈平淮西碑、金刻和清刻裴氏家谱碑等。现在裴柏村裴氏宗祠成为海内外裴姓传人寻根祭祖的圣地，成为海内外各界人士了解裴氏历史、瞻仰裴氏风采的胜地。

2. 修谱系族

裴柏村的裴氏后裔们，为了铭记先祖的光辉业绩，在每个时期都有编撰谱牒的传统。裴姓是魏晋隋唐间的世族高门，为了证明和保持自己“高贵的血统”，为了在政治上和婚姻上提供裴姓高贵的血统依据，他们除了在官修谱牒中占有一定的位置外，还修撰了许多裴姓的私谱。西晋时傅畅的《裴氏家记》是今天所知最早的家谱，南朝裴松之撰《裴氏家传》四卷，裴子野撰《续裴氏家传》二卷，北朝裴良撰《宗制》十卷，《裴良墓志》为的是使家族后生知道在宗的重要性。在他的教育下，他的儿子裴子通、裴子休，在隋朝又旌表为“义门裴氏”。唐代，裴氏谱牒有《裴若弼家传》一卷，裴守真撰《裴氏家牒》二十卷。

宋、元以后，近代家族制度的建立，使谱牒学发生很大的变化。海内各家族和修谱牒蔚然成风，散居各地的裴姓也纷纷修谱，以敬宗睦族、维系家族的发展。这里我们以金刻《裴氏家谱碑》说明宋、元、明、清时期裴氏谱牒的特点和一般情况。

金大定十一年（1171 年）《裴氏家谱碑》，署名“将仕郎试秘书省校书郎知闻喜县令裴滔”。据《新唐书·宰相世系表》记载，裴滔为闻喜县令，与此碑署名职衔符合。裴滔在碑文中说：“自秦、汉、魏、晋、宋、齐、梁、陈、魏、周、隋、唐，历十二朝代，皆采于《史记》。”这就是说，碑文的内容截止唐代，没有唐以后的内容。再有，此碑家谱的编排以裴氏人物在《贞观氏族志》中的等第为主要线索。据初步统计，这份家谱谱列了裴氏在《贞观族志》中占有等第的约有 13 人。据此，我们基本上可以确认，金刻裴氏家谱碑的碑文是唐代裴氏家谱。这是迄今所知现存最早的裴氏家谱，它以《贞观氏族志》中裴氏人物等第为线索的家谱编排模式明显区别于宋代以后欧、苏谱模式，它保存了《贞观氏族志》中裴氏人物等第的部分资料，这些都是它重要的学术价值所在。现在我们要进一步讨论的是，

各地裴谱辑录

金代所刻裴氏家谱为什么没有五代至金约两个半世纪的内容？序中说：“裴柏祖庄自来相传祖先家谱，珍宝秘未易示人，奈何远近荣观，又且为不朽之计。”可见当时是将旧谱刻于碑上，并未将其续修。我们分析金大定十一年，裴柏的裴氏后裔一是以唐代裴氏的鼎盛为荣，那个阶段的裴氏家谱是特别值得珍贵的；二是自唐末裴氏衰落后，家道难以复苏，加之政治中心偏离中原，社会长期动荡不安，裴氏人口逐渐分散，在这些情况下续谱不是一件容易的事情。以石刻家谱的形式留住家族辉煌历史的记忆，也可以满足裴氏后人的历史感、归属感的需要。

3. 重视始迁祖

既重视裴姓的始祖，更重视聚居地的始迁祖，这是明清时期分布在全国各地的裴姓的共同特点。不管迁居到什么地方，裴姓的后裔都清楚地知道闻喜县裴柏村是他们的祖居地。只要有机会，他们就会主动与闻喜裴氏联系，或为寻根祭祖，或为家谱世系对接，表现了强烈的历史感和归属感。

河南新安裴氏的始迁祖为裴成，裴成墓志于20世纪90年代在洛阳被发现。裴成于明洪武四年（1317年）携其弟与二子迁居于新安芦院，开创了新安裴氏。而今裴成墓志已置于新安芦院裴氏宗祠的暖阁之中，受到其后裔的祭拜。

山西曲沃裴氏的始迁祖则是裴成之子裴崇。明洪武间，裴成去了河南，其长子裴嵩则去了曲沃，先居住于曲沃城关，后定居于大李村，成为曲沃裴氏之始迁祖。

山西稷山裴氏的始迁祖为裴铜。他于明末避乱来到沙沟，建立新的家园。

山西夏县裴氏的始迁祖是裴清，他于明永乐间从闻喜迁居夏县。

山西平遥裴氏的始迁祖是裴郁，他于宋初避乱从闻喜礼元镇迁居平陆县常乐里冯村。

山西灵石裴氏的始迁祖是裴泰，他于明成化或弘治间迁居灵石。

山西泽州裴氏是元代进士裴仕仪自河东迁泽州大阳镇河东村，又迁下村。裴荣由下村迁回大阳镇，泽州裴氏认裴荣为泽州裴氏的始迁祖。

河北永年临洺关裴氏的始迁祖是裴大用、裴国庆、裴国用三人。他们兄弟三人于明末李自成起义军经过平阳府时，从乔里镇辗转迁至临洺关。

山东菏泽裴氏的始迁祖为裴开德，他于明洪武年间从山西洪洞大槐树迁至菏泽。

江苏宜兴裴氏和丹阳裴氏的共同的始迁祖是唐末的裴从矩。裴从矩自从山西闻喜迁江苏宜兴之铜官。其十六世孙裴积四从铜官迁裴塔，为裴塔裴氏的始迁祖。裴从矩之裔孙裴希祖于宋、元之际自宜兴迁居丹阳东北丰城乡，明末清初迁还丹阳县城，为丹阳裴氏的始迁祖。

安徽黟县裴氏聚居于湾里，南宋绍兴间裴三德自河东徙居黟县北岭鹤山，其十三世孙裴长贞、裴长孙兄弟于明末复迁湾里，为湾里裴氏的始迁祖。

江西丰城裴氏的始迁祖是裴哲。他于元至元五年（1268 年）至三十年（1293 年）宦游至丰城，见山水秀丽，遂筑宅而居。

福建安溪裴氏的始迁祖是裴度的第十四世孙裴石湖，他的曾孙

各地裴氏宗祠均冠以“绿野堂”号

裴一任福建泉州府安溪县令，致仕后卜居于安溪胡头。清流裴氏的始迁祖是裴三郎。他于元至正十六年（1356年）避乱清流，家于九龙。武夷山赤石裴氏的始迁祖是裴坚，他原籍河南固始，宋绍兴八年（1138年）任福建者御史，而后居留崇邑会仙五图曰下梅里裴村。

河南固始裴氏的始迁祖为裴志大、裴志刚、裴志高同胞兄弟三人。他们于元至正二十五年（1365年）由山西经中原落籍固始。

湖北监利裴氏的始迁祖裴文达，因官宦定居监利。松滋裴氏的始祖为程普禄，元末为避追捕，改姓妻姓裴，定居于洈河南岸。浠水裴氏的始迁祖裴万三，他于北宋末挂冠隐居浠水县裴家河。其九世孙裴应廉于明正德年间迁居汉川林场，为杨林裴氏始迁祖。天门裴氏的始迁祖是裴裕，他宦游至此，爱山水之胜，卜居邑东沿湖。

湖南湘潭裴氏始迁祖是裴素裕，他于元末明初避乱，从江西丰城迁至湘潭。常德裴氏的始迁祖是裴纲，他于明永乐间宦游至此，卜居武陵（即常德）。安乡裴氏的始迁祖是裴纪，元末避乱迁居安邑（即安乡）。

广西合浦官井裴氏的始迁祖是裴奭，他于明洪武年间从山东益都县迁至广东石康县（即今广西合浦县）。

四川成都裴氏的始迁祖是裴复一，他于明洪武年间卜居于成都新店子燃灯寺，后代遍布巴蜀大地。

云南镇雄裴氏的始迁祖是裴仁可，他的后人于宋代从江西庐陵县安平乡杜翟村迁至云南镇雄。

我们大概列举了全国各地裴姓聚居地所指认的始迁祖名单，山东、江苏、甘肃等地还有一些裴姓聚居地正在考证其真正的始迁祖，这说明裴姓无论走到哪里，都不会忘记自己的始迁祖。始迁祖证明该聚居地族人渊源有自，因而成为他们崇拜的偶像和维系族人的精神支柱。这种深沉的家族观念，是家族稳固、社会安定的精神力量之一。

家风家教

良好的家风，犹如一个家族的一面旗帜，它引导着一个家族赢得社会赞誉，提高社会地位，推动自身发展。树立良好的家风，对每个家族处理家族和社会的关系非常重要。裴氏家族依靠崇文尚武、耕读传家等优秀的家风，在社会上树立良好的形象。裴氏家族两千多年的发展历程在家风建设方面，采取了许多有效的举措，代有人物垂范。由此，也衍生出了许多裴氏家族家风家教的生动故事来，以励族人和世人。

魏晋时的裴潜家族在政治上发挥了重要的作用。裴潜为魏尚书令，其子裴秀为晋武帝时左光禄大夫、巨鹿郡公、司空，裴秀子裴頠为侍中、尚书左仆射，裴潜弟裴徽为魏冀州刺史，其子裴楷为侍中、中书令，裴楷之子裴宪为前赵右光禄大夫、司徒、太傅。他们都是魏晋时期的名臣，所以河东裴氏一跃成为魏晋时的士族高门，这和它的良好的门风有极大关系。

重视教育、好学能文是这个家族的特点之一。裴秀 8 岁就会写文章；裴頠博学稽古，少年时就有名声。御史中丞见到他后说：“裴頠就像一座武器库，五兵纵横，真是一时的杰出人才。”裴楷弱冠知名，尤精《老子》《易经》。

家族和睦、互帮互携是这个家族的特点之二。裴秀死后，他的长子裴濬也早卒，有诏由裴頠袭父爵巨鹿郡公，裴頠一再辞让，要其侄子裴憬袭爵，帝不许。裴頠又因平杨骏功当封武昌侯，他又再三请求封给憬，晋惠帝竟封给他的次子该。裴楷乐善好施，他盖的住宅，裴衍见了很喜欢，他就将新宅给了衍。他还曾经租钱百万，救济亲族。当裴楷因杨骏案被收廷尉时，他从容应变，索纸笔给亲朋故旧写信，以便疏散。

勤劳俭朴、实行薄葬是这个家族的特点之三。裴潜逝世前，遗嘱令薄葬，丧事从俭从简，墓中只放置瓦器数枚，其余一无所设，这和当时的厚葬之风形成了鲜明的对比。河东裴氏在魏晋时的崇高的政治地位及其良好的门风，使它赢得了崇高的社会地位。当时广泛传颂的“八裴方八王”，正是裴、王二族盛于魏晋之世的最好说明。

南朝的裴松之和裴邃一文一武两个家族，在家风上也值得称道。裴松之家族以史学名于世。裴松之撰《三国志注》，其子裴骃撰《史记集解》，其曾孙裴子野撰《宋略》（今佚）。他们在中国古代史学上取得成就的个中缘故，恐怕主要应从家学渊源来解释。裴松之家族在动乱中从北方流落到了南方，同时也把北方中原的传统文化也带到了南方。所以裴松之博览坟籍，立身间素，他的历史文化知识非常丰富，敢于接受宋文帝交给的任务，补注《三国志》。《三国志注》完成，宋文帝览后认为是“不朽”之作。裴松之《三国志注》的成功，极大地激发了他的后代对史学的浓厚的兴趣。以注史、撰史为己任的裴骃、裴子野接踵出现了。裴骃从小在其父裴松之身边长大，耳提面命，在史海中耳濡目染，也养成了好学深思的习惯。他博览群书，撮其指要，为史学名著《史记》作集解。裴松之和裴骃父子，一个是《三国志》的功臣，一个《史记》的功臣，从而形成了有史学特色的家族治学传统。骃之子裴昭明也不甘示弱，他自小继承了家族的儒史之业，刻苦攻读，知识渊博。他于宋泰始中为太学博士，能解答礼仪中一些难解的典故；他任始兴郡内史，能案治妖言惑众的“圣人”。他从始兴郡返回后，贫甚，齐武帝说：“像他这样做官一身清白，家无住房的人，我读书少，不知古人中谁能与之相比。”裴氏的家风，在裴昭明手上又树立了一个传统：“一经传家”。裴昭明一生清勤，常对人说：“人生何事须聚蓄，一身之外还有什么是必须的。子孙若不是人才，我积聚，他挥散。若能自立，则不如一经。”他本人终身不事产业，以经史典籍传家继世。到了裴昭明的儿子裴子野，他的“一经传家”的治家思想结出了硕果。子野生下来其母魏氏就去世了，他从小就由其祖母殷氏鞠养。殷氏文化修养较高，她亲自以章句之数教授子野。子野九岁时，殷氏亡，他最为悲痛。但他更加认真学习，写得一手好文章。子野在禁省十余年，默静自守，从不提出过分要求。他的外祖父家和众表亲家贫困，他将所得俸禄全部给了他们。家无住宅，借得官地二亩，盖茅屋数间，妻子在家常为饥寒所苦。子野在家以教诲为本，子侄对他敬畏有加，奉若严君。临终，遗命务存俭约。他撰著《宋略》二十卷，是为了继承其曾祖父裴松之的未竟事业。《宋书》的作者沈约妄言“松之已后无闻焉”。但沈约见了《宋略》，肃然起敬，不敢穿鞋光着脚去拜谢裴子野，请求宽恕，并感叹他不如裴子野。我们从裴松之祖孙四代所传扬的“一经传家”、治史为务的家风家教传统中，感受到了裴氏家族的文化魅力。“一经传家”，不是指固守某一经书。在汉代确有这样的事，但在南朝主要是指继承传统文化和传统文化的儒家思想文化。

南朝的裴邃家族更多地体现了将门的色彩，和以修史为特色的裴松之的家族不同。裴邃出身将门之后，他的祖父是宋武帝前军长史，父亲是骁骑将军。他十岁能属文，尤喜《左氏春秋》。他为南齐始安王萧遥光扬州刺史的参军，兵败后还居寿阳。当时南齐末年政局不稳，裴氏家族有裴叔业率领全家以寿阳降北魏，裴邃跟随到了北方，还受到重用。但他留恋南方，趁王肃镇寿阳之机，随王肃到了寿阳。梁天监初，他主动回到南方，在萧梁任后军谘议参军，并积极要求到边境效力，任庐江太守。他在边境大力开垦屯田，使仓廪丰实，人心安宁。官兵们为了答谢他的恩惠，主动给他绢千余匹。为了照顾大家的情绪，他只象征性地纳其二匹而已。他深沉有谋略，为政宽明能得士卒之心。持身严谨方正，威信很高。由于他严以治军，将吏们很少作奸犯科。裴邃的将门本色，堪称大家风范。有其父必有其子。他的子侄之礼、之高、之平、之横，子侄孙裴政、悲忌等都是梁、陈的骁将。他们少年励操，以尚武自立，晚节驱驰，各著功于戎马之中，真不愧是“将门有将”。后来，他平“侯景之乱”有功，除吴兴太守，用作百幅被，以成其初志。之高善于激励，之横有志而事竟成。我们从中看到了一个生气勃勃，充满活力的家族。

中原地区是河东裴氏家族活动的中心地区，所以在北朝，裴氏家族人才辈出，为官为宦者布满朝野。记载北朝历史的《北史》，其传记多具家传性质，其中有好几卷传记属于河东裴氏的家传。如卷38裴骏家族、裴延儁家族、裴佗家族、裴宽家族、裴侠家族等；卷45裴叔业家族等。这些在北朝显赫一时的裴氏家族，在家风建设方面也各有独到之处。

裴骏家族：裴骏自幼聪慧异常，人称“神驹”，因以“神驹”二字为字。这个家族重视传统文化的教育。裴骏弱冠便通晓经史百家之学，行为遵守礼度，得到了乡里的赞扬。他因主动参与镇压盖吴起义，被北魏统治者视为“三河领袖”，使河东裴氏借助于北魏朝廷的力量，赢得了崇高的社会声誉和社会地位。其子修，早孤，独自承担了幼弱的二弟三妹的抚养责任。他对弟妹的抚育教诲，甚得要领。次弟死后，他收育孤侄，同于己子，待其长大分居时，将双婢田宅都给了他，他的行为受到了乡里的称道。裴修弟裴宣，少孤，事母、兄以孝友著称，司空李冲因见而重之。其传记称：“宣家世以儒学为业”，他认为如果为官不至公卿，禄来不及养亲，不能对国家有更大的贡献，那就不如回家，为此作《怀田赋》以叙心迹，宣武帝不许其解职。裴宣子裴敬宪，少有志行，学博才清，抚训诸弟，专以读诵为业。淡于荣利，官府任以官职，让其弟先去，为世人所叹美。因他有仁义于乡里，连盗贼都不损毁其家。裴骏从祖弟裴安祖，八九岁听讲《诗经》，听到《鹿鸣篇》，对他的诸兄弟说：“鹿找到了食物就互相传呼，何况人呢。”自此，未曾单独吃饭。弱冠为州主簿。有兄弟二人争财，官司打到州衙。安祖将兄弟二人召来，以礼义孝悌之义批评教育他们。第二天，这俩兄弟一道前来谢罪。大家钦佩他对这个案子处理得好，礼义孝悌，能使家庭和睦，社会安定。

裴延儁家族：裴延儁少孤，事后母以孝闻，攻读经史，才笔可称。举秀才，谢策高第，除著作佐郎，迁太子洗马，本邑中正。在尽孝道、读经史、举秀才等方面，都做出了成绩。他的家族后人裴叔卿，博览群书，以孝敬父母知名，时人号曰："裴曾子"。曾子，名参，是孔门大弟子，也是《二十四孝》中的大孝子。乡亲们把裴叔卿呼为"裴曾子"，是对他的孝行的最大肯定，也是对裴氏家族家教门风的肯定。

裴佗家族：史称其世代以文学显名，五举秀才，再举孝廉，时论称美。裴佗即举秀才，以高第除中书博士。他一生清白，不置家产，宅不过三十步，没有田园，暑不张盖，寒不衣裘。他卒时，有子六人都未成年，长子裴让之才十六岁。他夫人辛氏精明能干，熟知礼俗。为教育诸子，她广延师友，或亲自教授，使他们长大后都成了人才。裴让之，能赋诗，风流卓越，为主客郎接待南朝的使者。他的二弟投奔西魏，齐神武帝高欢将让之等五兄弟都抓起来，问他诹之何在？让之以当年诸葛亮兄弟分在吴、蜀，各为其主，且其老母在此，君臣分定，失忠与孝，愚夫不为，并以诚信待物要求齐神武帝。齐神武帝认为他说得有理，把他们兄弟都释放了。危难之中，打动齐神武帝的是裴氏家族所恪守的忠孝观念。裴诹之确实是一个才华出众的人，他读书一览不忘，人们的看法是他超过了其兄让之。西魏军攻陷洛阳，他没有走，被称为"洛阳遗彦"。让之三弟谳之，7岁便勤学，兄弟都为京官，全无乡音。五弟讷之是个大孝子，他在并州，突然发生心绞痛，便急忙回家，原来他母亲在家心痛病发作。

当时人们都以其孝心感动。

裴宽家族：裴宽博览群书，学问出众。父母双亡后，他抚育弟以笃友闻。由于裴宽兄弟天伦笃睦，人之师表，人们都喜欢和他们交友。裴宽之弟裴汉聪敏好学，他见百字诗，看一遍就能背诵。处理案卷，分析透辟，剖断如流，相府盛传“日下灿烂有裴汉”。本性好与友朋交游，以诗酒相处。自其兄裴宽殁入陈后，断绝交游，不听琵琶，岁时伏腊，尤为悲痛。抚养兄弟，情深意笃。整天沉浸在书籍之中，在弥留之际，尚手不释卷。

裴侠家族：裴侠七岁还不会说话，有一天见一群乌鸦从天而过，他手指蓝天，突然说了话，从此聪慧异常。他十三岁丧父，在其母的抚育下艰难度日。任河北郡守时，他俭约朴素，爱民如子，所食唯菽麦盐菜而已。他决不以公肥私，并把原来郡守的好处都主动免去了。时人歌曰：“肥鲜不食，丁庸不取，裴公贞惠，为世规矩。”在朝堂，他作为“清慎奉公，为天下最”站在一边，再没有人敢于过来和他站在一起，因此被号为“独立使君”。这种鹤立鸡群的清官形象，是裴氏历史上的无上光荣，是长期以来裴氏家族清正廉明家风教育的硕果。他曾撰写九世伯祖《贞侯潜传》，即裴潜传，叙述裴氏的清白至公，目的是教育后代以裴潜为典范，宗室中知名的成员人手一份。有人对为官一世如此清苦表示不解，侠向他们解释说：“我裴姓是大宗，历来闻名于世，活着见称于朝廷，死后留芳于典策。我自约束，为的是不辱没祖先。”裴侠作为史上廉吏，世人称颂。1995 年我国高考文科以裴侠事迹为试题，入 A 、B 卷中。裴氏能长期成为望族，其奥秘就在于家族严格的清廉家风。

隋唐时期，虽然门阀制度已经过时，但是门阀观念仍然很深。

河东裴氏在隋唐时期发展到鼎盛阶段，其家风的打造和修炼也达到了极致。

两唐书《孝友传》记载了唐代的孝友人物。所谓孝友，善父母为孝，善兄弟为友。善父母必善子女，善兄弟必善宗族。为孝为友可以移之于君，施于有政，行于蛮貊。凡立身扬名者，必偕孝友而成。两《唐书·孝友传》所记裴敬彝，究其根源，乃隋唐二代的义门。他的曾祖父裴子通，是隋而皇中太中大夫。其母终，庐于墓侧，终日哭泣，以致双目失明。他兄弟八人，都以友弟著名，有诏旌表其门，这就是闻名遐迩的“义门裴氏”。裴子通的墓志已被发现，墓志说：“海内重其家风，人伦敬其门法。有诏表闾，以旌高义，方登上寿，永保遐龄。”其六弟裴子休的墓志也已发现，谈及旌表义门时说：“皇家”隋唐朝“受命，尚齿优贤，归老乡闾纵心所欲。与第四兄子通鹤发龙眉，同车共被。家有四世，门有九德。孝敬之风，影于童稚。雍睦之道，著自闺闾。降王人，标门旌义，缙绅共美，邦族荣之。虽石庆韦玄之家教，郎陵太丘之门法，无以尚也。”裴子通赢得“义门裴氏”的荣誉，与其父辈裴良也有关系。裴良墓志记载，裴良曾撰写《宗制》10卷，树立了裴氏的家范。作为他的儿子，在弘扬裴氏家风方面，自然做得更好。有意思的是裴子通的孙子裴敬彝在唐朝也被旌表义门，真是家风旺盛，世代相传。裴子通的六个儿子：棱、俶、深、侃、戎、宽，裴俶过继给裴子诞，其科五人中，不知谁是裴敬彝的祖父。敬彝之父为智周，内黄令。裴敬彝少聪敏，性端谨，喜读书，为宗族所重，号为“甘露顶”。年十四岁时，其父为部下诬告，当时唐临为河北巡察使，敬彝向他申冤。唐临十分惊奇，令作词赋，称美，智周被释。唐临因表荐敬彝为陈王府典签。

其父暴卒，他在长安，突然心痛，手足麻木，逆料其父出了大事，遂请急还，果然父丧。他更加孝顺母亲。乾封初，他任监察御史，母亲病重，医生许仁则有足疾不能乘马，他就用轿子抬着许仁则给他母亲看病，他的孝行受到了朝廷的表彰。

《旧唐书·孝友传》中除裴敬彝外，还有裴守真。守真最孤，事母至孝。母死后，又侍奉寡姊及兄甚恭谨。闺门礼则，士友所推。永淳初年，关中大饥，守真尽以禄俸供姊及诸甥。他自家却粗粝不充，毫无怨言。他的六个儿子：子余、巨卿、耀卿等都是唐朝名臣，其中裴耀卿为唐玄宗时宰相。

唐代河东裴氏家法极其严格。唐僖宗的宰相裴坦为人清廉俭约，恪守家法。他的儿子娶杨收之女，杨家的嫁妆宏丽豪华。他见了十分气愤，命人立即撤去，并严正地指出："不要乱了我的家法。"在当时嫁妆丰厚、互相攀比的风气中，河东裴氏能保持婚事从简的家风，实属难能可贵。

唐朝推行科举制度，不论是士族地主还是庶族地主，都必须通过参加科举考试，择优录取，才能进入仕途。因此，唐代的名门望族要想让自己优越的社会地位变成政治上的优势，就必须强化家族教育，以促使自己的子弟能够顺利地通过科举考试，进入地主阶级在政治上的领导。河东裴氏也不例外，也非常重视家族教育。这里举两个比较典型的例子。

裴炎是唐中宗时的宰相，他少年时进入弘文馆学习。他珍惜每一天的时间，刻苦读书。每逢馆学休假，其他生徒都出去游玩，只有裴炎还在课堂里坚持学习，他的学业长进很快。一年后，有人推荐他出来做官，他以学业还不扎实，婉言谢绝。他在弘文馆一学就是10年，博览文史坟籍，尤其精通《左传》和《尚书》。在科举考试中，他中了明经。在官场也比较顺利，历任兵部侍郎、中书部下平章事、侍中、中书令。后来，为捍卫唐室，在防止武后篡权的斗争中不幸遇难。

裴休是唐宣宗的宰相，他接受家族教育的事迹是令人感动的。他弟兄三人：俦、休、俅同登进士第，一时传为美谈。他们童年时，一同就读。裴休整年不出别墅之门，白天讲论经籍，晚上研习诗赋。有一次，一个看管山泽的人送给他们一只鹿。裴俦和裴俅煮熟后，叫裴休一起同食。裴休说："我们这些穷学生，菜蔬都不能保证，今天吃肉，明天又吃什么呢？不应当随便改变饮食。"他怕吃肉坏了脾气而坚决不吃。后来三人都高中进士，皆大欢喜。

由于河东裴氏"以学行自饬，谨守其门风"，在唐代出了一大批进士、明经，还出了五名状元，他们是裴俅、裴思谦、裴延鲁、裴格、裴说，真乃"克荷堂构，不坠门风"。

国有国法、家有家规，没有规矩不成方圆。裴氏家风建设的内容非常广泛，举凡勤劳俭朴、孝敬父母、友爱兄弟、家庭和睦、教育后代、勤学苦读等都是家风中应有之义。几千年来，裴氏家族所形成的家风是裴氏后裔们的立家之本。

家规祖训

裴柏村作为中国历史文化名村，裴氏家族之所以声名显赫、历久不衰，除了特定的历史因素外，主要是和裴家严格的祖训家规有关。裴氏先祖早就确定了"凡是贪官污吏、布衣白丁，死后不入祖茔”的家规，“重教务学，崇文尚武，德业并举，廉洁自律”的门风，这就使裴氏后人形成了一种良好的风尚。“推诚为应物之先，强学为立身之本”教育子女待人处事要诚恳，只要加强学习才能立足于社会；“节俭为传家之基，清廉为为政之道”则是规诫后人为官要清廉，持家要节俭。

裴氏家族的家规祖训规定了裴氏后裔在祭祀祖先、教育子弟、做人处事、日常生活中惩罚违规的一些办法，并对祭祀时的主祭者的资格、参与祭祀的条件、入祠的限定、祖茔的保护、祠宇的维修以及祠堂的维护等作了制度性的规定。这些家规祖训对敬宗尊祖，维护宗族内部的秩序，保持宗族的衍续和发展，发挥了重要的作用。一代一代的裴氏族人严守祖训，躬身践行，不仅以此训律己，更以此规正人，其中所蕴藏的至深哲理和深厚的文化内涵，在21世纪的今天也有着非常重要的现实意义。

裴氏祠规

宗祠之建，原为妥先灵、奉祭祀，理宜整肃。只许子弟读书其中，岂容租寓喧哗、堆积秽亵。如有敢犯此者，合族斥者；不从者，禀究。

春秋祭祀，酒醴肴馔，必尽诚洁。绅士之裴，行尊者主祭祀事，即与祭者，亦宜衣冠整肃，随分序立，毋得错乱不虔，有乖礼仪。至祭毕而钦，无论长首事，一应民祭之人，俱得与席。但宜端坐静钦，毋得喧哗。及归，人各给饼一对，五十者二双，以次渐加。

未娶之人，不能承绍祖考，年虽老不得主祭。

干纪渎伦及优娼隶卒辱祖已甚，不得与祭。其子孙虽经三世，与螟支一例不得为族长。

族内乏嗣之人，理应凭族由亲及疏，轮推承继，毋得遽行螟蛉，致启争端贻后患。

族内继子，毋论得产多寡，俱宜承其世系，毋许始贪家产，而继后则曰：“我不忘我所生也。”倘故犯者，即将所继之产，推入祀烟，以为本支祭享之资。若本支兄弟俱亡，继父自有亲出，亦听回继。

历代祖茔均叨庇荫，如有不肖子孙，敢于山内近茔盗葬者，合族即时押令起迁外再行重罚。不从者，鸣官究治。如有顺情畏势不愿鸣官者，亦以党恶论罚。

族内坟山虽甚窘迫，万无可卖之理。如有私将典卖者，合族以故违祖禁，鸣官究复外，重行家法于祠内。若螟子犯此，定行屏逐，决不容贷。

父母为一本之亲生，事葬祭宜随分自尽，兄弟有同气之雅，以敦友爱，以慰高堂。毋听妇言而乖骨肉，虽分灶后，亦宜友爱如初。或有不孝不悌败伦渎纪者，族长率族鸣鼓而笞之，毋许入祠。

族长分尊年高，或列加德劭，合族宜敬而礼之。凡遇族中公事，必先禀命，亦古者宗法遗意也。为族长遇公事及家规所当行者，亦须秉公而行。子弟故犯，合族斥责。

螟子谊虽父子血脉，实未尝贯通分析之日，止可拨与田地，一应祖墓山场，毋许私拨擅葬，不惟关防其盗卖，且杜绝其凿伤也。如或私拨擅葬，押令推还并勒起迁。

礼严内外之分，刑重淫乱之条，污人妻女，衅人孀寡，公论俱不容宥。吾族内或有人面兽心、渎乱伦纪者，合族鸣官究治外，不许入祠。妇女有慝行者出之，与外事及内言出阃者，斥之。

子弟业习父兄所择，德成艺成，原非一途，但业精于勤，不至或作或辍，庶几往则有功。若不务生业，博局歌舞，游荡无度，以至衣食莫措，流为匪僻，族长察出，以家法重惩于祠内。并有不耕不艺，甘充贱役者，贻累子孙不得捐考，尤当戒止。

祠宇新建，门壁、窗棂、椽瓦、墙垣，靡弗精致。然未有久而常新之理，继自今经理祠事者，宜以时修茸，庶祖宗灵爽有所凭依。

祠内祀产原为祖宗祭祀，非为子孙衣食，且祀产无几，仅足供春秋之费，凡我子孙不得私心觊觎，借口借贷。

河东裴氏家戒

一、毋忤尊亲

《孝经》云：夫孝天之经也，地之义也，民之行也。天地之经，而民是则之。是故子女对父母长辈，应予孝顺，听从教诲，绝不许有违忤、伤害、遗弃尊亲。

二、毋辱祖先

木本水源，慎终追远，乃人伦之基本大道。《诗经》云：毋念尔祖，聿修厥德。即常念尔祖，述修其德之谓。故为人子孙者，应修身明德，遵守正道，不敢为非，毋辱其祖先。

三、毋重男轻女

天生蒸民，本为平等，无分男女贵贱，是以父母长辈，不可有重男轻女之观念。教育、生活、男女一律平等，吾姓女子不得以之嫁人为妾，或溺女婴，抛弃女婴之事。

四、毋事赌博

赌博倾家荡产，为害匪浅。长辈须以身作则，决不可涉足其间，严禁青年后辈沉溺于斯，即使从旁观看，决不许可，以杜其渐，沾染恶习。

五、毋为盗窃

君子固穷，一介不取。廉者不受嗟来食，志士不饮盗之泉。奚肯沦为盗贼、杀人越货之败类。吾姓子孙，须明廉知耻，作堂堂正正之人。

六、毋贪色淫

淫嫖败德戕身。奸淫妇女，报应随之，如响斯应。青年纵欲，天机早泄，损其寿算，或罹痼疾，贻害子孙。为官贪色，身败名裂。吾家子孙，允宜切戒。勿纳于邪，非礼是远。

七、毋吸烟毒

一般香菸（同烟），百害无益。而况吸食鸦片及有关毒品，为害尤烈。吾家子孙，应予切戒，免戕身心，倾荡家财产业，更罹法网。

八、毋酗酒好斗

酒以格神礼宾，饮宜适度。豪饮酗酒，乱性败德，戕身愤事。孟子云：少之时，血气未定，戒之在斗。是故吾家子孙，力戒酗酒。忍小忿，成大谋，行大勇。切勿亲近恶少败类、寻仇斗狠。

九、毋忘本崇洋

近世以还，崇洋泛滥。须知身家国民族为其一体，而不可或分者，亦即人之大本。吾家子孙，不可有忘本崇洋思想行动，如在某种不得已之情况下，而入外国籍，亦须保持吾华固有之优良风尚习惯、语言、文字及祖宗之渊源。

十、毋入帮派

黑社会分子，为害人群，苟入其中，等于陷井，任其驱使，为非作恶，积所痛恨，法网难容。吾家子孙，对此视同蛇蝎虎狼，应予远之，免遭祸害。

河东裴氏家训

一、敬奉祖先

慎终追远，木本水源。生事死葬，祭祀礼存。

立志向善，做贤子孙。贻谋燕翼，勿忘祖恩。

二、孝顺父母

父母恩德，同比昊天。人生百行，孝顺为先。

跪乳反哺，物类犹然。况人最灵，孺慕勿迁。

三、友爱兄弟

世间难得，莫如兄弟。连气分形，友恭以礼。

同心同德，团结一体。姜被田荆，怡怡后启。

四、协和宗族

曰宗曰族，一脉相传。勿事纷争，和谐齐贤。

尊卑长幼，伦理秩然。远近亲疏，裕后光前。

五、敦睦邻里

同村共井，居有德邻。相维相恤，友助和春。

勿生嫌隙，有礼彬彬。基层良风，家国亲仁。

六、立身谨厚

谨身节用，明刊孝经。武侯谨慎，昭若日星。

厚德载福，宽让能宁。谦虚自牧，喜怒不形。

七、居家勤俭

勤能补拙，俭以养廉。丰家裕国，莫此为先。

秃惰奢靡，祸害无边。惜时爱物，居安乐天。

八、严教子孙

家庭教育，立人丕基。诲尔谆谆，性乃不移。

谨信泛爱，重道尊师。传子一经，金玉薄之。

九、读书明德

人不读书，马牛襟裾。学而时习，其乐有余。

一技专长，生计无虞。立达希贤，典型规模。

十、惇厚戚朋

朋友五伦，以德辅仁。益友损友，择游宜珍。

戚党姻亲，和洽如春。岁时伏腊，晋接礼宾。

十一、慎重言语

一言兴邦，一言丧邦。圭玷可磨，言玷永伤。

驷不及舌，语出须防。少说寡祸，发言有章。

十二、讲求公德

置身社会，公德第一。爱惜公物，遵守序秩。

时时警惕，留心错失。祛除自私，免贻人疾。

河东裴氏族戒

一、谱者，祖宗源流之所在。掌谱者，必要爱之、重之，而敬之如执玉，奉全可也。其或收藏不谨，致被风雨漏烂，虫鼠毁伤，又或为童仆婢妾所污坏。法管谱者置酒礼，公将谱另择贤者收管。或本宗有一等贪财之人，或将家谱典鬻与同姓非宗者，许众追出原谱，以不孝治罪。谱自今修后，宗族日益蕃盛，务要每年照前式样，加增排行，登名上谱，逐一承上接下，次第详明，毋得争先夺后，重名乱派。

二、族之间宗族人等有争斗者，止许赴本族尊长及本宗贤者各诉其情，直言劝戒，分决是非，不许轻自告官，败坏家法。

三、族尊长者，乃一族瞻仰也。必须谨守礼法，以训子侄。如有子侄兄弟争竞，来诉不平，必会各房尊长及德者，务必秉公正直，毋得私自从恶唆非，审其虚实，别其是非，依律处决，以尊家法。

四、耕读，乃人生之要务。子孙能读者，当加劝勉。若禀性愚昧，不能读者，当令务耕稼，为治生之道。国以农为本，不许放溢为非，玷辱宗祖。先要读书观律，怀仁怀刑，如有不务生理，而为非者，许尊长同合族者，即时纠众送官治罪；徜容情隐匿，事露之日，尊长一同问罪。

五、各处祖墓，子孙每遇节度，必须依期祭扫。如道陂起祖之墓，虽然路程隔，亦必三年五载备祭礼以祀之，则吾族子孙有尊祖敬宗之意。若吾家古墓，不论亲支，一见崩缺土，必须取土加覆。即疏远之祖，亦必如是。恐被他人侵谋，诚为不孝。并有失其墓者，处人平毁，许同见之人与合族通知，不论亲疏，助资财物，投图告理，庶不失其木本水源之意耳。

六、族间子弟当以忠厚为先，不必倚族人为势，常行凶暴。如逞强争斗，各房族长严为教诫，不可从他放肆，不遵守者，罪难逃避，悔何以矣。即或胡紊田土，明明有理，被外人欺占，亦从众议论，不然生事坏法。合族不可赀赠，倘私情赠钱者，与犯同罪；知情不举者，亦同。

七、族间子弟务要各求生理，毋作非议之事。我族人烟散处，子孙蕃盛，尊卑凛凛。在长者毋得恃尊凌卑，在小者亦不得侮尊灭伦，各宜自重。稍有违犯，罪合族众公而论，轻则凭尊责罚，重则送官惩治。

八、族中养女已笄者要务家训，使习规矩，学女红。至若许字，与众商议，不得图利轻自匹配。恐门户不称，有坏先人闻望，亦以不孝治罪。

九、山川地坝、古冢荒坟，毋论本宗外姓，有嗣无嗣者，不可平废。如有侵废毁坏，幽有鬼神禀匕，可谓谨之慎之。

第六章　古村新貌

第一节　新农村建设

裴柏村位于古老的兰德镇西南，文化遗产丰富，耕读传家为本。全村有220余户，共1050人。其中裴氏后裔近300人，占总人口数的28%。从恢复高考至今，村里先后出大学生和大中专同等学历者110余人。近年来，裴柏村紧紧抓住“中华宰相村”这项历史文化遗产，以社会主义新农村建设和实施“乡村振兴”战略为契机，改善村容村貌，发展旅游事业，增加百姓收入。2017年，全村人均年收入为9000余元。

走进裴柏村，笔直水泥硬化路纵贯横通，高大茁壮的桐树和杨树遮天蔽日，裴晋公祠喜迎朝霞，凌烟雄阁漫送夕阳，古今辉映，文明焕彩，让人顿感心旷神怡。由于其悠久的历史文化和时代气息，2008年11月，裴柏村荣获“山西省旅游文化名村”称号。

在新农村建设上，裴柏村是历史文化名村，一切按照尊重历史、超越历史的理念，来定位、打造出具有“中华宰相村”为特色的“历史文化名村”。根据这一要求，支村委一般人在县、镇等有关方面领导下及时规划了该村新农村建设规划方案，科学制定了《裴柏村自然村历史文化名村建设规划实施方案》，并及时向上级有关部门请示。为使遗存下来的珍贵文物古迹得到完好保留，裴柏村特意聘请了当地有名的专家和教授，为村里作了历史文化名村保护和社会主义新农村建设的科学全面规划。裴柏村坚持“保护为主、抢救第一、合理利用、加强管理”的原则，按保护级别将村分为核心保护区、建设控制区、风貌协调区三个保护层次。每年村里对核心保护区的古文物、古宅院要投入部分资金进行保养和修缮，控制和保护文物不再受到损坏。建设控制区主要指与文物交相辉映的农户民宅。为提高村民对所居住宅院的保护意识，村里一方面严格控制村民乱建乱盖行为，一方面对已损坏的房屋给予修复。如今裴柏村村民对文物的保护意识非常强，就连一块砖一片瓦也十分珍惜。这些保留完好的文物具有极高的艺术价值、科学价值和历史价值。

近年来，裴柏村围绕历史文化名村的保护规划和社会主义新农村建设相结合的原则，除对一些古建筑群落保护修缮外，还实施了硬化村内的主要道路和绿化美化等工程，这为全国历史文化名村的选评奠定了基础。主要规划如下：

村庄建设规划

村庄规划主要按村庄的现状布局重点要搞好旧村面貌的整治，少数农户较为分散，需进行整体管理。同时完善村庄规划，美化村庄环境，建设生态家园，改善村容村貌。在规划方面首先因地制宜、科学规划、统筹安排、分步实施的原则。其次是立足现状，全面规划，合理布局，逐步实现旅游名村建设。对村庄规划以旧村整治、改造为主，治脏、治乱、治散。以适当集中，方便生活，功能齐全、村容整洁，节约土地的原则。在这些条件的作用下，本着与农民经济收入相协调的原则，要体现旅游名村的文化特色。

农业设施和生产规划

1. 建设生态家园

为突出特色和增加效益，现有的基础上稳定口粮面积，种植结构由现有的结构调整为经济作物为主，发展特色农业，建设生态家园，增强土地资源的利用。

2. 村级基础设施规划目标

通过完善村级基础设施，实现功能齐全，人居环境改善，改善村民生产生活条件，为全面建设新农村创造条件。为此，要做到以下几个方面：村里水、路、卫生、教育、文化、信息等基础设施薄弱。特别是人畜饮水，要争取项目资金，以解决居民和生产用水困难问题。硬化旅游项目区道路及田间道路 1.5 公里，以解决群众在生产中带来不便困难。新建村级卫生室一个，60 平方米，配备必要的医疗设施，缓解群众就医难问题，农村合作医疗参合率达 100%。修建村文化活动室、图书阅览室、广播电视室、会议室、治安室等为一体的文化大院，总建筑面积 800 平方米。

3. 生产规划

在生产发展中，以加大经济结构调整力度，培育和发展新产业为核心，转变农业增长方式，建立农民增收的长效机制。实施："旅游兴村"工程，充分利用国家级重点文物保护单位"宰相村"这一品牌优势，借助闻喜县着力打造文化旅游的机遇，大力发展旅游产业，把裴柏村建设成为集“吃、住、行、游、购、娱”为一体的旅游村，使其发展成旅游行业的一颗明珠。动员群众参与旅游服务，开发旅游产品，使旅游业成为村级经济发展的新亮点。

生活设施保护与建设

按照统一、标准、方便、安全的要求，在满足平、纵、横技术标准的前提下，认真实施村庄道路建设工程，硬化了村属道路总长度1.5千米。

对现有供电网路进行改造，新区新增变压器一台50kVA，低压线路1.5千米。村内主干道和公共场所路灯安装照明率达到100%。

程控电话和广播电视覆盖率分别达到98%和100%。

自来水入户率达到100%，供水保证率达到90%，水质标准达到国家饮用水标准。

村庄绿化覆盖率达57%以上，村里有休闲健身绿地，主要道路和开发区实现绿化，住宅之间有绿化带，农户庭院实现美化、香化。

按照国家对村级卫生室的建设标准和要求，新建村卫生室，建筑面积60平方米以上（五室分开），并配套相应的诊疗设施，做到设施齐备，功能齐全，满足村级医疗卫生基本服务条件。

建设活动面积不少于1500平方米的文化娱乐活动场所（包括多功能活动室、图书阅览室和文化广场）。

新村建设按照规划先行，合理布局的原则，按规划设计先期建设电、水、路配套的80多户民宅；旧村则按旧村整治工程方案，抓好配套建设，以达到规划要求。

村内建成专用公厕2座，面积100平方米，采用通风改良无害化卫生厕所或单坑太阳能加热粪尿混合式生态卫生厕所，对全村居民家庭厕所进行无害化改造。民宅无害化厕所达到100%。

村内建设库容3万立方米的垃圾处理场一处，修建道路3公里，解决该村垃圾随意堆放的现象。

提升村民素质

以培育新型农民，提高农民科技致富能力为目标，充分利用县上实施“阳光工程”的时机和镇、村两级“农民技校”的办学条件，采取“请进来，派出去”的方法，大力开展农村实用技术、务工职业技能培训，使全村18~45岁的劳动力基本掌握1~2门农业实用技术和务工职业技能。进一步完善新型农村合作医疗制度，切实解决好群众看病难的问题；深入实施农村计划生育家庭奖励扶助制度和“少生快富”工程，减少农业人口，提高人口素质；围绕人的全面发展，大力发展文化教育事业，实施农村基础教育和成人教育，不断提高青少年和村民的文化知识和科技水平，广泛开展先进文化、科学知识、公民道德、民主法制教育，切实提高农民素质，培育有知识、懂技术、会经营、有自主创业能力的新型农民。

实施民主管理

以建立健全“一事一议”制度为突破口，创新工作机制，健全农民自主筹资筹劳的机制和办法，引导农民自主开展村级公益性设施建设；以村务公开、民主管理为主要内容，完善民主议事制度，建立健全党组织领导下的管理民主、充满活力的村民自治机构；开展“五五”普法，增强村民法制观念，提高村民依法行使权利和履行义务的自觉性。

通过把历史文化名村建设和新农村建设有机统一起来，以新农村建设为契机，以政府引导项目出资为主，村民适当筹集资金的方式，实现“生产发展，生活宽裕，乡风文明，村容整洁，管理民主”的二十字方针，加强分类指导，实现稳步推进社会主义新农村与历史文化名村同步建设，实现项目建设与农民增收相一致。努力开拓村内文化旅游、农产品市场，千方百计增加农民收入。

发展旅游经济

20世纪90年代，省、市、县人民政府就制定了开发裴氏文化、建设宰相村景区、促进裴柏村经济发展的总体战略。裴柏村新一届支村委直选诞生后，也应时提出了“旅游兴村”的口号。他们决心依托裴氏文化的博大精深和宰相村景区唯我独有的特色，大力发展旅游事业，带领全村奔小康。

1. 制定优惠政策，鼓励社会投资

为了吸引海内外的裴氏后裔和社会资金，按照上级批准的总体规划开发宰相村旅游景区，支村委制定了一系列优惠政策，在土地租用、入股等方面让利给投资商，并为其树碑建馆。这些规定的关键是：谁投资、谁管理、谁收益。其次是搞好服务，你发财，我发展。第三是谁投资多谁是董事长，一律实行公司化的现代化管理模式。通过以上条件来激励社会投资，开发裴柏村的旅游资源。

2. 结合生态发展，栽树养花种草

近年来，共栽植柏树10000颗、洋槐50000颗，成活率达到90%以上，而今长势喜人。今冬明春计划再栽5000颗桧柏、龙柏、雪松和3000颗柿树，要让九凤岭上柏木森森，果木成林，再现当年的绿色翠柏景观。磨盘岭上种植连翘和紫花苜蓿，紫花苜蓿产量大营养成分高，即可观赏还是养殖业的最好原料。连翘即可赏花又能入药，浑身是宝，这些都能让群众增加收入。村前培育一个名品花园，栽养玉兰牡丹等名贵花卉，大力发展养蜂产业。今后不论游客一年四季何时来到裴柏村，总是绿树似山、鲜花似海，让生态旅游和历史人文旅游成为裴柏村的亮点。

3. 建设"宰相小区"，发展旅游产业

现在全村的住房占地260余亩。今年，支村委早已作出决定，除了在"非"字形的道路两边留下部分有观赏价值的大宅院外，其余住户一律搬迁。准备在村南建造一座4~6层的现代化"宰相小区"。小区水电、暖气、绿化、健身设施一应俱全，人均面积25平方米以上。小区设宰相街和将军路，开设餐饮、宾馆、名优特产和文物商品一条街，这样一来，把大量的农民转移到商贸服务的行业上来，即方便了游客也富裕了村民。小区只需30亩土地，可利用剩余的230亩建牌坊、星云谱、裴氏祠堂和游乐园，大搞景点开发和景区绿化。全村人民"千"众一心，开发宰相村管好用好老祖宗的宝，建设新裴柏，大干特办旅游业的事情，使广大人民群众早日走上致富之路。

以上这些工程项目建设完成后，裴柏村道路交通等基础设施条

件将明显改善，村容村貌将得到根本改观，党员、村民的综合素质进一步提高，对扩大社会就业，改善当地经济结构，服务于宰相村文化旅游产业将起到很大的促进作用，使农民收入增加，对进一步弘扬和开发当地文化旅游产业，拉动当地经济具有十分重要的作用。

第二节　裴氏文化开发

以排山倒海之势雄踞我国封建历史的裴氏家族，创造了辉煌的裴氏文化，但今人对裴氏文化知之甚少。因此开发裴氏文化的首要任务是宣传裴氏文化。改革开放掀起了“弘扬民族文化，振兴中华经济”的热浪，裴氏文化作为民族文化的一枝奇葩，被闻喜县委、县政府首选为开发项目，于20世纪90年代开始实施。

裴氏文化宣传

裴氏家族因发端于古河东大地，郡望河东，故名河东裴氏。20世纪80年代末，闻喜县委宣传部抽调专人成立了“河东裴氏文化研究会”。随之，把研究成果用手制版面的形式在县城文庙举办了“河东裴氏文化展览”。这一举措引起轰动效应，来参观的从中央到地方的各级领导、文人学者络绎不绝，大家对裴氏文化的千年传承赞叹不已，同

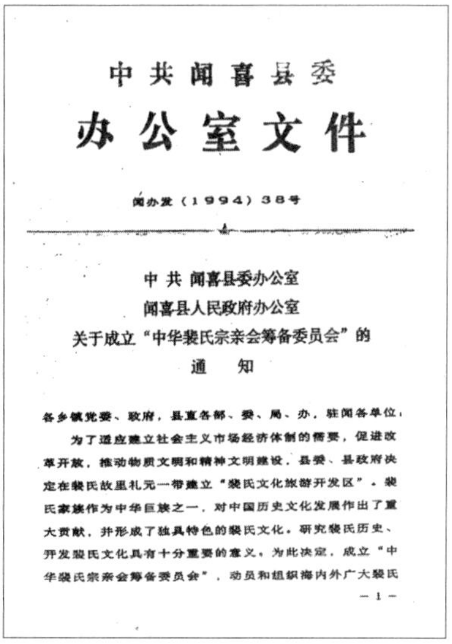
中共闻喜县委
办公室文件

闻办发（1994）38号

中共闻喜县委办公室
闻喜县人民政府办公室
关于成立“中华裴氏宗亲会筹备委员会”的
通　知

各乡镇党委、政府，县直各部、委、局、办，驻闻各单位：

为了适应建立社会主义市场经济体制的需要，促进改革开放，推动物质文明和精神文明建设，县委、县政府决定在裴氏故里礼元一带建立“裴氏文化旅游开发区”。裴氏家族作为中华巨族之一，对中国历史文化发展作出了重大贡献，并形成了独具特色的裴氏文化。研究裴氏历史、开发裴氏文化具有十分重要的意义。为此决定，成立“中华裴氏宗亲会筹备委员会”，动员和组织海内外广大裴氏

－1－

关于成立裴氏宗亲会的文件

时为裴氏家族发端于闻喜而深感骄傲。近年来，根据县委县政府开展的以裴氏文化为主题的家风家教活动部署，内涵丰富，意义深远，前来参观的各地各级的领导、单位、社区、个人等越来越多，掀起了一股“学宰相文化，用文化兴家”的社会潮流。

1. 举办活动

1993 年，农历三月三裴柏村恢复中断了近 70 年的祭祖庙会。

1994 年县里组织了规模空前，声势浩大的“九四裴晋公庙会”，原山西省委第一书记陶鲁笳，中华全国外交学会会长、驻美第一任大使柴泽民，省委副书记刘泽民陪同参会。

1994 年，中共闻喜县委下文，批准成立了“中华裴氏宗亲会筹备委员会”，有县委书记王水成担任主任，裴双喜担任副会长兼秘书长，主要成员有：范怀喜、裴保林、裴金印、裴永林等。

1995 年 4 月，闻喜县邀请全国各地及海内外裴氏后裔在裴柏村举行了盛况空前的“中国宰相村裴晋公庙会”和“首届世界裴氏恳亲联谊会”。

1996 年，裴柏村举办第二届了盛大的裴晋公庙会和裴氏恳亲联谊会，以后每年都举办庙会。

2006 年新一届闻喜县领导班子，3 月 16 日研究通过“裴氏文化旅游区详细规划方案”。农历三月三，来自全国 16 个省、40 多个县市的裴氏后裔参加裴晋公庙会祭祖，同时和县四大班子领导一同为重新启动裴氏文化旅游区建设开工隆重奠基，仪式结束后在县宾馆大会议室开座谈会。

2007 年 2 月，韩国裴氏仁川支部中央宗亲会成员来闻喜，就加强中韩两地裴氏文化交流与开发、经贸合作等进行座谈交流。

2007 年，中国周易文化申报世界非物质文化遗产首站推动仪式在裴柏村启动。

2007 年，闻喜县委书记裴良杰陪同韩国裴氏后裔裴文济一行到裴柏村考察。

2008 年，中华宰相村工程建设指挥部委托闻喜县诗联学会为即将建好的景区的相关景点发起了海内外征联活动，取得圆满成功。

2016 年 9 月 8 日，“华夏古文明，山西好风光”，在山西省旅游发展大会之后，“中国民航带您看山西”活动正式启动，针对裴柏村和裴氏家族做专题宣传和报道。

2017 年 3 月 29 日，中国（闻喜）家风家教主题文化系列活动正式启动。十大活动围绕“家国情怀，世代传承”主题，全面推进传承和弘扬裴氏家族家风的引领示范作用。同时，“中国（闻喜）家风家教主题文化系列活动”网站也于当日正式开通。

2017 年 3 月 29 日，县长黄亚平参加裴氏后裔“共商闻喜发展”座谈会并发表重要讲话。

2017 年 7 月 3 日，县长黄亚平在《人说山西好风光》栏目上，为大家介绍闻喜县名的来历和闻喜的旅游产品，同时讲述裴柏村裴氏家族的传奇故事，博得广泛赞誉。

2017 年 4 月 22 日，以“齐家治国　传承致远”为主题的从裴氏家族看家风家训的当代社会价值座谈会在北京举行。座谈会由山西省纪委、山西省委宣传部、《光明日报》社、中国伦理学会、运城市委市政府共同主办，中国伦理学会秘书处、运城市纪委、运城市委宣传部、闻喜县委县政府共同承办。来自清华大学、中国人民大学、中央党校、国防大学、党建杂志社等单位的100多名专家学者和社会各界人士与会。

2017年4月25日至6月30日，由中共闻喜县纪委、组织部、宣传部、县老干部局、县文联主办，闻喜县诗联学会承办了“学裴氏古家训，撰当代家风联”全国征联大赛，评出了等级奖作品和100副当代家风联，对宣传裴氏家风文化起到助推作用。

2017年8月24日，在山西省举办的第三届文博会上，县委常委、宣传部部长吴引群在闻喜展台前和运城文旅项目推进会上重推裴氏文化。

2018年4月17日，闻喜县举办2018中国（闻喜）家风家教文化系列活动开幕式暨首届山西闻喜家风家教文化节启动仪式，旨在全社会大力弘扬和践行优秀家风家教文化，以良好家风带党风促政风正民风，凝聚全社会向上向善的正能量，构筑共同的精神家园和文化灵魂。来自全国各地的100余名裴氏后裔参加了启动仪式。

2018年4月17日下午，县长黄亚平第二次参加裴氏后裔“共商闻喜发展”座谈会并就裴氏家风建设和近期开发发表重要讲话。

2. 创办展览

1986年，闻喜县博物馆举办裴氏文化展览。

1996年，“裴柏碑馆”重新修葺，向社会开放。

2000年，创建裴氏名人纪念馆两个，共14间。当年向社会开放，年接待参观者约8万人次，并吸引海内外众多裴氏后裔前来寻根问祖。

2001—2017年，庙会期间连年有礼元镇书画协会举办“宰相村”书画展。

2010年，开展“学宰相家训，用文化兴家”活动，推进裴氏家规家训进乡镇、进机关、进学校、进农村、进社区、进企业、进家庭。

2012年2月3日，在“中国·闻喜花馍文化艺术节”中，捏制出裴氏宰相、将军群塑花馍，被认证为世界最大的面塑群。

2018年4月，在新装修的凌烟阁由县文联牵头，县诗联学会、县书协、县美协联合承办举办了“闻喜县首届家风家教文化节书画展”。

2018年4月，由县文化局牵头在新建的宰相广场举办了“闻喜县首届家风家教文化节非遗展”。

2018年4月，由河东闻喜裴氏研究会牵头在裴晋公祠名人纪念馆举办了“闻喜县首届家风家教文化节裴氏名人书画展”。

3. 印发资料

1994年，为弘扬裴氏文化，闻喜县裴氏文化研究会引发大量宣传材料，庙会期间广为散发。

1995年，裴氏研究会王午申编写了《中华宰相村》宣传册子。

1996—2008年，闻喜县文物旅游管理中心连年印发了《中华宰相村》宣传册子，受到了裴氏后裔和参会群众的欢迎。

2010年，闻喜县教育局要求全县中小学编印裴氏家风文化乡土教材，激励中小学生学家训、正家风，做品学兼优人才。裴柏小学、裴柏中学的教材获得好评。

2017年4月，河东闻喜裴氏研究会重新组班开始工作后，出版了《裴氏研究》刊物，原定为季刊，现已出版四期，为研究、宣传、交流裴氏文化起到促进作用。

2017 年 9 月，在山西省第三届文博会上印制了中华宰相村宣传画册、重新编排了《中华宰相村》宣传册子，在对外推介时发放 3000 余册，垂询着络绎不绝。

2008 年 4 月，在闻喜县首届家风家教文化节上，由裴氏研究会重新编排、印制的《中华宰相村》宣传册子发放 2000 余册，受到参会嘉宾和裴氏后裔的欢迎。

4. 出版书籍

在裴氏文化宣传初期，闻喜县就成立了裴氏文化研究会，通过走访、收集、整理，结合裴氏后裔之间相互保存的一些资料，陆续开始出版了一些裴氏宣传书籍，受到了广大裴氏后裔的欢迎。这些书籍的出版，对宣传裴氏文化的发展都起到了很大的推动作用。

1993 年，由研究会重新点校出版了清嘉庆版《裴氏世谱》，出版了首本书籍《宰相世家》。

1993 年 5 月，山西人民出版社出版了王开学主编的《宰相世家——裴氏家庭人物传》。

1998 年出版了《裴氏历史人物志》，周庆义主编。

1998 年 12 月，南京大学出版社出版了伍野春主编的《陈寿·裴松之评传》。

1999 年出版了《闻喜宰相谱》，张英俊主编。

2000 年出版了《魏晋隋唐间的——河东裴氏》，周征松主编。

2001 年出版了《将相文武风流千古》。

2001年5月，由中国社会科学出版社出版了杨西江主编的《将相文武千古风流——裴氏人物志传》。

2001年12月，由山西人民出版社出版了李玉明、王开学主编的《宰相世家·河东裴氏》。

2002年1月，由现代出版社相继又出版了李学勤、周征松、裴海生编著的《中华姓氏谱——裴氏卷》《裴氏人物著述》。

2002年5月，山西人民出版社出版了李玉明、王涛、王振芳主编的《中兴名相裴度》。

2002年5月，山西人民出版社出版了杨西江主编的《裴氏人物著述辑成点校》。

2002年9月，文史哲出版社出版了由裴尚苑（台湾地区）主编的《治家瑰宝》。

2003年出版了《百家姓书库——裴》。

2004年4月，香港明星国际出版公司出版了裴国昌主编的《绿野堂楹帖》。

2004年10月，山西春秋电子音像出版社出版了贾宝维、唐林风主编的《裴氏史学世家》。

2004年12月，香港东方文化艺术出版社出版了裴王旗主编的《裴氏碑志集》。

2004年12月，香港东方文化艺术出版社出版了裴寿山、周庆义主编的《裴氏诗集》。

2005年出版了《绿野堂唱和集》《天下说裴》《崖州裴氏盛德堂诗抄》。

2006年出版了《毛泽东赞誉的裴氏家族——宰相世家》《古今论

裴氏家族》等。

2006年3月，山西古籍出版社出版了由杨西江、杨鎏渭编著的《裴氏春秋》。

2006年3月，香港东方文化艺术出版社出版了裴寿山主编的《古今论裴氏家庭》。

2011年，出版了闻喜县旅游文化丛书之一——《中华宰相村——闻喜裴柏村》。

2014年，由闻喜县志办编纂、中国文史出版社出版了《裴氏宰相志》一书。

2017年1月，裴氏家训入编由中央纪委监察部网络中心主编、中国方正出版社出版的《中国家规》一书。

2017年3月，《裴氏人物官职诠释》由原闻喜县审计局局长杨才元主编出版。

2018年3月，《中华裴氏宗谱》由裴新生、裴建民主编成书，全书共五卷，八百余万字，历时13年，是裴氏家族一部文献性巨著。

2018年5月，《裴氏家风故事》由裴氏研究会主编成书。

2018年7月，《裴氏家训荟萃》由裴氏研究会主编成书。

5. 报纸杂志发表的文章

在报纸杂志上发表文章，这对裴氏文化的宣传又是一个全方位的推动。1994年3月6日的《工人日报》先后刊登了记者刘秉毅撰写的《走访宰相村》《再访宰相村》两篇文章，吹响了裴氏文化宣传的冲锋号，在全国引起了很大的反响，全国各地包括港澳台地区和海外一些裴氏后裔纷纷写信打电话咨询根祖地裴柏村的相关情况，有的拖家带口前来宰相村祭拜先祖，“宰相村”一下火了起来。

全国裴氏文化研究部分作品统计表

“裴注”浅谈	王锦贵	图书馆学刊	1991年第3期
河东裴氏谱牒知见录	周征松	文献	1992年第4期
凤垣怀古	杨崇仁	山西日报	1992年8月21日
裴氏家庭多廉吏	周庆义	山西日报	1992年11月6日
裴注《三国志》引书考订——兼评《廿二史札记校证》	高振铎	陕西理工学院学报（社会科学版）	1993年第3期
廉吏裴宽	张忠德	山西档案	1993年第5期
裴氏故里名碑荟萃	张英俊	环海时报	1993年12月10日
裴子野与《宋略》	游翔	晋阳学刊	1994年第1期
试论裴松之的主要史学成就和贡献	陈虎	甘肃社会科学	1994年第2期
论裴松之《三国志注》与《三国演义》的关系	傅惠生	华东师范大学学报（哲学社会科学版）	1994年第3期
古代地图源流与裴秀“制图六体”	杨宪光	沧桑	1994年第4期
裴岑纪功碑	黎人忠	四川文物	1994年第5期
两千年间名卿贤相茂郁如林——闻喜开发裴氏文化	温徐旺　杨勇	山西日报	1994年3月5日
走访“宰相村”	刘炳毅	工人日报	1994年3月6日
皇皇晋公祠	张岸涛	山西日报	1994年4月16日
再访“宰相村”	刘炳毅	工人日报	1994年5月29日
裴柏家风与画家教子	区达权	人民日报	1994年9月6日
从裴秀的“制图六体”谈中国古代地图的源流	杨宪光	三晋测绘	1995年第1期
论裴度	李鸿宾	沧桑	1995年第1期
中唐政治家裴度评传	王晓枫	山西大学师范学院学报（综合版）	1995年第6期

续表

华夏文明史上的奇地奇人——五十九宰相出一村，普天之下无二裴	岳树明	台湾地区《美华报导》	1995年第365期
天下第一“宰相村”	高辉彬	山西教育报	1995年4月17日
中国“宰相村”	景学信　樊太民	山西日报	1995年4月29日
“宰相村”里展新姿	郭宝良　何腊菊　樊太民	中国旅游报	1995年5月2日
在山西省的一个村落里——历代共出五十九位宰相	岳树明	解放日报	1995年6月18日
中日友好的使者——裴世清	刘锡海	长春师范学院学报	1996年第1期
试谈裴子野对史学史发展的影响	胡建	山西大学学报（自然科学版）	1996年第1期
裴度与诸葛武侯祠堂三绝碑	邱文选	沧桑	1996年第5期
除弊兴利安国惠民——裴耀卿整顿开元漕运及其影响	李永康　张采琴	沧桑	1996年第6期
裴矩的德与才	杨永俊　杨伟	发展	1996年第6期
解裴氏之谜创裴学之先	范瑞婷	人民代表报	1996年6月8日
奇特的“裴氏文化现象”——访中国“宰相村”	周敬飞	山西工商行政管理	1996年7月
近访裴柏村	杜星	羊城晚报	1996年11月20日
山西有个“宰相村”	赵文震	羊城晚报	1996年
耕读传家裴柏风	张志仁	经济日报	1966年
访“宰相村”	李彬	旅游	1996年
封建士大夫人格扭曲之悲剧——浅析裴蕴在隋朝的行为原因	李永康	大同高等专科学校学报	1997年第1期
裴度与淮西之乱的平定	贠大强　王晓如	唐都学刊	1997年第1期
河东裴氏及其族源	周征松	山西师范大学学报（社会科学版）	1997年第1期
唐代河东裴氏墓志述论	周征松　高洪山	文献	1997年第2期
我国古代杰出的地图学家裴秀	马学民	中学历史教学参考	1997年第12期
秋到“宰相村”	王月喜	山西经济日报	1997年10月18日

续表

中华“宰相村”——裴氏家庭发祥地闻喜县裴柏村探秘	王冠虎　王卫平	山西经济日报	1997年12月13日
山西有个“宰相村”	韩凯	中国档案报	1997年12月22日
裴氏碑廊	温徐旺　杨勇　张英俊	山西政协报	1997年
古代奇观启后人	赵华强	光明日报	1997年
史学三裴	王冠虎	山西日报	1998年2月19日
中华望族——裴氏	任军辉	山西政协报	1998年5月1日
裴柏村千年之奇	高耀彬	中国教育报	1998年11月5日
珍贵的裴氏碑刻档案	王沛郁　杨海云	中国档案报	1998年11月12日
武则天杀裴炎非滥杀说——答杨西云先生	张先昌	殷都学刊	1999年第1期
裴氏家族介入西晋中央权力斗争损益之剖析	李永康　阎新华	河东学刊	1999年第5期
天下无二裴	艾煊	光明日报	1999年2月4日
“宰相村”探秘	岳树明	山西家庭报	1999年10月3日
《三国志》裴注研究三题	张子侠	史学史研究	2000年2期
裴休与佛教	高玉春	邢台师范学院学报	2000年3期
裴度与唐后期政治	吴浩	扬州教育学院学报	2000年4期
畅游“宰相村”	加玉芳	山西工人报	2000年6月10日
声名显赫的宰相家族	程向阳	山西日报	2000年9月22日
从河东裴氏家族看魏晋南北朝文献编纂活动的特点	张艳红	山西档案	2001年第1期
唐裴氏宰相人物考	李永康	运城高等专科学校学报	2001年第2期
《三国志》裴注所引书的史传文学价值	李伯勋	中华文化论坛	2012年第2期
“史学三裴”在文献学上的贡献	王纯	图书与情报	2001年第3期
千古风流看裴氏	王开学	沧桑	2001年第3期
裴政及其在中国法制史上的贡献	李红	安徽史学	2001年第4期
裴頠“宝生存宜”的道德思想	许建良	东南大学学报（哲学社会科学版）	2001年第4期

续表

一代名相——裴度	王志超	正气	2001 年 7 月
裴松之对三国时期历史地理的贡献	阮荣	运城高等专科学校学报	2002 年第 2 期
简析《三国志·诸葛亮传》裴松之注	刘治立	成都大学学报（社会科学版）	2002 年第 2 期
江总《遇长安使寄裴尚书》作年考	马海英	文学遗产	2002 年第 5 期
诗情画意的书信见字如画之游记——《山中与裴秀才迪书》的幽静谐和美	吴开有	昭通师范高等专科学校学报	2002 年第 6 期
奇迹——一个出过五十九位宰相的家庭	冯蕙芷	中国国家地理	2002 年 6 月
探访“宰相村”	吕宝荣	旅游	2002 年
裴迪考证	冯棣	渝西学院学报（社会科学版）	2003 年第 1 期
论《三国志》和裴注代词词序的变化	邓军　李萍	西川师范大学学报（社会科学版）	2003 年第 3 期
论《三国演义》与《三国志》裴注之关系	徐宗文	深圳大学学报（人文社会科学版）	2003 年第 3 期
从碑志看唐代河东裴氏的迁徙流动	李浩	文献	2003 年第 4 期
北魏后期南来吴裴与河东裴氏之比较	王爱华	许昌学院学报	2003 年第 4 期
《三国志》裴松之地理注释杂考	王炳庆	泉州师范学院学报	2003 年第 5 期
探访闻喜宰相村	李雪	山西晚报	2003 年 4 月 9 日
唐中宗、睿宗驸马裴巽墓志考略	刘连香	洛阳师范学院学报	2004 年第 3 期
《三国志》裴注的复调意义	涂秀虹	福州大学学报（哲学社会科学版）	2004 年第 3 期
《三国志》裴松之音注浅论	储泰松	江苏大学学报（社会科学版）	2004 年第 5 期

续表

从经注与史注的变奏看裴松之《三国志注》的学术史地位	张瑞龙	史学月刊	2004 年第 6 期
深秋田园晚归图——裴迪（华子岗）赏读	王玉虹	语文世界（初中版）	2004 年第 11 期
毛泽东赞誉的家族	刘合心	人民日报·海外版	2004 年 3 月 16 日
中华宰相村中的裴晋公祠	韩振远	山西晚报	20M 年 11 月 2 日
河东士族归入“关中郡姓”考释——以河东裴氏为个案	李永康　张彩琴	运城学院学报	2005 年第 1 期
《三国志》“臣松之”注例研究	文延海	西华师范大学学报（哲学社会科学版）	2005 年第 1 期
裴怀古、李释子、和守阳墓志所见盛唐边政之经略	张乃翥	西域研究	2005 年第 2 期
裴度在洛阳的文酒生活及其诗歌创作	赵建梅	河南教育学院学报（哲学社会科学版）	2005 年第 2 期
论裴启《语林》一书亡佚的原因	姜广振	焦作师范高等专科学校学报	2005 年第 2 期
裴松之《三国志注》引书辨析	伍野春	东方论坛	2005 年第 2 期
元稹裴淑结婚时间地点新考订——兼与吴伟斌先生商榷	周相录	周口师范学院学报	2005 年第 3 期
《史记·张丞相列传》勘误三则——兼论六朝写本裴注《史记》残卷的校勘价值	易平	中国典籍与文化	2005 年第 3 期
论裴启《语林》的叙事艺术	姜广振	胜利油田师范专科学校学报	2005 年第 3 期
裴注《三国志》韵式研究	栾英杰	佳木斯大学社会科学学报	2005 年第 3 期
裴矩《西域图记》所见敦煌至西海的“三道”	余太山	西域研究	2005 年第 4 期
唐裴怀古墓志铭考释	戴霖	中原文物	2005 年第 5 期
从裴启《语林》一书看魏晋名士任诞之风	姜广振	绥化学院学报	2005 年第 5 期
裴子野的家学渊源	陈红梅	运城学院学报	2005 年第 6 期

续表

峨嵋岭下“宰相村”	王宏志	山西日报	2005年7月12日
《山中与裴秀才迪书》中的画意和禅趣	黄智平	长江工程职业技术学院学报	2006年第3期
论裴子野的文学观	黄澄华	广东农工商职业技术学院学报	2006年第3期
“裴柏出相”探秘	来成	数据	2006年第3期
裴耀卿粮食物流通道建设思想与实践研究	杨海民	长江大学学报（自然科学版）	2006年第3期
《裴氏世谱》及其价值	王沛郁　卫俊丽	山西档案	2006年第5期
中古河东裴氏家庭文化述略	梁静	社会科学家	2006年第5期
破译《周礼》测量经纬度和晋·裴秀测绘地形图之秘	柳志青　柳翔	浙江国土资源	2006年第5期
裴子野文学观成因分析	郃三亲	运城学院学报	2006年第6期
裴铏的道教情怀与《传奇》的宣教倾向	胡中山	扬州大学学报（人文社会科学版）	2006年第6期
从马斯洛的需要层次理论看裴頠的情感观念	何善蒙	济南大学学报（社会科学版）	2006年第6期
由“裴”字的读音想到的	解安良	当代戏剧	2006年第6期
表参道裴相镐住宅		建筑学报	2006年第9期
从《三国志裴注》来看偏指副词“相”	李向梅	现代语文（语言研究）	2006年第10期
裴矩的可学之处	王用兵	领导科学	2006年第18期
蓝桥佳会传千古——裴航遇仙故事的流传演变及其文化蕴涵	张静斐	山西师范大学学报（社会科学）	2006年第21期
《山中与裴秀才迪书》中的一个疑点探讨	罗明艳	现代语文（教学研究）	2007年第1期
两晋之际河东裴氏播迁考论	宋艳梅	河南科技大学学报（社会科学版）	2007年第1期
唐《裴怦墓志铭》考	邹冬珍　卫文革	文物世界	2007年第2期
《三国志》裴注的理论价值	马艳辉	中州学刊	2007年第3期
裴子野《宋略》史论的价值	马艳辉	安徽史学	2007年第3期

续表

裴度的弹劾与元稹的贬职——三论“元稹与宦官”	吴伟斌	宁夏社会科学	2007 年第 3 期
《三国志》裴松之注引书考	高敏	河南科技大学学报（社会科学版）	2007 年第 3 期
日藏唐写本裴注《史记·河渠书》残卷末《集解》来历新证	易平	华中科技大学学报（社会科学版）	2007 年第 3 期
法藏郭粕卷子本裴注《史记·管蔡世家》残卷重文研究——郭煌本与《索隐》本、景祐本《史记》传承关系考略	易平	敦煌学辑刊	2007 年第 3 期
新见唐《裴闻一墓志铭》释证	杨娟	考古与文物	2007 年第 4 期
《宋略》成书年代考	陈红梅	天津中医药大学学报	2007 年第 4 期
裴氏小娘子墓出土陶俑年代再探讨	程义	文博	2007 年第 6 期
从“品三国”热看《三国志注》对后世文化的影响	陈楠	图书馆书研究	2007 年第 9 期
裴度与中唐文坛	钟华	安徽文学（评论研究）	2007 年第 12 期
《三国志》及《裴注》主谓谓语型存在句分析	杨扬　茹益益	文教资料	2007 年第 34 期
六朝河东裴氏的家学学风	郃三亲	运城学院学报	2008 年 6 月 15 日
凤凰塬裴氏祖茔考	柴继光	寻根	2008 年 8 月 10 日
论南来吴裴的南投北返	徐成	许昌学院学报	2009 年 11 月 30 日
李白集中的河东裴氏人物	万德敬　万德松	乐山师范学院学报	2010 年 6 月 15 日
唐代政治与河东裴氏家族	孙丽芬	兰州大学	2011 年 5 月 1 日
河东裴氏与江东政治	宋艳梅	常熟理工学院学报	2011 年 5 月 15 日
裴頠“有”论在魏晋玄学中的思想贡献	康中乾	中国哲学史	2011 年 2 月 25 日
唐代河东裴氏与文学	郃三亲	西北大学	2011 年 6 月 30 日
柳宗元与裴度交游考论	万德敬	中州学刊	2011 年 9 月 10 日

续表

曾出过59位宰相59位大将军的裴氏家族	刘继兴	旅游时代	2011年12月15日
裴秀新论	彭世亮	黑龙江史志	2012年3月8日
河东裴氏人仕北魏政权考察	宋艳梅	常熟理工学院学报	2012年9月15日
裴氏一门廉吏多	刘永宏	先锋队	2012年11月21日
文化遗产丰厚的裴氏碑刻	裴建民　何沁学　赵英然	文物世界	2016年7月
薪火相传唯家风	王沛郁	先锋队	2016年第36期
文种无绝，家风永续	梁冬	人民日报海外版	2017年4月19日
用优秀的家风文化促进党风政风建设	杨珏　李建斌	光明日报	2017年4月23日
千年荣显，万代清风	常青	思想政治工作研究	2017年第七期
山西闻喜让裴氏文化焕发时代光彩	刘春勇	人民政协报	2017年7月6日
裴氏家族家教传承两千年	李建斌	光明日报	2017年7月17日
闻喜“裴氏文化研究群”	贾发学	山西日报	2017年8月16日

6. 新闻媒体报道情况

1994年春，北京等地23家新闻单位记者联合赴裴氏故里采访，呼吁开发“宰相村”。

1995年，中央电视台、北京电视台、山西电视台、运城市电视台、闻喜县电视台相继播放“中华宰相村裴晋公庙会”盛况。

1997年，山西教育电视台拍摄21集专题片《晋魂》第八集《中华宰相村》。

2001年，山西电视台《人说山西好风光》栏目组专题片《河东裴氏》上、下两集。

2002年，山西黄河电视台《一方水土》栏目组拍摄专题片。

2003年，中新社、山西分社网站特别推荐：“中华宰相村”专题节目。

2004 年，新疆电视台、北京电视台先后到裴柏村拍摄专题片。

2006 年 4 月，台湾东森电视台在市、县台办有关人员陪同下，赴裴柏村拍摄专题片。

2006 年，《裴氏谱牒》被列为山西省首批“非物质文化遗产”，山西卫视《记者调查》栏目拍摄专题片，予以报道。

2007 年，山西运城电视台拍摄以廉政为专题内容的专题片，报道裴氏文化。

2008 年，中央电视台第七频道播放“中华宰相村”景区建设情况。

2011 年，运城市纪委拍摄《山西裴氏：正反并举立家规》电视专题片。

2012 年，闻喜县电视台拍摄《千年裴氏》电视专题片。同年，运城电视台拍摄《千古风流话裴氏》5 集历史文化专题片；

2015 年 9 月 1 日，中央纪委监察部网站“中国传统中的家规”栏目推出了“山西闻喜裴氏：《家训》润无声 《家戒》醒后人”专题内容。

近年来，随着县委县政府的重视和社会各界的关注以及裴氏家族的社会影响力的逐步扩大，裴氏文化再次引发全社会热议，中央、省、市等 200 余家媒体从不同角度报道裴氏文化近 300 篇，就裴氏家风家训的当代社会价值及创新性转化等议题展开热烈讨论，我们借风造势，传播鼓势，推动裴氏文化走出闻喜、走出山西、走向全国。

7. 舞台创作

在中国的戏剧历史上，以关汉卿、白朴为代表的元代杂剧创作大家，非常仰慕裴氏家族的辉煌，为了褒扬裴氏家族的功勋，创作了大量以裴氏人物为舞台原型的剧目，被搬上舞台的剧目也很多，并且被包括京剧等等在内的众多剧种所演出，深受广大戏迷的欢迎。这写戏剧的创作和展演，从另一个角度也反映了裴氏家族在当时举足轻重的历史地位。如《墙头马上》《李慧娘》《玉玲珑》《蓝桥佳会》《山神庙裴度还带》《杏家山》《下蔡州》《游西湖》等。但是，由于历史的原因，这些剧目逐渐被人们淡忘。由于裴氏文化宣传力度的增加，全国各大剧种如：京剧、豫剧、越剧、黄梅戏又纷纷开始排演，这些历史剧目又重新登上舞台和屏幕，走进了人民的视野。

近年来，由县委宣传部和县文化局牵头，新改变的历史剧《忠义裴度》，被闻喜县蒲剧团搬上了舞台，在运城市“关公文化节”举办的“菊花奖”新编剧种的汇演中，一炮走红。剧中人物鲜活，特点突出，历史厚重，从多方面反映了裴度的忠义形象，赢得了台下观众的阵阵掌声，受到了运城市文化局领导的高度赞扬。

8. 楹联作品

“中华宰相村”全国征联大赛（获奖作品）

2007 年 10 月 10 日，由“中华宰相村”旅游开发指挥部和闻喜县诗联学会在海内外发起了为裴氏文化旅游开发所建景点征集对联的大型活动，征稿内容以颂扬裴氏文化为主题，以彰显裴氏名相忠心事国、廉政亲民、崇德钟书、自强不息的精神和品格为主要内容，围绕“中华宰相村”各旅游景区、景点撰写主题联。通过在中国楹联报、民间对联故事、运城日报、河东楹联等报纸杂志上广发启事，至 2008 年 3 月 10 日截稿，收到来自全国 28 个省、自治区、直辖市的 1600 余位楹联爱好者的信件和电子邮件，共计 12000 余副楹联作品，经评委会评审，从中确定了一等奖二名、二等奖四名、三等奖八名、优秀奖四十五名，共五十九幅优胜作品。

一等奖（2 名）

一村演廿四史兴衰，自西周历魏晋，无论隋唐，薪火竞相传，几经物换星移，独把高风遗后世；

九岭开两千年鼎盛，非良将则名臣，更多彦士，川流争不息，谁可批霄决汉，尚留大任待来人。（宰相村）

——广东 林 灏

文史自周秦，细细读来，精髓全然原一训；

家山生将相，悠悠想去，风光何止在千秋。

——河北 杜向明

二等奖（4 名）

将相原无种，崇德图强，积厚生根，长绵显位两千载；

水山真有灵，豢龙栖凤，养精毓秀，永占汗青一半春。（宰相村）

——湖北 曹克定

高阁每登临，叹两千年史海飞烟，犹传裴姓一门秀；
九峰互对坐，想百万处寰尘润雨，先爱荷花十里香。（凌烟阁）

——山西 温本理

云霞胜景久流连，究其山水萃人才，九凤朝阳，奇峰兀起隋唐际；
将相裴族多迸涌，总赖诚学通仕宦，千秋守训，巨臂频出天地间。（牌坊）

——山西 赵黄龙

腹内可撑船，江山常自心头挂；
相门深似海，日月时从足下流。（宰相府）

——山西 闫维俊

三等奖（8 名）
非我爱衣香，频入馆门裁锦绣；
抛丝怜纸贵，屡从文海钓鲲鹏。（文化馆）

——湖南 刘凤湘

人寓此间，眉宇竟生丞相气；
溪流其上，山泉犹带凤凰香。（宰相村）

——香港 高文富

凤岭应知，千载马蹄声，常靖江山传捷报；

莲湖可鉴，一门苍柏节，犹披甲胄拜萱堂。（将军府）

——天津 丁之沂

三军领帜，八万里挥戈纵马；

一姓担肩，两千年守土安邦。（将军府）

——河北 董海红

千年荣显，卿相一堂，上苍何庇，裴氏辈出贤俊子；

四海独奇，冠裳百代，天道无私，勋光常照裕德门。（大殿）

——河南 谢振功

有大勋与国家，楼阁犹存，千秋功德凌烟画；

以正气还天地，风光长在，一瓣心香仰祖祠。（大殿）

——山东 张贵祥

德在民，功在国，九万里江山佐证；

敏于训，任于肩，两千年岁月铭心。（牌坊）

——山西 何林学

戏里侯门，热闹不曾半日；

山中相府，显荣何止千年。（戏台）

——河南 刘鹏飞

优秀奖（45 名）

于天得瑞，于地得灵，毓秀总无间，中外驰名唯一处；

为国竭忠，为民竭虑，垂功亦不时，风骚耀史二千年。（宰相村）

——安徽　宋贞汉

看小小柏林，育无数栋梁撑国厦；

问泱泱赤县，有几多宰相作村名。（宰相村）

——湖南　刘凌云

历千秋将略犹存，相韬犹在，叹旷代裴氏，文盖王朝，武腾王气；

荣万里祥光普照，盛象普开，看风流古郡，天翻春彩，地涌春潮。（宰相村）

——山西　刘光远

一门宰相何多，问柏林不语；

十里荷花竞艳，乃龙泽有灵。（宰相村）

——安徽 吴进文

择桐乡以立村，赏十里荷香，一湖苇翠；

环柏岭而兴宅，引四时凤翥，千古龙盘。（宰相村）

——广西 周继勇

宰辅摇篮，一村灵秀独钟，谁言将相原无种；
簪缨门第，千载风骚长领，唯重诗书乃有声。（宰相村）

——辽宁 谢 毅

慕裴揽胜，观宝地十里芙蓉，九岭凤翎，纷呈锦绣，点缀乾坤，闻宗祠新建，霞染烟缭，楼阁凌空，星罗棋布，钟灵毓秀甲天下，禹甸又添一景；
依柏仰贤，赞名门百余将相，千员京宦，叱咤风云，匡扶社稷，喜烽火早除，弓藏鞍卸，盗贼匿迹，海晏河清，文治武功昭古今，中华岂有二村。（宰相村）

—— 湖北 陈华章

裴祠萦瑞气，钦先祖，满门将相，安邦辅政留殊誉；
柏岭沐和风，看今朝，一代英杰，绣地描天步锦城。（宰相村）

——山西 王志刚

从来史笔写江山，问途中墨客，高阁诗人，国家大事君知几；
此有人才撑社稷，看库内典章，古村族史，文武百官裴占多。（宰相府）

——福建 陈学梁

情系黎元，忧民绝少息肩日；
心怀社稷，勤政方多废寝人。（宰相府）

——内蒙古 孙毓峰

陋室三间，可载民生社稷；
清荷百亩，长传雅韵高风。（宰相府）

——山西 张立俊

志安社稷，功铭天地，政事明如秋月夜；
心系黎民，德昭古今，官风清似玉壶冰。（宰相府）

——河南 邵庆贵

九凤焕丹霞，古柏巍然，应物推诚传一脉；
三裴扬史界，门庭显赫，立身强学续千秋。（宰相府）

——河南 张长有

志出云霄，自许股肱当柱国；
心连江海，人称胸腹可撑船。（宰相府）

——江苏 严金海

司命三军，风鸣画角旌旗奋；
戎机万里，马踏流云日月低。（将军府）

——河北 董汝河

祖擅威名，五九凌图凭肃仰；
家传古剑，一痕秋水似新磨。（将军府）

——湖南 唐志专

谙百二机谋，静如岭上一轮月；
挥三千铁甲，动鼓松头万壑风。（将军府）

——辽宁 许东航

大道不孤，仕广华疆三万里；
其风至正，名英汉室二千年。（大殿）

——江苏 王 敬

史越千年，一瓣心香同谒祖；
龙翔万里，半掬热土可寻根。（大殿）

——山西 韩俊秀

玉笏无声，匡扶千载帝王梦；
汉青有信，倾注满腔百姓情。（大殿）

——湖南 徐国民

闻风唳龙吟，典章策论雄千古；
喜地灵人杰，将相公侯萃一门。（大殿）

——内蒙古 贺成元

礼乐传家，不许官声空半字；
诗书继世，惟教族望享千秋。（大殿）

——山西 薛启发

稽古访贤，入我裴门同植柏；
横箫呼凤，就其舜日好瞻云。（牌坊）

——江西 张绍斌

行仁义事，存忠孝心，莫忘先宗留祖训；
读圣贤书，立鸿鹄志，还期后辈振家声。（牌坊）

——福建 李治权

天风拭目，代出宰相，托起江山八万里；
大业贯虹，功鉴神州，继开上下两千年。（牌坊）

——山西 张金栓

湖山皆有灵，看云霞蒸蔚，凤柏千寻招望眼；
将相诚无种，凭教化承传，鹏程万里驾长风。（牌坊）

——山东 张强

两千年将相联珠，群星竞灿，辉青史而壮龙威，频彰显裴家风采；

九万里文明焕彩，合族争嵘，起长歌以圆美梦，更催生盛世华章。（牌坊）

——山西 薛英才

德业流芳，数裴氏一门，历朝鼎鼐；
湖山毓秀，看春风九畹，遍地芝兰。（牌坊）

——山东 苏振学

平台唱戏，台上相为台下相；
好戏连台，戏中人是戏前人。（戏台）

——甘肃 李青松

轶事演千年，登“红梅阁”，幕“香山还带”，细倾吐淑媛隐曲；
美谈传万里，读“碎叶碑”，观“玉杵聘婚”，堪仰承名士高风。（戏台）

——四川 邓亚曾

学志士仁人，尽管随乡入俗；
扮将军宰相，何如就地取材。（戏台）

——湖南 熊建光

高德擎天，四面云山拱一阁；
清风步月，万家灯火接九宵。（凌烟阁）

——山西 仇满平

一阁上凌烟，四面风云奔眼底；
九峰捧雄日，千秋社稷重心头。（凌烟阁）

——广东 成小城

览胜上凌烟，且领略多彩湖光，满天云海；
凭栏寻胜景，尽清受九山柏翠，十里荷香。（凌烟阁）

——四川 陈 亮

凌烟阁上，裴氏德光映昊天，千峰顿首；
游客心中，名门人物彪青史，众口皆碑。（凌烟阁）

——山西 王静澜

阁雅常留云小驻；
烟深不碍雁高飞。（凌烟阁）

——辽宁 周绍辉

角悬龙虎千年气；
楼挂江山万里云。（角楼）

——江西 李成炳

理有回声，情无隐语；
横能丈地，竖可擎天。（碑馆）

——湖南 李先鸿

代有英才，两千年缩影，翠柏临风凝国魄；
时无俗韵，九万里写真，香荷着墨铸心碑。

——山西 李轩才

地列九峰，空翔九凤，景可怡神，九凤九峰扬九域；

碑传三绝，史颂三裴，文以载道，三裴三绝促三思。（碑馆）

——安徽 周 震

百代裴家楷范，碑林竞秀文能语；

千秋后世英雄，事迹争荣字可歌。（碑馆）

——山西 宋占魁

君能博物，进门犹戴乾坤镜；

馆有奇文，入眼尽为锦绣图。（博物馆）

——山西 王江平

赫赫裴宗，一门豪杰，不绝冠裳。京职逾千员耀谱，外官繁众数叙伦，绩业崔嵬，声闻遐迩，曾创地图六体，崛史学三裴。崇有论哲坛发聩，华淮西石碣铭功，法辟开皇律，记详谊国情，载诏载祠，广承封典，留诗留赋，略睹神容，岁深蕴富，墨粹丹凝，浩浩乎，尽显中华之博大；

森森柏荫，九岭精魂，非常形胜。凤凰扶鳞干呈祥，菡萏映虬枝绽秀，风光旖旎，灵甲山川，便弘姓氏启村，尚自然尊柏。周秦时族脉初兴，东汉际规模渐具，各彰魏晋朝，望著隋唐代，惟诚惟信，咸济立身，力读力修，务臻强本，天朗德清，责荣道迥，谦谦也，祈延世泽以锦长。（博物馆）

—— 山西 王存白

风雨不磨石上字；
碑碣难勒祖先功。（碑亭）

——山东 马瑞新

谱牒尽方砖，砌高朝代兴衰史；
裴门多更手，撞响文明醒悟钟。（碑亭）

——山东 宋永基

“学裴氏古家训，撰当代家风联”全国征联大赛（获奖作品）

为了认真贯彻习近平总书记关注家庭、关注家教、关注家风的重要指示和中纪委王岐山书记视察中华宰相村的指示精神，取裴氏家风文化之精华，扬当代核心价值观之要义，为当代家风建设提供有力的文化支撑和精神力量。2017年4月25日至6月30日，由中共闻喜县纪委、组织部、宣传部、县老干部局、县文联主办，闻喜县诗联学会承办了“学裴氏古家训，撰当代家风联”全国征联大赛。活动开展以来，受到中华国粹网、联都网、河东楹联网等各大网站的大力支持，得到全国28个省、市以及香港特别行政区，尤其是澳大利亚等海外楹联爱好者的热情关注，参赛人数达1268人，征集到楹联作品共计2686幅。征稿时间截止后，组委会组织专业人员匿名初评，有486幅作品进入初评序列。在此基础上，精心遴选出“当代家风联百副佳作”。8月2日，大赛组委会邀请相关单位人员共同参与，本着公开、公平、公正的原则，评出了一等奖2名、二等奖4名、三等奖6名、优秀奖20名，共计32幅获奖作品。

一等奖

仁义为怀，俯首牵犁，不辍勤功耕善亩；
诗书济世，剖襟纳月，还从德字振家风。

——河北 董汝河

坦荡为人，把私利撇开，浮名捺住；
忠诚报国，将红心捧起，绮梦搓圆。

注：撇、捺，这里暗指人字由一撇一捺组成。

——河南 翟红本

二等奖

浮华参透存真我；
美德修成抱朴心。

——山西 党晓明

抱朴立声名，事在躬行，为善小休为恶小；
思贤规子弟，心求反省，察宏观更察微观。

——山西 张兴贵

国是千秋连续剧，当以德来编、以心来演；
家为一曲主题歌，须凭情去唱、凭爱去听。

——安徽 陈自如

两千年岁月横穿，立才立德；
九万里春秋大写，于国于家。

——山西 何沁学

三等奖

推诚就要百分百；
行善最宜实打实。

——江西 雷银喜

清心若水堪留月；
高德如山且问云。

——山西 宋志峻

事国以忠，心底深镌华夏印；
奉亲于孝，家中永驻圣贤风。

——北京 孟广祥

书励子孙，守瘠也做爬山虎；
代传敦厚，践诺羞为变色龙。

——河北 董海红

常思养育恩，父母身前行孝道；
每抱清廉志，国家任上鉴忠心。

——江西 胡小敏

处世无奇，携友善出门，邀和谐入户；
传家有道，秉俭勤兴业，凭诚信立身。

——山东 张贵祥

优秀奖

持家之道，一半勤，一半俭；
处世之风，十分信，十分诚。

——山西 李轩才

习六艺而振家声，允德允能，允文允武；
守四维以当国器，曰诚曰信，曰善曰仁。

——浙江 王龙强

积德若水，点点滴滴通上善；
教子如竹，堂堂正正亮高节。

——山西 闫涛亮

诚为一盏暖心酒；
信是千秋立世根。

——山西 杨新立

草木堪师，修身炼性四君子；
山峰可效，立地顶天一丈夫。

——四川 杨旭东

百艺藏身行四海；
一经传子胜千金。

注：1. 古语云："百艺好藏身。" 2. 裴氏家训："传子一经，金玉薄之。"

——广西 刘红波

习礼居谦，胸似乾坤悬皓月；
修身明德，行如菡萏发清芬。

——湖南 刘进平

节俭持家，不怕儿孙多怨我；
清廉从政，长教父老少忧心。

——山西 薛启发

岁月沉香，千年诗礼传薪远；
儿孙立德，万里江山放眼长。

——广西 林小然

治家堪比治国，非同小可；
修善宛如修笥，当以恒之。

——山西 冯夺魁

高标做事，低调做人，须存口舌三分德；
谨以修身，勤而修学，莫负诗书一脉风。

——江苏 魏艳鸣

智慧无涯，专于一技兴家国；
钱财有限，攒得千书馈子孙。

——湖北 赵 勇

重德修身，规矩不嫌多一点；
睦邻敦族，是非应懂让三分。

——广东 林 忠

欲通世路，以诚做马；
想得人心，藉善为媒。

——河北 杨铁良

立家风，乐群敬业，圆人生梦；
扬大德，教子成才，做中国龙。

——山西 任承敏

展抱同怀家与国；
修身直面武和文。

——山西 王存白

书海放舟，学以立身，激扬梦想千重浪；
边关仗剑，忠当报国，不负人生一百年。

——河北 李金明

祖训铭心，常怀忠孝常怀梦；
清风惠世，不负家国不负民。

——山西 李许群

良训传家，曰俭曰勤，代有父兄能律己；
德风济世，尚仁尚义，何忧子弟不成才。

——辽宁 杨晓雁

国本在家，家本在身，立身之本在强学；
忠源于孝，孝源于德，积德之源于力行。

——山西 范青山

裴氏文化研究

1. 成立研究机构

鉴于裴氏家族在历史上的重大影响和博大精深的文化内涵，研究、宣传、开发裴氏文化已迫在眉睫。

省内学术机构中，山西大学有裴氏文化研究中心，主要研究人员为杨西江教授；山西师范大学有裴氏文化研究会，主要研究人员为周征松教授；运城学院有裴氏文化研究课题，主要研究人员为周庆义教授。

1986年9月25日，经县委县政府研究决定，成立了以时任县长马沉勇为会长的“河东闻喜裴氏研究会”。主要成员有郭东墀、王午申、张明仙、谭文炳等。后来，郭东墀、王午申相继担任副会长，主持工作。研究会隶属县委宣传部，原设为一个副科级单位事业单位。现有编制6人，会长1人，副会长1人，成员4人。

2. 丰富研究课题

一人之下、万人之上者何？宰相也。他上佐天子，下治吏民，位极人臣，何等尊贵，何等荣耀。在封建社会，不论张王李赵，抑或周吴韩杨，如果谁家出了一位宰相，那真是全家族的莫大荣光，欢天喜地的景象自不必说；如果谁家父子相继为相，那更是阳春白雪，让人唏嘘赞叹，给家族带来的荣耀也就非同凡响；可如果一家世代为相呢？你或许不信：宰相是何等身份，还能代代相传乎？答案是肯定的，裴氏家族给我们创造了这个奇迹。不是神话，不是天方夜谭，是真实的存在。两千多年来，这家裴姓以59个宰相，59个大将军，众多的高官以及众多的文学家、军事家、史学家、哲学家、诗人等，从其家族所传承的勤劳俭朴、孝敬父母、友爱兄弟、家庭和睦、教育后代、勤学苦读、清廉从政等家风传承，这是值得我们认真研究的。由此，裴氏家族是中国历史上独一无二的世家巨族，这一独特的“家族现象”千百年来一直是人们探奇问津的热门话题。

裴氏文化研究资源丰富，项目宏大，是一座极富内涵、广有价值的金矿。近年来，所有参与研究的部门和个人本着尊重文化、研究文化、保护文化、传承文化、创新文化的目的，搭建了一个开放、平等的学术平台，与各界共享文献资料，集聚各方观点，呈现各方成果，让裴氏文化研究注重历史、立足现实、放眼未来，使每一项研究成果都能更广泛地惠及时代和人民。

3. 注重研究内容

社会研究著述　由于裴氏文化和裴氏家族深远的历史影响力和对中国历史发展做出的突出贡献，又抱着对裴氏家族人物的仰慕，在当地有很多学者都对裴氏文化有着深入的研究，他们注重历史，高屋建瓴，在研究过程中不仅有史料的点校，更有新的研究成果，并有大量的书籍相继出版，对研究、传承和开发裴氏文化起着举足轻重的重要作用。

山西大学中文系杨西江教授，40 年来致力于裴氏人文现象的研究，2001 年出版 60 余万字的《将相文武　风流千古——裴氏人物志传》、2002 年先后出版了《裴氏人物著述辑成点校》《裴氏广记》《裴氏春秋》《裴氏人物著述辑成点校》增订版、《裴氏人文现象简论》、剧本《千古风流话裴氏》《名相传奇》等。

县政协委员、闻喜县博物馆馆长张英俊，《文史资料》主编，主办“裴氏家族文化陈列馆”，著文《闻名遐迩的裴氏家族》，主编《闻喜宰相谱》一书。并多次撰文在报刊宣扬裴氏文化，是裴氏文化旅游区建设领导者之一。又与屈开敏合著了《裴氏家族何以人才辈出》一书，反响很大。

王午申：原裴氏文化研究会副会长（主持工作），主办“裴氏家族文化陈列馆”，与三晋文化研究会运城分会合作点校重版嘉庆本

《裴氏世谱》，在创华导报、湖北晚报、兰州日报等多种报刊志撰文宣扬裴氏文化，裴氏文化旅游区建设领导者之一。

周庆义：原运城高等专科学校教师，退休后，八十岁时主笔点校嘉庆版《裴氏世谱》，作注四十多万字，著《裴氏历史人物志》。

周征松：山西师范大学历史系主任、教授，著论文《隋代中日友好使者裴世清及其家世》《河东裴氏谱牒知见录》《河东裴氏的族源》等，出版著作有《魏晋隋唐间的河东裴氏》《中华姓氏谱（裴姓卷）》。同时与高洪山合著了《唐代河东裴氏墓志述论》。

王开学：山西省图书馆学者，著《宰相世家》，介绍40余位裴氏人物事迹。

范怀喜原为运城监化局五厂党总支书记。退休后，回裴柏村任党支部书记，系县人大代表，曾多次在县人代会上提案，宣扬裴氏文化。即便在重病缠身的情况下，也多次走进裴晋公祠，为参观的领导、学者、游人讲述裴氏家族的历史功德。第78世孙裴建民高中毕业后就投身于裴氏文化研究，义务讲解近30年，接待了各级领导、单位和考察团，广泛联系了全国各地的裴氏后裔凝心聚力，为推介闻喜和裴氏文化发展鼓与呼。

4. 当代裴氏后人著述

裴氏先祖们的光辉业绩，令当今后裔们十分骄傲。在看到外人在不遗余力地研究裴氏文化，他们中间的文化人士也跃跃欲试，收集、整理、编撰、修撰各地裴氏发展的谱牒，并开始对其研究成果进行汇总，著书立说，以飨后人。

南京大学教授裴显生主编了江苏的《裴氏文化》；

裴国昌教授编著了《绿野堂楹帖》和《绿野堂唱和集》；

裴学瑜教授主修了江苏阜宁的《裴氏族谱》；

江苏南京的裴兆利编著了《吉安裴氏英才》；

“宰相村”裴氏名人馆馆长、《中华裴氏人物志》副主编裴建民主编了《裴氏故事集》；

原中华裴氏宗亲会筹委会主任兼秘书长，《中华裴氏人物志》副主编裴双喜正在编撰200万字的《中华裴氏人物志》；

浙江天台的裴敬华主修了天台《裴氏宗谱》；

湖北监利的裴来湘主编了《裴氏文史资料》；

福建安溪的裴受禄、裴有发二人主修了安溪的《裴氏世谱》，还编著有《清流裴氏历史人物世系传略》；

河南固始的裴熙民主修固始《裴氏宗谱》；

裴耀光主修了河南豫西十三县市《裴氏世谱》，编著了《裴氏溯源世系考》；

江西丰城的裴耀星编著《裴氏古代名人简介》；

湖北汉川裴寿山主修了汉川的《裴氏宗谱》，主编了《裴氏文化通讯》；

山东东营裴泽民主修了东营的《裴氏世谱》；

湖北监利裴来勤主修了监利的《裴氏族谱》；

广西钦州的裴泽喜编著了《裴氏宰相世系传略》；

山西乡宁的裴有荣、裴保富编纂了《余凹裴氏家谱》；

江苏泗洪的裴尧辅编著了泗洪的《裴氏诗集》；

山西侯马的裴王旗出版了《裴氏碑志集》；

江西贵溪的裴中澄主修了贵溪古港《裴氏宗谱》；

浙江天台的裴的善编著了裴氏《元亨堂》；

台湾台北的裴尚苑主修了《裴氏家谱》，出版了《治家瑰宝》；

裴克隆主修了山西洪桐迁居虹桥《裴家世谱》。

江西九江裴新生、根祖之地裴建民从2005年初策划启动、主持纂修了《中华裴氏宗谱》，历时13年，于2018年初扛鼎问世。该谱分五册装订，共十八卷，计5205页（其中彩页1053页），约重30斤，800余万字。第一册内容有：族歌、族徽、“河东堂”总堂号，顾问委员会、理事会、编委会名单，裴氏后裔在全国分布示意图，国家领导接见裴氏后裔照片、题词，各支族谱序、跋、凡例、源流、家训族规、古代人物简介等；第二册内容有：名人、俊彦简介，各种文献、艺萃，裴氏聚落祠宇、祖墓、碑志，《裴氏世谱》事录、裴氏文化研究等；第三、四册内容为世系；第五册内容有：功德榜、修谱专辑、宗亲联谊、社会贤达、后起之秀、年号对照表、编后记等。本谱集史料性、思想性、艺术性、时代性为一体，集可读性、实用性、连续性、收藏性为一身，其规模之大，规格之高，耗资之巨，影响之深，堪称空前。本谱虽总裴氏，也是地方方志、文明国史之承载，也是中华民族发展史的一个体现，极具价值，堪为世范。

5. 初见研究成果

裴氏文化的社会价值

在《百家姓》里，裴姓占第197位。这是因为《百家姓》的编著者是宋朝人，所以他把宋朝的开国皇帝赵姓置于第一位，而把出自有熊氏、伯益之后的裴族大姓忽视了。据当代人口部门统计，裴姓的人口数也不及有数千万人口的李姓、王姓、陈姓、张姓。知识渊博的毛泽东，1958 年曾告诉时任中共山西省委书记的陶鲁笳：中国出宰相最多的就是你治下的闻喜县（裴姓）。裴度是唐朝的宰相，也是闻喜人。裴氏家族千年荣显，是历史上最有名的家族。毛泽东的话道出了裴氏家族的宏伟历史。而今，裴氏文化引起了海内外史学界、学术界的重视。并且出版了大量的学术刊物。那么，裴氏文化的内容、含义是怎样的呢？

首先是"耕读传家"，裴氏家族极其重视农业和教育。他们认为，"民以食为天"，因此把农业及和农业有关的水利业、蚕桑业等视为国家的根本。唐代元和十四年（819 年），朝廷於襄阳置临汉监牧，废民田四百顷，牧马三千二百余匹。时为襄阳节度的裴度，以农为本，关注农业，上奏朝廷罢黜临汉监牧。清代乾隆年间，安徽巡抚裴宗锡，奏请疏浚长江边漳葭港故道，以利灌溉；他任直隶按察使时，疏请广栽凤梨树，以树叶养蚕，促进蚕业发展。裴氏对农业、水利业、养蚕业，从古至清，都是一贯重视的。裴氏对教育的重视，更非同一般。即使家庭经济匮乏，也要让子女受教育，读书上进。"耕读传家"是裴氏文化中的立家之根。

其次，强调立德、立功、立言，把绩效放在第一位。裴氏宗族宰相多、大将军多，他们中的不少人以立德知名。人称"德盛三祖，庆流八族"。裴氏中，立功者难以数计，当以裴度为最。唐代裴度在平定藩镇割据、反对宦官专权和罢黜弊政三方面，都卓著功绩。裴氏中立言的，有东汉裴瑜的《尔雅注》五卷，有晋代裴秀制作的《禹贡地舆图》《地形方丈图》《乐论》；有晋代裴頠的《崇有论》《贵无论》《冠仪》；有晋代裴启的《语林》；有南朝宋裴松之的《三国志注》《晋纪》《宋元嘉起居注》《裴氏家传》《丧服经传（集注）》

《裴松之集》；有南朝宋裴骃的《史记〈集解〉》《文集》六卷、《裴氏家谱》二卷；有南朝梁裴子野的《宋略》二十卷、《方国使图》《丧服〈集注〉》《续裴氏家传》各二卷、续《后汉书》四十余卷、《众僧传》二十卷、《百官九品》二卷、《附谥法》一卷、《文集》二十卷、《齐梁春秋》(始草创而卒)、《文论》《移魏文》等；有北魏裴伯茂的《豁情赋》《迁都赋》；北魏裴修的《怀田赋》；隋裴政的《圣承降录》十卷、《周律》《开皇律》十二卷；隋裴矩的《艺文类聚》(与欧阳询合编)、《高丽风俗》《西域图记》《开业平陈记》；唐裴铏的《昆仑奴》等。宋、元、明、清各代，裴氏中有著作的更是不胜枚举。裴氏之所以立德、立功、立言彪炳史册，注重在位的政绩建设是裴氏家族的为官之本。

第三，裴氏宗族高官多、大官多，但昏官很少，贪腐之官仅为个别。原来在裴氏文化中以执政清正、廉洁为公为座右铭。东魏裴宪伯"以清白流誉"。南梁裴子野做官归来后"妻子恒苦饥寒"。南梁裴叔业，"廉白自居，劬劳通事"。魏裴潜更以清廉著名，"每之官，不将妻子，妻子贫乏，织藜蓖自供"；"家人小大，或并日而食"；"遗令俭葬，墓中惟置一座，瓦器数枚，余无所设"。而裴潜死后，"追赠太常，又赠开国公"，可以说是一个大官了。原来裴家有家规："节俭为持家之基，清廉为做官之本。"清廉成了裴氏家族的为官之风。

第四，裴氏子孙出仕后，都能以国家至上，以民为贵，因此忠臣多，为民请命者多，这又是裴氏文化中的闪光点。北齐裴让之，任清河太守时，为民请命，"诛二豪吏"。唐代裴守真，"天授(690—692)中，官司宪府丞令推究诏狱，多平恕，全免数十姓。"

唐裴耀卿，拜户部侍郎，”请广漕运，以实开辅，沿河置仓纳粟，又开陆运以避三门之险，都做与民有利之事。明代裴琏，为御史，“弹劾不避权势”。明代裴纶，“历官翰林侍讲。正统（1436—1449）间，不为王振所屈”；“景泰（1450—1456）初，出为山东右布政使，劾罢镇守太监覃广”。他们以国家利益为重，而把个人出处放在第二位。裴松之不仅以注《三国志》知名，而且在他做基层官员时，能为民请命。他“为吴兴故彰（今浙江安吉）令，天旱不雨，颗粒无收，饿殍遍野。松之请准赈济，活人无数；又减免赋税”，使邑民得以生存。裴氏官员中，裴度可说是为国为民的典范。唐文宗在诗文中将裴度视为“李唐江山之砥柱”。他“誓除国蠹，无以家为”。他率兵征讨淮西，将行时，对唐宪宗说：“主忧臣辱，义在必死；贼灭，则朝天有日，贼在，则归阙无期。”唐宪宗“为之恻然流涕”。在封建社会里，既为国又为民的忠臣贤臣实在不多，而裴度一身而二任焉。像裴度这样，仕宦而为国又为民者，成了裴氏出仕者的为官之道。

另外，我们还要指出，在裴氏文化中，富有创新精神，又是其中的一项宝贵财富。如裴秀作《禹贡地域图》，开创了我国古代地图绘制学；他绘制的《地形方丈图》，以一寸为百里的比例，在中国制图学史上，具有划时代的意义。裴松之注《三国志》，在历史著作中也属创举。宋文帝阅读了裴松之所注的《三国志》后说：“善之，裴世期不朽矣！”裴矩与欧阳询合编的《艺文类聚》，是我国现存最早的类书，全书百卷，征引唐以前失传古书 1431 种，保存了大量的文史资料，这在我国编辑史上也是创新！隋朝裴矩，访西域风俗及山川险易等，撰成《西域图记》三卷，涉及当时西域的四十四国，又是一部开拓性著作。唐文宗时，裴旻的剑舞，与李白的诗歌，张旭的草书，被称为“三绝”。至于裴姓军事家中，因出奇兵而歼敌者，不胜枚举；裴姓政治家中，设奇策而翼世者，数不尽数。总之，富有创新精神，是裴氏家族的为官之魂。

正因为裴氏文化中具有如此丰富坚实、有利有益于国家和人民的内容，因此裴氏宗族成了我国荣盛不衰的家族。到了当代，裴姓名人仍然辈出。如杰出的考古学家裴文中教授（1904—1982）、起义将军裴昌会（1896—1992）、国防大学校长裴怀亮上将、当代写作学奠基人之一裴显生教授……等等。所以说“裴氏文化，千年流光”，完全符合实际。我们希望裴氏文化在21世纪的新时代，继续发扬光大，发挥应有的作用。

裴氏文化的潜在内涵

闻名遐迩、誉满今古的裴氏家族，自周秦王朝以来的两千余年间，“代有伟人，彪炳史册”。卷帙浩繁的史书和《裴氏世谱》记述了他们往日的辉煌。裴氏文化中蕴含了中华文明的核心与精髓，它包含着道德文化、教育文化、建筑文化、祭祀文化、氏族文化、民俗文化、人才文化、丧葬文化、风水文化等。为了使裴氏家族博大精深的家庭文化发扬光大，凝聚今人，启迪后人，研究裴氏文化的潜在内涵成了所有研究和关注裴氏文化的专家和学者常常探讨的一个命题，也成为裴氏家族后裔们寻根问祖的一个核心基础。裴氏名人，不独爵高位显，且有真才实学。在许多方面卓有建树，世皆尊崇。裴氏家族何以能人才辈出，裴氏家族兴旺发达的宝典究竟在哪里？

崇尚儒学，以道德铸魂。裴氏家族把儒学理念作为家族的指导思想，子孙必须熟读儒家经典，积极推崇孔子提出的道德规范。教育后人做到品行高洁，正直无私，处处以古代君子的相貌威仪、行为标准衡量自己。裴氏笃信孔子“不仕无义”的观点，倡导有学识的人理直气壮出来做官，不逃避现实，积极推行自己的政治主张。这根巨大的家族精神支柱，激励着裴氏一代又一代修心正身，进取有为。

忠心效国，以忠孝立身。裴氏人物都以效忠朝廷、担当国事为荣。文有治国安邦的政界重臣，武有讨逆平叛的军事将领。唐朝裴度，一生历相四朝，终日为国操劳，力排众议，平定淮西藩镇叛乱，毫不考虑个人的得失与安危。裴氏许多后人，都具备“先国家之急”的高品盛德。这种德行，被历代当权者和史学家大倡大扬，也激励和影响着代代裴氏后人从小树立“治国平天下”的雄心壮志。

才学自立，以内养处世。裴氏名人大都学识渊博，治学严谨，进士、状元，常常问鼎。像名垂青史的裴秀父子和“史学三裴”，绝不是靠封建裙带关系的提携，确属发奋苦学成材。再如裴行俭，由于父祖的功绩，被补为弘文生，但他认为无功受禄是极大的耻辱。裴氏子弟都以“自力求功”为荣、以“因袭获爵”为耻，执意通过自身奋斗来获取功名。

廉洁奉公，以勤勉行道。廉洁从政，淡视钱财，是诸多裴氏人物的共同品行。裴楷秉性刚直，总把别人赠予他的珍贵物品转送部属和亲友。裴宽为官清正，把别人求他办事送的鹿肉埋在后花园里拒绝食用。裴侠不仅自己朴素节俭，还编撰了一部九世伯祖裴潜的传记，教育后人奉行先祖清正廉洁的高贵品质。

疾恶如仇，以秉性从善。忠正耿直、疾恶如仇的性格是裴氏族人的另一特点。裴氏家族为官者甚多，但大多仕途多舛，有的遭陷，有的被刺，有的罢官，有的被杀。其中原因之一，即是裴氏人物的疾恶如仇，使奸党权贵常常怀恨在心，视其为眼中钉。裴氏名人常以松柏自比，许多官吏都刚正不阿、奋不顾身地同扰乱朝纲、结党营私的行径做斗争，表现出一种浩浩凛然的气节。

仁而爱人，以体恤近民。体恤百姓，关注民生，是裴氏立身立命的重要支撑。北周"爱民如子"的骠骑大将军裴侠，任郡守时革除了官府坑害百姓的陈规，不取百姓一文钱财，深得民众爱戴。唐代裴寰不肯克扣百姓来巴结五坊使，被五坊使诬告有犯上言论，差点被宪宗皇帝治罪。这些都反映了裴氏人物"民为邦国之本""仁而爱人"的民本思想。

裴氏家族的家风传承

裴氏家族在上下2700多年的历史进程中，为国家培养了大量的人才，名相辅政，大将安邦，为国尽忠，为民竭力，不仅参与了许多历史重大事件，而且在众多领域各展异才，有力地推动了社会文明发展，故史书誉其为"天下第一家"。裴氏家族打破了"君子之泽，五世而斩"的铁律，合族争荣，启迪良多。这一奇特的人文现象，不仅受益于河东深厚的文化底蕴，更得益于该族清正的门风传统。那么，裴氏家族是如何传承良好的家风呢？

家训涵养家风。治国必先齐家，齐家先治家风。裴氏家规的形成经历了漫长的历史沿革。从北朝名臣裴良的《宗制》10卷，到明万历二十四年（1596年）裴濂修订《河东裴氏族戒》9条，一代代裴氏族人在先祖留下的家规基础上，结合时代发展，不断对其进行完善和充实。其中,《家训》共 12 条 432 字，包括敬奉祖先、孝顺父母、友爱兄弟、协和宗族等方面内容。《家戒》共 10 条 637 字，连立 10 个“毋”，要求子孙后代毋忤尊亲、毋辱祖先、毋重男轻女、毋事赌博、毋为盗窃、毋贪色淫、毋吸烟毒、毋酗酒好斗、毋忘本崇洋、毋入帮派。可以说,《家训》是要求裴氏子弟“必须怎么做”，而《家戒》则是要求裴氏子弟“不能怎么做”。这些训诫，或传达正能量，教以“所当行”；或杜绝负效应，示以“所当止”。正反并举，双管齐下，教育裴氏子孙加强自身修养，提升人生境界，积极奉献社会。

读书提升家风。读书明理，读书对陶冶情操，提升个人修养和能力素质大有益处。裴氏家族把儒学思想作为家族的指导思想，子孙必须熟读儒家经典，积极推崇孔子提出的道德规范。裴氏家族拥有 59 位宰相、59 位大将军、600 多名正史人物、3000 余名英才的人才群和人才链，且遍及政治、经济、军事、外交、史学、哲学、科学和文学艺术等各个领域，主要源于裴氏“文种勿绝”和“推诚为应物之先，强学为立身之本”的家训、家风。这种注重家教强学的育才之道，是裴氏家族发展壮大的根基所在。北魏度支尚书裴植的母亲夏侯氏管教子女，“小有罪过，必束带伏阁，经五、三日乃引见之，督以严训。”正是由于裴氏子弟的勤奋好学与家人的严格管教，才使裴氏“将相蝉联出，公侯奕叶长。”

环境巩固家风。裴氏家风的形成，既得益于社会外部大环境的熏陶，又是家族内部小环境的营造。从外部来看，裴氏与名士贤达交游，学习社会名流的优秀品行，向往风流高尚的人格情操，是裴氏的一贯家风。浏览《裴氏世谱》，即可发现历代不少诗文大家、文坛泰斗与裴氏家族交往甚密。自唐朝以来，仅历史上赫赫有名的李白、杜甫等诗文大家与裴氏家族之间的赠答诗书，就数以千计，这就为裴氏家族造就了一种浓厚的文化氛围和高尚的精神引领，也对裴氏后人的思想境界和事业发展，都起到了不可低估的影响和作用。从内部来看，裴氏家族还通过灌输“忠君报国，光宗耀祖”的思想，给子孙以潜移默化的教育。我们从《裴氏世谱》中绘制的“裴氏祖庙”图中可以看出，他们在祖庙的门口立有“忠乎华夏”牌坊，在牌坊里立有世系碑、宰相碑、状元碑三块石碑。把裴门子弟中功高德彰者的列传、优秀的诗赋文章、皇帝所发的诏命以及历代名人为裴氏题写的赠答诗、墓志、碑文、表启等录入《裴氏世谱》，以此来教育和激励后人。

裴氏家族将国家、社会、家庭和个人串连成一个密不可分的整体，读圣贤书，立鸿鹄志；行仁义事，存忠孝心，奠定了族人修身、齐家、治国、平天下的道德理想和行为准则，延伸了一个家族高德擎天、清风步月的家国情怀。正因为裴氏家风中具有如此丰润坚实、博大绵长的文化内涵，所以成就了裴氏宗族的荣盛不衰，矗立了家声远振的岁月丰碑。即使到了当代，裴氏家风依然滋育和引领着裴氏子孙为己尽力、为家尽孝、为民尽责、为国尽忠。裴氏家族以崇德尚行作为家规之魂，以建功立业作为家风之根，注重自我完善，注重世代传承，即使对当前培育和践行社会主义核心价值观也具有现实的借鉴意义。

六、出版研究刊物

2017年，为了打造裴氏文化品牌，配合县上对裴氏文化开发的工作，荒废了多年裴氏研究会又重新焕发了生机。工作伊始，确定了新的工作思路和研究方向，决定创刊《裴氏研究》。该期刊作为县委宣传部牵头、河东闻喜裴氏研究会主办的刊物，初定为季刊，起点高，层次高，内容丰富，装帧考究，面向全国学术机关、研究协会、裴氏宗亲会和广大裴氏后裔发行。既是裴氏文化研究的权威发布平台，也是县委县政府推介裴氏文化的平台。现已出版4期，得到社会各界的好评。

第三节 “中华宰相村”景区开发

华夏望族裴氏家族创造了中国历史上的奇观，铸就了璀璨的裴氏文化。一部皇皇裴氏家族史，诠释着裴氏家族强盛经久不衰的发展轨迹。

2010年，根据《运城市旅游发展总体规划》，中共闻喜县委、县政府决定对裴氏祖居地——享誉全球的中华宰相村进行大手笔开发，叫响裴氏文化品牌，打造以宰相村为核心的文化旅游产业，并将此融入振兴中华、构建和谐社会的重要内容当中。为此，县委、县政府一方面聘请县人大主任史炳仁牵头成立了中华宰相村景区建设指挥部和裴氏文化开发总公司，一方面邀请山西省社科院、国家旅游局、山西大学、兰州大学、省古建所、省科技厅以及市旅游局的专家中华宰相村和旅游开发的意向进行了反复论证，将山西风光旅游规划设计院所做的《中华宰相村旅游区控制性详细规划》交给专家认真评审。专家们一致认为:《规划》基础材料齐全，资源评价准确，规划结构合理，景区产品项目创意较新，内容丰富，具有可操作性，是一个非常适合像中华宰相村这样重大文化旅游项目开发的科学的、大胆的、雄心勃勃并且富有时代的创新精神的开发计划。

根据规划，中华宰相村景区总投资达到3.1亿元。其宏伟的建设工程将分三期进行。根据《规划》，景区总共建设五大功能区域:

一是建设裴氏文化游览体验区

体验区内包括裴区宗祠、裴府、裴氏文化博物馆、裴林及裴晋公祠、圣母庙、魁星阁等。

裴氏宗祠：位于裴柏村西北山凹，景区主体景观，裴氏祭祀和姓氏文化实景展示与实地体验。

裴府：位于裴柏村东北山凹，景区重点景观，裴氏宰相与教育文化实景展示体验和参与互动。

裴氏文化博物馆：位于裴柏村正西，景区重点景观，集中陈列有关裴氏文化的文字、图片、实物资料，可举行小型会议、展览，并可开展研究和裴氏联谊等活动。

裴林：位于高速公路以西凤凰原一带，景区重点景观、裴氏风水丧葬文化实景展示体验和经营开发。

二是建设天人合一休闲游憩区

游憩区内建筑包括官道、裴园、高速公路游憩园、农业生态观光园、民俗村等。

官道：位于裴柏村中部官道旧址，景区游览主干道，商业服务。

民俗文化村：位于裴柏村中部偏北一带，景区配套景观，裴氏民俗与晋南民俗互动体验。

裴园：位于裴柏村北面凤北岭、沙坡岭和铁牛岭一带。景区配套景观，裴晋公文化与碑刻、雕塑、园林艺术相结合的休闲游憩区。

农业生态观光园：位于高速公路以西，景区配套景观，传统耕作与生态农业相结合的互动体验与休闲游憩区。

高速公路游憩区：位于裴区村境内大运高速公路两侧下护坡及高速公路桥一带，景区配套协调景观，美化环境，减少高速公路与历史文化的不协调性，供游客休闲放松。

三是建设综合接待服务区

综合接待服务区设有两个服务区。

服务区一：位于裴柏村正东与村庄南北入口之间，紧邻二级公路，西至磨坊旁边的村内道路，是旅游主要出入口，有综合服务、景区景观宣传提示等内容。

服务区二：位于裴柏村西南，西邻大运高速公路护坡，北界裴氏文化博物馆，东北与官道相连，东、南为裴柏村人文环境协调区，集综合服务、办公区于一本。

四是建设裴柏村人文环境协调区

没有划入游览区、服务区的裴柏村居民、街道，全部划入人文化环境协调区，包括有居民生活区及游客采风体验区。

五是建立“九凤朝阳”自然环境协调区

裴柏村周边环山一带（俗称“九凤朝阳”）全部划为自然环境协调区、绿化区、水源涵养区、游客康体健身疗养区。

经过两千余年发展的裴氏家族的辉煌，已如滚滚东逝之水不复存在。但历史是割不断的，裴氏家族对中国历史文化发展做出了杰出的贡献，创造了独特的“裴氏文化人才奇观”，为我们留下了宝贵的历史文化遗产。

历届县委、县政府都非常重视裴氏文化的研究和开发，近年来，又投资2000余万元新建了裴氏宗祠凌烟阁大殿、东西凉亭、东西配殿、东西转角回廊、东西角楼等仿古建筑群。2016年，根据全县文化旅游产业规划，重点推进宰相村旅游景区建设，特邀请清华大学古建筑设计院重新设计规划，依据主题形象、地形地貌以及“安、顺、诚、特、需、愉”六方面重点等旅游发展要素，深度挖掘裴氏文化的精髓和内涵，传承和弘扬裴氏家规和家训，以宰相村景区建设为龙头，培育旅游品牌，带动产业突破，大力开展招商引资，确定宰相村景区开发建设投资主体，启动祠堂、书院重建工作，努力将中华宰相村旅游区建设成全球裴氏后裔寻根祭祖的“圣地”和游客游得安全、满意的国家4A级风景旅游区，打造成具有“爱国主义教育基地、廉政文化教育基地和社会主义核心价值观教育基地”的国家级文化名片。

第四节 名村载誉

山西省德育基地

近年来，山西省紧紧围绕社会主义核心价值观体系建设，在全省范围内广泛开展了形式多样、内容丰富的公民思想道德教育活动，公民文明素质全面提升。加强和改进公民思想道德建设，已成为全省精神文明建设的重点工程，在全省上下形成了德育教育的浓厚氛围。鉴于裴氏文化丰厚的人文底蕴和历史内涵以及在德育、家教等方面所发挥的巨大作用，2003年，山西省教委授予“裴晋公祠”为“山西省德育基地”。

闻喜县爱国主义教育基地

为了弘扬裴氏文化，打造裴氏文化品牌，充分发挥爱国主义教育基地的作用，大力培育民族精神，这是历史的责任、时代的呼唤，也是党的重托和人民的企盼。对于公侯将相数以千计的裴氏家族来说，起决定作用的原因在于他们重视教育，自强不息，顽强拼搏。“重教守训，崇文尚武，德业并举，廉洁自律”是裴氏家风的主要特征。裴柏村的裴晋公祠，是我们闻喜县的重点文物保护单位。2004年，县委、县政府将裴柏村的“裴晋公祠”确定为全县的“爱国主义教育基地”。

闻喜县廉政文化教育基地

2005年，闻喜县委、县政府命名裴柏村为“闻喜县廉政文化教育基地”。之后，由县委、县政府组织县四套班子领导和全体人员，县纪检委、监察局、工商局等先后组织全体人员到裴晋公祠进行廉政文化教育，并树碑明志。在听取了裴氏后裔裴建民的讲解，了解了裴氏文化的内涵后，大家纷纷表示，要学习历代裴氏家族的官吏们在不同历史时期所做的重要贡献，继承和发扬裴氏家族的宦吏们不计名利、无私奉献的优良传统和作风，大力宣扬裴氏家族的光辉业绩；认真学习裴氏官吏们的廉政风采，牢固树立全心全意为人民服务的宗旨，正确行使好党和人民赋予的权力，为闻喜全面建成小康社会再立新功。

山西省非物质文化遗产

裴氏的祖居地裴柏村，被命名为“中华宰相村”之后，盛传九域，村口是我国著名书法家董寿平书写的有 1.5 米见方的大字“天下无二裴”，点出了它作为裴氏家族发祥地的重要地位。裴氏家族自魏晋以来辉煌 2700 多年的史实，给人们提供了一份家族健康发展的标本，深得中华民族传统思想精髓的修身、齐家、治国平天下的韬略，无疑是一座尚未开启的无价的宝藏。追溯裴氏家族经久兴隆的原因，明末清初思想家顾炎武总结了三条，即联姻、世袭与自强不息。裴柏村至今仍保留着重视教育的传统。历朝历代，治国的第一件大事就是延揽人才，而可担当治国大任的宰辅之才更是十分难得，仅裴氏一门就出了 59 位宰相、59 位大将军，其他有成就者不可胜数，人才之盛令人惊叹。《裴氏谱牒》是历代裴氏后裔敬宗和传承家业的根本，追溯先祖渊源延续，对裴氏特有的人才现象研究的重要载体。2006 年 3 月，“裴氏谱牒文化”被公布为“山西省第一批省级非物质文化遗产”。目前，在县委宣传部的指导下，县文化局、文化馆正在积极组织材料申报国家级非物质文化遗产。

山西省旅游文化名村

裴柏村所养育的裴氏家族及其创建的裴氏文化，不仅承载着五千年华夏文明，也凝聚着中华儿女刚健有为、积极向上、崇文尚武、自强不息的奋斗精神。尤其是“推诚以应物为先，强学以立身为本，节俭为传家之基，清廉为为政之道”的族训，至今仍深印在裴氏后裔的心中。裴氏家族的产生不仅昭示着闻喜这块土地确实有钟灵毓秀的祥瑞之地，而且蕴藏着一座巨大的文化宝库和世上所有家族为之仰慕、渴求获取的精神财富。挖掘开发裴氏文化，对于落实科学发展观，构建和谐社会、诚信社会有着重要的历史意义和现实意义。为发挥“中华宰相村”旅游优势，闻喜县委、县政府将“中华宰相村”旅游区和裴氏文化的开发列为“十一五”规划的重要工程。2007 年，裴柏村被评为“山西省旅游文化名村”。

后 记

如果说当年参与编纂《中国历史文化名村——裴柏村》是出于一种激情和对闻喜厚重历史文化热爱的话，那么今天重新领编这本书就是一种责任和对裴氏文化的仰慕的驱使。

山西省闻喜县历史悠久，人文厚重，素有“中原文献”之称。裴柏村位于闻喜北部的礼元镇，距县城25公里。头枕紫金山，足蹬董泽湖，背靠峨嵋岭，面眺凤凰原，坐西朝东，是一块龙凤呈祥、风云际会的风水宝地。在这个小小的村庄里，宗族传承有序，文化源远流长。这里有龙山文化遗址，四千年前的先民们就在这里繁衍生息；这里曾有北魏裴敬宪宅和唐裴氏宗祠、晋公祠、湖园等遗迹，一千多年前的园林古建群就在这里拔地而起；这里还是裴氏家族59位宰相、59位大将军等3000余名官员的发祥地，两千多年的封建社会在这里浓缩升华。如果从汉顺帝刘保永建初年裴晔定居裴柏算起，裴柏村已经有1800多年的“村龄”了；从唐朝开始被誉为“宰相村”，也超过千年历史了。

文化赋予历史以内涵，历史给予文化以厚重。作为历史文化名村，裴柏村走出了声名显赫的裴氏家族，人才辈出，千年荣显。裴柏村与裴氏文化紧密融合，成为一个显明的文化符号，深植于闻喜大地，炳耀于中华史册。裴柏村是裴氏文化的根，裴氏文化是裴柏村的魂。如今的裴柏村虽无豪宅大院，但旧时民居、村前牌楼、岭上古柏，尤其是裴晋公祠内的碑廊里数十通历代碑刻，无言地述说着裴氏家族和裴柏村曾经的辉煌与荣耀。

裴氏文化作为闻喜地域文化的优秀代表之一，得到历届县委、县政府的重视。早在20世纪90年代初期，研究、开发裴氏文化就成为了县上的重要议题。其间，修缮了裴晋公祠、裴氏名人纪念馆、裴氏碑廊，成为社会各界游览和裴氏后裔归宗的集聚地。2006年，县上成立了宰相村景区建设指挥部，兴建了凌烟阁，再一次聚集了全社会对裴氏家族叹羡的目光。2008年，国家民政部负责总编“中国历史文化名村”系列丛书的李建永同志提议，将闻喜县裴柏村列入“100个中国历史文化名村”之一，由时任县委书记裴良杰倡议，县委常委、宣传部部长谭淑珍主持，县委宣传部常务副部长杨勇策划，组织编纂了《中国历史文化名村·裴柏村》一书，产生了广泛的社会影响。

十八大以来，习近平总书记多次提出要弘扬中国优秀传统文化和树立良好家风。2016年11月17日，中纪委原书记王岐山到裴柏村考察，并对裴氏家族的廉政文化予以充分肯定。省市领导多次批示要重视、打造裴氏文化，本届县委、县政府认真贯彻落实中央和省市委决策部署，以高度的政治自觉和文化自觉，汲取裴氏文化智慧，传承裴氏文化价值，大力弘扬家风家教文化。2017年，启动开展了以裴氏文化为切入点的家风家教主题文化系列活动，中共运城市委常委、宣传部部长王志峰亲临指导，县委书记张汪尤、县长黄亚平亲自部署，各项活动有声有色，亮点突出，荣获了“中国家风家教文化之乡”的美誉。今年，又举办了首届山西闻喜家风家教文化节，十项活动全面铺开，这必将有力地推动裴氏文化和家风家教文化传承致远，使之展现出永恒魅力和时代风采。

当年，在编纂本书的时候，我们行走在裴柏村周围的山岭沟壑间，穿梭于古村的大街小巷里，盘坐在古村人家的炕头上，徜徉在古籍文献的海洋里，我们感受到了裴柏村的灵性与厚重，品读到了裴氏文化的博大与精深。而今，我们根据县委、县政府对裴氏文化旅游发展的总体部署，在县委宣传部统一安排下，在县委常委、宣传部部长吴引群和部委领导的深切关怀下，组织河东闻喜裴氏研究会全体人员对原书内容予以厘正、增补，联系出版社高质量再版，全新面世。本书以裴柏村为载体，记述裴氏家族的历史，反映裴氏文化的精髓，打造闻喜文化“名片”，为建设四个闻喜、全面建成小康社会提供原始动力和精神支撑。

本书历次成稿，得到中共闻喜县委宣传部原第一副部长裴双喜、县纪委宣传部部长王沛郁、七十八代裴氏后裔裴建民等大力支持，他们分别在资料提供、篇目设置、文字校对等方面严格把关。其间，闻喜县老区建设促进会会长、原“中华宰相村”景区建设指挥部总指挥史炳仁，山西大学教授、裴氏文化研究专家杨西江都提出了许多建设性意见。本书照片由刘保平、荆前进等同志拍摄或提供。在此，对所有参与、支持本书的各级领导、各界人士一并致以诚挚的谢意！

由于裴氏文化的深厚宏博，以及编者的认知水平所限，缺憾和错误在所难免，敬请不吝赐教。

编者

2018年9月